中国教育史
近現代篇

激動期における
教育思想の変遷

朱　永新　著
張　京花　訳

科学出版社東京

中国教育史　近現代篇　　目次

第 1 章　中西教育思想の会通と融合 *5*

1、西学東漸と近代教育学の誕生　　*5*

2、近代教育思想の変遷　　*10*

3、現代教育思想の発展　　*25*

第 2 章　近代中国の洋務教育思想 *43*

1、洋務教育思想の由来　　*43*

2、洋務教育思想の体系　　*52*

3、洋務教育思想の評価　　*59*

第 3 章　近代中国の維新教育思想 *67*

1、早期維新派の教育理念　　*67*

2、つかの間の教育改革と改良派の教育ビジョン　　*75*

3、ブルジョア革命派の教育思想　　*93*

4、維新教育思想の全体像　　*106*

第 4 章　現代中国の個性重視の教育思想 *111*

1、新文化運動と個性の解放　　*111*

2、科玄論争と人生観の追求　　*117*

3、社会の改造と個性の形成　　*122*

4、青年毛沢東と人格主義教育　　*136*

5、個性教育思想の透視　　*141*

第 5 章　現代中国の職業教育思想 *147*

1、職業教育思想の形成と発展　　*147*

2、職業教育思想の主な内容　　*156*

3、職業教育思想の意義　　*166*

第6章　現代中国の平民教育思想 *171*

1、平民教育の趣旨と使命　*171*

2、平民教育の内容と方法　*176*

3、平民教育思想の位置づけと影響　*183*

第7章　現代中国の郷村教育思想 *191*

1、郷村教育運動と郷村建設　*191*

2、郷村教育理論の構築　*199*

3、郷村教育思想の分析　*212*

第8章　現代中国の生活教育思想 *223*

1、生活教育運動の過程　*223*

2、生活教育理論の真髄　*238*

3、生活教育思想の価値　*251*

第9章　現代中国の「活教育」思想 *255*

1、「活教育」思想の誕生　*255*

2、「活教育」の理論体系と原則　*260*

3、「活教育」思想の現代教育思想史における貢献とその限界　*275*

第10章　根拠地と解放区における教育思想 *281*

1、根拠地と解放区の教育方針　*281*

2、根拠地と解放区の教育思想　*290*

3、根拠地と解放区の徳育思想　*296*

4、根拠地と解放区の教育理論　*303*

5、根拠地と解放区における教育思想が教えてくれること　*309*

訳者あとがき........*315*

第1章
中西教育思想の会通と融合

1840年のアヘン戦争勃発から1949年の中華人民共和国の成立までの間、中国の教育学は創生、発展、成熟といった三つの時代を経験し、中西教育思想もこの時期に会通（中学と西学の統一的把握）と融合を完成し、中華教育思想は新たな姿を形成した。100年を超える時間の中で、数世代にわたる学者の努力により、古代教育思想から近代教育学への移行が果たされたのみならず、近代教育学から現代教育学への転換も実現したのである。

1、西学東漸と近代教育学の誕生

西洋教育学の導入は明代末期・清代初期にさかのぼる。明代末期の万暦年間（1573～1619年）に、宣教師のマテオ・リッチが中国の地を訪れ、自然科学や技術を伝播させながら、中国における布教の権利を得ようとした。続く西洋宣教師たちも、同じように宣教のために働くという趣旨のもと、各種の科学文化知識を翻訳して紹介するとともに、中国本来の封建的教育とは異なる西洋教育の情報をもたらした。例えば、西洋の宣教師、高一志（Alphonse Vagnoni）が書いた『童幼教育』（1620年）は、西洋の児童教育の様々な面を論述しているが、恐らくこの著作が最初に中国に輸入された西洋教育関係の読み物であろう。また、艾儒略（Julius Aleni）の『西学凡』（1623年）や『職方外紀』（1623年）は、特にヨーロッパの大学における文、理、医、法、教などの専門課程の概要、教学過程、教授法、試験などの教育制度が比較的詳しく紹介されている。しかしこの時代は、西洋教育学に関する情報量はまだ少なく、内容も断片的であったため、中国の教育界に大きな影響を与えることはなかった。

18世紀になると、外国人宣教師が清朝宮廷内部の利権争いにまで口を出すようになり、雍正帝は彼らを国外へ追放したため、西学東漸の歴史は一時途

絶えた。その後、中国と西洋の教育交流が再開したのは19世紀半ばであった。宣教師たちは再び中国に渡来し、教育活動をさらに重視させていった。例えば、1890年にプロテスタント教会学校の学生数は16,836人に、カトリック教会学校の学生数は25,000人に達した[1]。また、西洋の教育制度を紹介する著作も次々と出版されていった。例えば、ドイツ人宣教師の花之安（Ernst Faber）は、1873年に『ドイツ学校論略』を出版したが、著名な数学者李善蘭はその前書きに、「プロイセンの最近の軍事的勝利は、兵士たちが受けた教育にその功績を帰するべきである。その教育では、理想と原則のために戦うよう鼓舞している」と記している。この本では、義務教育の充実、ならびに全国各地に学校、特に職業学校を大量に開設することの重要性が強調されている。北京同文館の総教習でアメリカ人宣教師の丁韙良（W.A.P.Martin）の『西学考略』（1883年）も、西洋教育制度を紹介した著作として影響力があった。彼は1880年から1882年の間に、中国政府の派遣により西側の7ヵ国を訪問し、各国の教育資料を収集したが、この本はそのときの調査研究の成果である。また、李提摩太（Timothy Richard）の『七国興学備要』、花之安の『泰西学校論略』（または『西国学校』）、林楽知（Y.J.Allen）の『文学興国策』なども重要な著作である。

　ここで特筆すべきは、1882年に聖ヨハネ書院長であった顔永京が翻訳した『肄業要覧』には、イギリスの「史本守」作と記されているが、実際はイギリスの教育学者ハーバート・スペンサー（Herbert Spencer）が記した名著『教育論』の一篇「いかなる知識が最も価値があるか」の翻訳であり、中国における最初の西洋教育理論の訳書でもあるという点である[2]。

　中国が本格的に西洋の教育学説や思想を導入するようになったのは、日清

---

*1　バスティド（Bastid、仏）「是奴役還是解放？―記1840年以来外国教育実践及制度引入中国的進程（奴隷か解放か？―1840年以降において外国教育の実践と制度が中国へ導入されたプロセス）」『中外比較教育史』朱維錚他訳　上海人民出版社　1990年、9頁。

*2　顔永京（1838～1898年）、字は擁経、原籍は山東省であるが上海の生まれである。1854年アメリカに留学し、1861年にオハイオ州ガンビアのケニオン大学を卒業した。中国の教育学と心理学に対する貢献は大きく、『教育論』のほかにも、アメリカのハヴン（Joseph Haven）の『心霊学』（Mental Philosophy：Including the Intellect, Sensibilities and Will）の翻訳やスペンサーの『心理学原理』と『科学導源』を概要の翻訳を行っている。

戦争（中日甲午戦争）以降で、主に日本を経由して取り入れられた。1898 年 8 月 2 日、清の光緒帝は次のような命を下した。「昨今は西洋の学問が重んじられ、その気風が大いに開かれている。ただ百聞は一見に如かず、西洋へ人を派遣し遊学させることが重要だ。しかし遊学の国については、西洋より東洋のほうが良かろう。距離的に近く、文字も似ていて理解しやすい。しかも数多存在する洋書についても、日本には重要なものを選んで翻訳した定本があると思うので、半分の労力で倍の成果が得られるだろう」[*3]。こうして日本に留学生を派遣することが政策として決定され、一時日本への留学生が急増し、1906 年には 13,000 人に達した。彼らは西洋の教育学を導入する過程で重要な役割をした。例えば、コメニウス、ルソー、ロック、スペンサー、ペスタロッチ、フレーベル、ヘルバルトなど著名な教育学者の伝記、学説、著作などは、そのほとんどが日本から中国へ伝わったものである。実藤恵秀監修、譚汝謙編『中国語訳日本書総合目録』によると、日本語の教育関係の著作が計 76 種翻訳された 1896 年から 1911 年までの間が、歴史的にそのピークであったとされている。また、杭州大学周谷平の統計によると、この時期（1901 年に立花銑三郎作、王国維訳の『教育学』が『教育世界』に連載されてから 1915 年の新文化運動まで）に中国で出版された教育学の著作は、そのほとんどが日本語の教育学に関する著作を翻訳あるいは編訳したものである[*4]。

　初期に日本から輸入された西洋教育学理論は、主に日本への留学生が教育学に関する著作を翻訳または編訳したもの、あるいは日本人の教員が中国で教育学を講義した際に使用した教材を翻訳または編訳したものを通じて広げられた。したがって、近代における西学東漸は日本を介して行われたという一つの重要な特徴がある。しかし、日本を経由した学問の導入は、すばやく便利という利点がある反面、情報に歪みが生じるという弊害もあった。例えば、ドイツのヘルバルト教育学は日本を経て中国に伝えられたもので、重訳と加筆によって、本来の内容から大きな隔たりが生じている。オーストリアのリンドネル著、湯原元一訳補を中国人の陣清震が重訳した『教育学』を例にすると、リンドネル

[*3]　故宮博物院『清光緒朝中日交渉史料』第五十二巻。

[*4]　周谷平「近代西方教育学在中国的伝播及其影響（近代西洋教育学の中国での伝播およびその影響）」『華東師範大学学報（教育科学版）』1991 年 3 月。

はヘルバルトの教育理論体系を忠実に踏襲し理論を展開していたが、没後はドイツのフリューリヒ博士に増訂が委ねられることになった。そして湯原元一は、原著ではヨーロッパの事例が引用されていた箇所の多くを中国や日本のことに置き換えており、中国の陣清震は、日本の事例を中国の事例に置き換えている。こうして中国に導入されたヘルバルト教育学は、すでに日本の解釈が加えられたものだったのである。

　この時期における西洋教育学導入のもう一つの特徴は、編訳された著作は教材や教科書がほとんどで、そのことは先に引用した著作からも明らかである。これは、当時師範学校で開設された教育学課程の需要に応えるため、あるいは強国富民や教育が重視されたためで、実利的目的が明らかである。しかし当時の教育学は、現象を本来の姿のままに研究対象とし、その基本規則を提示する科学としての形式ができていないばかりか、実践に基づく指導方針の必要性、ならびに未来の教育発展を予測する理論的役割も認識されていなかった[*5]。こうした不完全な状態は、中国教育学の発展に大きな問題として長期間横たわり、先天的欠損として重視すべき問題であった。

　しかし、教育学に関する日本の著作の編訳や翻訳、および日本の著作物を参考に、中国独自で編纂した教育学の書籍は、海外の教育学の種を中国の大地に蒔いたという意味で、中国近代教育学の創生と発展にとって大きな歴史的役割を果たした。特に、中国の学者が編纂した教育学の書籍は、体系、構造、内容などにおいて、明らかな模倣の形跡があるものの、中国の国情に合わせた教育学を構築しようとしている。例えば、張子和の『大教育学』は、日本の学者松本、松浦両氏の教材を参考にしたが、彼は自叙伝の中で「中国教育界が目指す実践形式に沿うよう論点を組み直した」と明確に述べている。

　このように、近代中国の教育理論は特筆すべき二つの点を有する。1点目として、古代教育思想の影響が色濃く残っていたということである。近代教育学の学者の多くは、基本的には古代の学者が採用した研究方法を踏襲していた。つまり、経験論的な著述や思弁的な高論が中心となり、実験観察に基づく研究や実証的な調査が少なかった。また、教育の基本的問題に関する記述も、その

---

*5　周谷平「近代西方教育学在中国的伝播及其影響（近代西洋教育学の中国での伝播およびその影響）」『華東師範大学学報（教育科学版）』1991 年 3 月。

多くは古代の範疇にとどまっていた。例えば、人間性、人材、奨学などが重視され、教育目的や教育機能、教育方法などには触れなかった。そして、危機的社会状況を前にすると、彼らはプロパガンダに重きを置き、教育に対する見解は政治や社会などの思想と一体化し、社会変革のための世論形成に一役買ったのである。2点目としては、近代教育学的内容に初歩的に触れていることである。例えば、魏源、厳復、康有為、梁啓超、王国維らは、中国と西洋の学問に通じるとともに、古今の著作にも精通した学者たちである。彼らは西洋教育学の訳書に触れたり、あるいは自身が翻訳書を世に出したりしながら、自らの著作の中で、古代の教育思想と近代教育理論との融合と統合を進めたのである。康有為や梁啓超は、西洋の教育制度と自らの大同理想を融合させたが、そこには強引さはなかった。理論展開だけ見ても、彼らの教育理論はそれまでの基本概念や範例とされるものから抜け出していた。また、考察や分析視点においても、古代の方法論を超え、いくつかの点で近代教育学の特徴を有していた。こうして、新文化運動が起こるまでに、中国の近代教育学はすでに初期の形ができたのである。そして、古代教育思想から近代教育学へ移行する過程において、学者や留学生、日本人教師が重要な役目を果たした。

　新文化運動と五四運動以降，米国が積極的に中国に進出してくるとともに、欧米への留学生が増加するにしたがって、西洋教育学の導入に関して次第に日本という仲介役の必要性が薄れ、直接欧米から理論を輸入するようになった。ヘルバルトの『普通教育学』（尚仲衣訳、商務印書館 1936 年）、コメニウスの『大教学論』（傅任敢訳、商務印書館 1939 年）、ロックの『教育論』（傅任敢訳、商務印書館 1937 年）、スペンサーの『教育論』（任鴻雋訳、商務印書館 1923 年）、ルソーの『エミール』（魏肇基訳、商務印書館 1933 年）、キルパトリックの『教育方法原論』（孟憲承等訳、商務印書館 1933 年）、ソーンダイクとゲイツの『教育学原理』（熊子容訳、世界 1933 年）、パークの『普通教育法』（俞子夷訳、商務印書館 1935 年）、デューイの『民主主義と教育』（鄒恩潤訳、商務印書館 1928 年）、ラッセルの『教育論』（周意彪訳、北京文化学社 1930 年）など、ドイツ、イギリス、フランス、ロシアの学術書が原文から次々と翻訳されていった。特に、プラグマティズムの教育学に関する著作、例えばデューイの『私の教育信条』、『学校と社会』、『児童と教材』、『思惟術』、『教育上の興趣と努力』、『明日の学校』、『経験と教育』、『今日の教育』など、ほぼ全著作が翻

訳された。そして、デューイのプラグマティズムの教育学はヘルバルト教育学に取って代わり、現代教育理論の発展を主導する役割を担うことになる。

　この時期は、中国独自に編纂した教育学関連の書籍が大量に出版された時期でもあった。例えば、王鳳岐の『単級教授講義教育学』（商務印書館 1917 年）、舒新城の『心理原理実用教育学』（商務印書館 1920 年）、余家菊の『教育原理』（中華書局 1925 年）と『国家主義教育学』（中華書局 1925 年）、荘沢宣の『教育概論』（中華書局 1928 年）、李浩吾（楊賢江）の『新教育大綱』（南強書局 1930 年）、范寿康の『教育概論』（開明書店 1931 年）、陣科美の『新教育学綱要』（開明書店 1932 年）、呉俊昇らの『教育概論』（正中書局 1935 年）、蒋梦麟の『中国教育原理』（商務印書館 1917 年）、銭亦石の『現代教育原理』（中華書局 1934 年）、繆序賓らの『動的教育学』（商務印書館 1921 年）、銭鶴の『人格教育学概説』（世界書局 1934 年）など、100 種類近くに達した。これらの著作には、中国の国情に合致する原理を見つけて指導的思想にしようとする試みも多く、そのほとんどがプラグマティズムの教育学体系に属するものではあったが、中にはマルクス主義、三民主義、国家主義、唯美主義、人格主義に基礎を置くものもあった。また、陶行知、晏陽初、黄炎培、陣鶴琴、梁漱溟らは教育学に実験的手法を導入し、熱意を持って理論の探究に全力を尽くした。中国における近代教育学の誕生、そして近代教育学から現代教育学の移行において、彼らは不滅の貢献をしたのである。

　中国の教育理論は、古代における輸出状態から時代が下って輸入へと転じたが、西学東漸の過程で、近代教育学と現代教育学を誕生させた。中国の教育学は、古代の単純な思弁的接近に頼ることをやめ、科学の殿堂入りを果たしたのであった。近代から現代にかけての中国教育理論には未完成の部分があるものの、それは新しい時代の訪れを象徴し、中華教育思想の発展過程における画期的な出来事であった。この移行において、古代と近代の教育学を完全に融合させることはできず、特に西洋教育学のローカライゼーションの過程で優れた伝統文化まで喪失させる恐れがあったものの、基本的には大きな歴史的な前進であった。

2、近代教育思想の変遷

　かつて次のように述べた人がいる。「もし中国の古代教育思想の発展を長江

の流れに例えるなら、近代教育思想の発展は険しい山々を流れ落ちる急流のようだ。前者は、流れが緩やかであるがどっしりとして壮大である。一方、後者は、流れが急であるが速度があり変化に富む」*6。1840 年のアヘン戦争から 1919 年の五四運動に至るまで、中国社会の経済基盤と政治制度は何度も変わったが、急激な変化が訪れるたびに、近代教育思想の発展と変革の契機となるとともに、教育家の誕生とその成長をもたらした。

　中国近代教育思想の発展は、西洋教育学の導入に始まり、西洋に学ぶ過程を経て、西洋と「西学」に対する認識を深めることによって実現した。蔡元培は、中国人の西洋に対する認識について、三つの段階にまとめている。「まず、西洋のものを羨望する段階である。最初は彼らの銃砲を見て、我々のものより性能が良いことを知った。また、器物を見て、彼らの加工業も優れていることを知った。その後、外国人医師が病気を治すのを見て、その医術も優れていることを知った。中には、外国の技術が優れていても、政治的には力による支配がまかり通っており、中国のような仁政ではないと主張する人もいたが、やがて外国の憲法や行政法なども中国より進歩していることを知るようになった。そこで、彼らの法学や政治学を学ぼうとするが、今度は彼らの道徳意識が低いことに疑念を持つ。その後、詳しく調べるうちに、彼らの哲学が研究価値のあることを知ったのである」*7。実際、中国近代教育思想は、器物、制度、文化（心理）の次元に沿って、西洋に学ぶとともに自国の教育を省みる過程を経て、伝統教育を見つめ直すという 3 度の超越をしている。

1. 龔自珍や魏源から洋務派まで—近代教育思想の第 1 次超越

　明末清初、西学東漸と資本主義の生産関係の萌芽が中国の一部の地域で現れるにつれ、中国教育理論にもいわゆる啓蒙教育思想が出現した。啓蒙教育思想は、伝統的な経世致用の継承を主張するほか、西洋の科学を吸収することを重視するとともに、八股文による官吏選定制度に反対するなど、その内容にはすでに近代科学や民主主義的要素が含まれていた。しかし、清朝政府による鎖国

＊6　田正平「中国近代教育思想散論」『教育研究』1990 年 4 月。

＊7　蔡元培「エディンバラの中国学生会および学術研究会歓迎会での講演」『蔡元培美学文選』北京大学出版社 1983 年、146～147 頁。

政策および文化専制主義の圧力下で、こうした啓蒙思想を発展させることはできなかった。アヘン戦争が起きる直前に、大軍が押し寄せても、清王朝はまだ眠りの中にいて、官僚たちは国と人民を顧みず、知識層は権威を恐れて反古紙の山の中に耽溺していたので、国の命運は風前の灯火であった。

　そうした中、アヘン戦争の開始を告げる砲声は、多くの中国人を現実逃避の思考停止状態から目を覚まさせた。龔自珍は、まず空理空論の理学や八股文という形式主義的科挙制度に反対し、経世致用の人材育成を呼びかけた。「九州生気恃風雷，万馬斉暗究可哀！我勧天公重抖擻，不拘一格降人材（中国の生気を回復させるには嵐のような巨大な力が必要なのに、皆が押し黙ったままでいることはどれほど悲しむべきことか。もう一度精神を奮い立たせるよう天帝に祈りたい、資格などに拘らず破格に人材を降し給えと）」[8]。彼の親友である魏源も、「人心が眠っている」ことと「人材の乏しさ」が、中国が西洋に後れをとって攻め込まれる大きな原因だとして、次のように語っている。「偽ること、飾ること、困難を恐れること、悪人や悪事を見逃すこと、企むことを取り除けば、人心の眠りという病気を取り除くことができるだろう。これが第1である。事実を以て実効を図り、実効を以て事実を図るべきである。艾草は3年積んで使えるようになり、網は淵まで持って行って初めて魚を捕ることができる。徒歩で大河を渡らず、絵に描いた餅のような名声に頼らなければ、人材の乏しさを解決するだろう。これが第2である。眠っている人たちを目覚めさせれば天下に日差しが注ぎ、人材の不足が解消すれば風雷が鳴り響くのである」[9]。彼は、人材育成と登用の制度を変革し、名実ともなった審査によって実用的な知識を持った人材を登用することを主張するとともに、「国は人材によって繁栄し、功は努力によって成る。精神を奮い立たせ、志を持つ者こそ、国と軍事に役立つ」[10]と強調した。

　もし、我々が明末清初の啓蒙思想家たちの論説を少しでも読み返していれば、龔自珍、魏源らがアヘン戦争時に出した教育改革の主張は、儒教教育の実学派が強調した経世致用の再興だということが容易にわかる。彼らは依然として伝統の範囲内で、伝統的な様式と力により、伝統的な教育を改造しようとし

---

[8]　「己亥雑詩」『龔自珍全集』上海人民出版社 1975 年、521 頁。

[9]　「海国図志叙（上）」『魏源集』北京中華書局 1976 年、208 頁。

[10]　魏源「籌海遍三」『海国図志』巻二。

た。例えば、龔自珍は社会の様々な弊害を痛烈に批判したものの、ただ「天帝」が「人材」を降してくれることを望むだけであった。一方、魏源は西洋に学ぶ重要性に気づき、「夷の長技を師とし以て夷を制する（西洋の先進的な技術を学び、それを以て西洋を制する）」ことを主張したものの、依然として「中学（中国の伝統的な学問）」を基本とすべきことを強調した。彼らは伝統の羈絆から抜け出すことができなかったのである。

　龔自珍、魏源ら地主階級の進歩的思想家たちが、教育改革の宣伝活動に力を注いでいるまさにそのとき、太平天国による農民革命が1851年に勃発した。数年間にわたる戦いのときを経て、太平軍は長江の下流一帯を制圧し、清に対抗する「天朝」政権を南京に樹立させた。太平天国が成立していた十数年の間、清朝政府は、一方で洪秀全が指導する農民革命運動に対処し、その一方では帝国主義列強の挑発に対処しなければならず、内外ともに苦境に立たされた。そして最後は、列強に国土を割いて賠償を行うとともに、西洋式の銃や大砲を購入し、西洋の力を借りて太平天国を鎮圧するしかなく、文化教育の面では空白を生じさせた。

　太平天国の革命時期に、西洋に学ぶという役目は、洪秀全や洪仁玕らが担っていた。しかし彼らが熱心であったのは、西洋の科学でも民主主義でもなく、主にキリスト教文化の導入と改変であり、キリスト教を武器に中国の伝統的思想を批判することであった。例えば、洪仁玕は次のように述べている。「男が世事を語れば人心を退屈にさせ、九流を論じれば大衆の志を惑わす。仏教と道教は虚無を尊び、とりわけ荒唐無稽である。儒教は中庸の道を重視し、人力の難を知らない。すべては福音の真理に劣る。公正な罰と慈悲の赦しみ、その二つは兼行し、キリストの御心にすべては委ねられる。この真理は、人の無知を知らしめその心を慰め、人の知恵を広めて良い行いをさせるのに十分である。人々はその恩恵を十分に受けることができ、道理が分かれば万事が分かるようになる」[11]。太平天国は「邦法（憲法）を学び、政教を興す」という教育制度の革新を主張したが、その理論武装は西洋の科学や民主的な思想ではなく、時代後れの昔ながらのキリスト教文化であった[12]。

---

[11]　洪仁玕「資政新篇」舒新城『中国近代教育史資料（上）』人民教育出版社 1981 年 2 月。

[12]　聶振斌『中国近代美学思想史』中国社会科学出版社 1991 年、46 頁。

13

太平天国は、宗教を起点として、中国の儒教、道教、仏教思想や伝統的文化教育を批判しただけであって、実際のところは伝統の枠を超えることも、封建的な中世思想を超えることもできなかった。こうして後れたままの思想と経済を基盤として、ブルジョア的な政治制度と教育制度を構築しようとしても、当然のことながら絵空事に過ぎなかった。1860年代から1890年代半ばまでは、洋務派が活動した時期であり、近代教育思想が第1次の超越を果たす時期でもある。洋務派は、太平天国や捻軍、少数民族の蜂起を鎮圧する過程で、西洋式の銃や大砲によって刀や槍を打ち負かすことができるという「真理」を知るとともに、魏源の「夷の長技を師とし以て夷を制する」から啓発を受け、軍需産業を興し、近代的な工場や交通システムと新しい制度の学校を作った。そして「自強」、「求富」の旗の下、洋務派は中国で最初の機械生産による現代的工場、最初の船舶会社を作り、最初の鉄道を敷設し、最初の電線を架設し、最初の海軍艦隊を創設した。また、初の現代的なシステムによる学校を作り、第一陣の留学生を派遣して、近代的知識を持つ知識人、科学技術者、軍将校を養成した。

　教育思想の面では、洋務派は「中国の学問を体とし、西洋の学問を用とする（中学為体、西学為用）」という教育綱領を明確に打ち出し、魏源が限定的に参考とすべしとした「長技（西洋の先進的な技術）」を利用するとまで明言することで、西洋から学ぶ内容が大幅に拡大した。張之洞は、洋務教育の体用観について次のように説明した。「中国の学問は内学で、西洋の学問は外学である。中国の学問は心身を治め、西洋の学問は世事に応ずる。経文を探し求めなければ、経書に背くこともない。それは、聖人の心に等しく、聖人の行いに等しい。孝、悌、忠、信を徳とし、主を尊び民を庇うことを政治の基本にさえしていれば、たとえ朝に蒸気機関車を運び出し、夕べにはそれを線路で走らせても、聖人の弟子を名乗ることに何ら支障はない」[13]。つまり、三綱五常の原則を堅持し、儒家の道理と道徳に背く弊害を防ぎ、「中学」の土台を固めれば、西洋の学問、例えば学校、地理、財政、租税、軍備、法制、勧工、通商などの「西政」と、算、絵、鉱、医、音、光、化、電などの「西芸」を吸収することができるということである。このように、洋務派は、伝統的な文化教育の核心的内

---

*13　張之洞『勧学篇下、会通第十三』。

容、すなわち倫理や政治的価値を護持するという点において、龔自珍や魏源らと何ら変わらず、その本質は依然として封建教育思想の範疇に属していた。しかし、近代的内容が若干含まれるようになったという点で、近代中国の教育思想における第1次超越を果たした。その超越した内容は、主に伝統的な教育が軽視した「器物」のレベル、すなわち科学技術と実業的教育の重視である。

洋務教育思想におけるこの超越は、中華教育思想史においても重視すべき出来事であった。なぜなら、それは封建時代の教育制度と内容に対して、初めて風穴を開けるとともに、様々な新しい分野の学校（言語学校、軍事学校、工業学校、農学校、師範学校）を創設させ、「西学」を教育の実践科目に設定し、中国社会の近代化の基礎を固めるとともに、中国近代教育思想を誕生させるための環境を整えたからである。洋務教育思想は、中国の古代教育思想が近代教育理論へ移行する過程においても、大きな役割を果たしたのである。

2. 洋務派から維新教育まで—近代教育思想の第2次超越

日清戦争における敗北は、洋務運動が破綻したことを意味し、「中国の学問を体とし、西洋の学問を用とする」教育方式では中国の問題を解決できないということを示した。民族の危機に直面し、中国の教育は再び新たな選択を迫られ、近代教育思想が第2次超越を果たす契機となった。

維新教育家たちは第2次超越を推進した主体である。維新教育とは、近代ブルジョア階級による教育思潮で、主に王韜、鄭観応らの早期の改良派、康有為、梁啓超らのブルジョア改良派、および孫文、蔡元培らのブルジョア革命派による教育思想が含まれる。彼らの共通テーマは、新たなブルジョアの教育制度を作ることであった。

維新教育家たちは、富国強兵が実現できない根本的原因は、軍艦や大砲がないからでも、それを作る材料や方法がないからでもなく、政治の暗黒と制度の腐敗にあると考えた。日清戦争以前、洋務派の苦心惨憺の結果、中国はすでに水軍と軍艦、銃砲を所持していたが、結果はこれまで同様大敗を喫した。そのため、西洋に学ぶべきは、「堅船利砲」のための物質面や技術面の向上にとどまらず、彼らの政治制度を学び、法制を変えて革新を図ることが必要と痛感したのである。梁啓超が言うように、「要するに、法は天下の公器であり、変は天下の公理である。大地はすでに通じ、万国が日に日に発展し、大勢は相い迫

り、押しとどめることができない。変もまた変、不変もまた変。変にして変わる者は、変の権力を自ら握り、国を守ることも、次の世代を守ることも、教育を守ることもできる。不変にして変えられる者は、変の権力を他人に握られ、その束縛を受け、駆り立てられる」[14]のである。維新派は変法維新を強く要求していただけでなく、ブルジョア階級的教育改革も行った。

　洋務教育に対する維新教育の超越は、制度面での超越であり、政治教育分野における超越である。維新派と洋務派はともに、「学校の設立、人材の育成」および「八股の廃止、科挙の改革」を主張したが、その主張の奥深さと中身が大きく異なっていた。例えば、洋務派は、各種の学校を設立して洋務事業に必要な人材を育てるとともに、科挙試験の内容や形式を変え、本物の才能と学識を身につけた人材を選ぼうとした。しかしそれは、封建支配者のために尽くす者たちを選抜するためのものであった。一方、維新派の取った戦略はさらに上をいっていた。彼らは、教育改革と政治変革を連動させ、封建的な教育制度に挑戦した。例えば、早期改良派は、科挙制度と学校制度の根本的な対立構造を指摘し、「学校を作らなければ人材は出ない。帖括（科挙の論文試験）を廃止しなければ、学校はあっても、名ばかりで実効性はない」[15]とした。ブルジョア改革派は、民主的な権利、平等思想の理論を用いて、封建教育の階級意識と不平等現象を非難した。そして、ブルジョア革命派は、さらに政治革命を伝統的文化教育の変革推進における先決条件として、「今日の民智は、他事によって開く必要がない。ただ革命によって開くのである」[16]と主張した。

　維新教育によるこの超越は、近代教育史において重要な意義を持つ。もし洋務教育家たちによる第1次超越は、近代教育を誕生させるための準備だとすれば、維新教育家たちによる第2次超越は、近代教育の誕生をもたらし、古代の教育思想を近代教育理論へと移行させるとともに、封建教育思想をブルジョア教育システムへと移行させる役割を果たしたのである。

　維新教育時代における近代教育学の誕生は、いくつかの特徴がある。

＊14　梁啓超「論不変法之害」（変法を行わない弊害を論じる）葛懋春、蒋俊『梁啓超哲学思想論文選』北京大学出版社 1984 年 9 月。

＊15　鄭観応「盛世危言・学校」夏東元『鄭観応集（上）』上海人民出版社 1982 年、261 頁。

＊16　章太炎「駁康有為論革命書」太炎文録初編『章太炎全集（四）』上海人民出版社 1985 年、180 頁。

一つ目は、2度にわたる重大な教育改革が行われたことである。戊戌の変法が失敗してから3年も経たないうちに、清朝政府はトップダウン型の教育改革を迫られた。1901年1月、光緒帝は「新政」の実施を宣言したが、教育面での主な内容には、学制の公布、科挙制度の廃止、教育趣旨の発表などが含まれた。1901年8月、清朝政府は「興学詔書」を発布して、各地の書院を学堂に改めた。また、1902年には「欽定学堂章程（壬寅学制）」を公布したが、実施されるには至らなかった。1903年には、張百熙、張之洞、栄慶らが、日本の学制に基づき「壬寅学制」を改訂し、1904年1月13日に清朝政府によって「奏定学堂章程（癸卯学制）」が公布、実施された。この学制によって、学校制度は「3段」と「7級」に分けられた。第1段は初等教育で、蒙養院4年、初小5年、高小4年からなり、第2段は中等教育で、級に分けず、計5年であった。第3段は高等教育で、高等学堂または大学予科の3年、分科大学堂3〜4年、通儒院5年であった。また以上の学堂に並存し、師範学堂と実業学堂も設けられた。

この学制によって、小学堂から大学までの完全な教育システムが用意されたが、それは中国近代教育史において初めて政府法令によって公布された新学制であった。この学制には、封建的で買弁的な色彩が色濃く残っていたが、古代の官学、私学、書院などの教育様式に終止符を打ち、近代的教育制度の確立に基礎が築かれたという点で画期的なことであった。

1905年8月、清朝政府は「科挙を直ちに停止し、学校設立を推進せよ」という命を下した。科挙の廃止は、19世紀末のスローガンからついに現実のものとなったのである。洋務派の代表的人物張之洞らも科挙の廃止のために力を尽くしたが、結局のところは維新教育思想の影響のもと、そして維新期になって実現を見ることになったのである。科挙の廃止は、封建的教育制度が打破されたことの象徴であった。

教育の趣旨については、1904年に『奏定学堂章程』に、「どの学堂も、すべて忠孝を根本とし、中国経史の学を基本とする。学生の心がけは純正に帰し、そして西学で知識を蓄え、その技能を上達させる。後日有用な人物となって、各々実用に適し、国のために多方面に精通する人となり、弊害を慎重に防ぐ」[17]と示された。1906年、清朝政府は中央教育行政機関「学部」を設置す

---

*17　舒新城『中国近代教育史資料(上)』、195頁。

ると、「忠君、尊孔、尚公、尚武、尚実」という簡潔な表現によって教育の趣旨を定めるとともに、「奏請宣示教育宗旨折」において、「忠君と尊孔は、中国の政教における固有のものであり、速やかに闡明して異説を遠ざけるべきである。尚公、尚武、尚実は、我が国民の最も欠くもので、速やかに補って振起を図るべきである」と説明した。こうした教育趣旨は、洋務派の「中学を体とし、西学を用とする」という綱領を模倣したものでしかないことが容易にわかる。内容的に封建的色彩が濃く、明らかに時代後れであった。

　2度目の重大な教育改革もトップダウンによって実施されたが、指導者層はブルジョワ階級であったため、改革の矛先は封建的教育に向けられた。まず「普通教育暫行弁法」が発布されたが、そこには、初等小学校の男女共学を認めること、各種の教科書は中華民国の趣旨に沿うべきであること、小学校の読経科を廃止すること、科挙出身を奨励する昔のやり方を廃止すること、学堂をすべて学校に改称することなどが含まれた。続いて、「道徳教育を重視し、実利教育と軍国民教育を以てこれを補い、さらに美感教育を以て道徳を完成させる」という新たな教育趣旨が打ち出され、1906年清末の教育趣旨は完全に否定された。1912年の臨時教育会議では、新たな学校制度が制定され、1913年の改正、補完を経て、「壬子癸丑学制」が公布された。この学制においては、清末の「癸卯学制」で定められた26年の教育期間を18年に短縮（大学院は含まれないので、実際は3年の短縮である）し、女子校の設立、貴冑学堂の廃止、授業内容の改革などでも実質的な変化が見られた。もし「癸卯学制」が中国近代における最初の学制だとすれば、「壬子癸丑学制」は本当の意味での最初の近代化された学制、すなわちブルジョアの性格を持つ学制である。

　2度にわたる重大な教育改革を通じて、封建教育制度は徐々に歴史の舞台から追いやられ、古代教育制度から近代教育制度への変革を果たしたのである。

　二つ目は、教育団体の創設や教育出版物の創刊は、革命教育思想の宣伝、西洋教育学説の紹介、教育の方向性の模索などの面において多大な貢献がなされたことである。1901年、羅振玉と王国維は『教育世界』を創刊したが、この雑誌は西洋教育学の紹介において重要な役割を果たした。例えば、王国維の訳書『教育学』と『教育学教科書』は、『教育世界』に連載され公表されたものである。また、ルソーの『エミール』、ペスタロッチの『リーンハルトとゲルトルート』などの西洋教育の名著も、『教育世界』に抄訳で掲載された。1909

年に商務印書館は、教育の研究と学務の改善を目的とする『教育雑誌』を創刊したが、この雑誌は、図解、主張、社説、学術、教授管理、教授資料、史伝、教育人物、教育法令、章程の公文書、紀事、調査、評論、文芸、談話、雑編、質疑応答、批評紹介、名家著述など約20のコーナーを有する、影響力ある総合的教育雑誌であった。その他にも、『中華教育界』、『教育今語雑誌』、『直隷教育雑誌』、『教育公報』なども、教育に関する多くの論文や訳文を掲載することで、教育学の理論構築を後押しし、学術振興を活発化させる場を提供した。

　一方、教育研究団体を設立する動きも始まっていた。1890年に、西洋の宣教師を主体とする中華教育会が上海で設立されたが、同会の規程では、設立の目的を「中国教育の利益を促進し、教育に携わる者たちの間に兄弟のような強い協力関係を作る」と定めるとともに、「中国に完全な教育システムが生まれるよう指導し、中国の教育をキリスト教の利益に合緻させる」ことを目指すとした。「中華教育会」は、キリスト教文化を中華文化に取って代わらせることを目標の中心とし、西洋の資本主義国家が中国の教育を侵略するための団体であった。

　中国人により設立された教育研究団体として最初のものは、1902年4月に上海で設立された中国教育会で、会長は蔡元培、主要メンバーには章太炎、蒋維喬らがいた。中国教育会は力を合わせ、教育研究だけでなく、教育の実践活動にも関わった。例えば、補習校の性格を持つ通学所を開いたが、そこでは外国語、物理、化学、代数、幾何、博物などの学科が設けられ、馬相伯らが教員を務めた。1911年4月、全国教育連合会は上海で会議を開き、1914年3月に「全国教育会連合会」を発足させたが、その設立目的は、「各省の教育会が推薦する学識と経験が豊富な者を招き寄せ、討論を行い、各自の見解を述べさせる。離婁や魯班のように良策を出し合いながら、教育界のために尽力する」ことであった。同会は、1915年から毎年会議を1回開いて、中国教育における重要な問題を議論しながら、中国教育の発展、特に各省の教育活動の推進に大きな役割を果たした。例えば、1915年4月の天津会議では13件の議決案があったが、中でも「義務教育を憲法に加える要請案」は憲法起草会および国民会議に、「各省に教育庁の設置を要請する案」は大統領と教育部に要請文が出された。その他にも「軍国民教育施行方法案」、「3学期制から2学期制への変更を要請する案」、「実業教育の企画案」、「社会教育の企画案」、「教育講演会の設立

案」、「学校教員の専任案」は教育部に、「小学校教育注意条項案」、「各学校の日曜日を利用した道徳講演により人心を鼓舞する案」、「義務教育意見を募集する案」、「学校システム改革に関する意見を募集する案」などは各省の教育会に通告された。

　三つ目は、いくつかの教育思想学派が現れ、教育学における思潮を形成したことである。清朝末民国初に、中国近代教育思想において活発な活動が行われた時期が現れ、様々な西洋教育理論や教育制度が紹介・導入されると同時に、教育に関する思潮も次々と興った。

1）軍国民教育に関する思潮

　1902年、日本に留学していた奮翮生（蔡鍔）は、梁啓超を主筆にして横浜で創刊された雑誌『新民叢報』に「軍国民篇」を、蒋百里は「軍国民の教育」と題する論文を発表し、軍国民教育の思想を正式に表明した。4年後、清朝政府は「尚武」を教育趣旨に組み入れ、「小中学堂の各種の教科書は、必ず軍国民主義を取り入れ、生徒に日常的に目に触れ聞き慣れるようにさせる」[18]と定めた。また1911年、全国教育連合会の上海会議および清朝政府の中央教育会議においても、軍国民教育を重要な議題とし、軍国民教育が清朝末に一つの潮流を形成した。同年、蔡元培が「教育方針に対する意見」を発表し、軍国民教育の主張を一層明確にしてから、軍国民教育は正式に民国政府の教育趣旨に組み入れられた。1915年、全国教育会連合会は「軍国民教育施行方法案」を決議し、軍国民教育を実施する目的、内容や方法をさらに深化させ、軍国民教育の興隆をもたらした。しかし、第1次世界大戦後には、「公理は強権に戦勝する」という声が高まるにつれ、軍国民教育思想も次第に衰えを見せ始めた。

2）実利主義教育に関する思潮

　日清戦争後、西学を学び実業を始める者が増え、実業教育の充実を求める声が高まると、1904年の「癸卯学制」では、実業教育が初等教育から高等教育までの学校システムに組み込まれた。1906年に公布された教育趣旨に

＊18　教育部編『第一次中国教育年鑑（甲編）』開明書店 1934年2月。

も、「崇実」と「尚実」が重要な内容として掲げられ、実業学校は大きく発展
した。1912 年に蔡元培は、清朝末における実業教育の発展状況および各国の
経験に基づき、「実利主義教育」の方針を打ち出し、1913 年 10 月には、黄炎
培が『教育雑誌』に「学校教育採用実用主義之商榷（学校教育が実用主義を採
用することに関する検討）」という論文を発表し、実業教育を発展させること
はすでに時代の潮流となったと指摘した。『教育雑誌』は「実用主義教育特集
号」も発行し、実業教育の主張を世に広めた。そして、実利主義教育の思潮は、
1915 年以降には職業教育の思潮へと進展した。『青年雑誌』の第 2 号に、陳独
秀が「今日の教育方針」を発表し、教育の「職業主義」を打ち出した。1917
年、蔡元培、黄炎培、蒋夢麟、郭秉文、銭永銘、宋漢章ら教育界と実業界の著
名人により中華職業教育社が設立され、職業教育はさらに推し進められること
になった。

3）科学教育に関する思潮

　これは清朝末の西芸教育（西洋の技術教育）から発展した教育思潮である。
1914 年、アメリカ留学から帰国した者が中心となって「科学社」を発足させ、
『科学雑誌』が創刊された。彼らは、中国の科学と実業が不振な状況への対策
として、科学教育を通じて科学知識を普及させるとともに、科学技術に通じた
人材を養成しようとした。蔡元培も科学教育を重視した一人で、科学の進歩こ
そ生活の改善、社会の変革、芸術の創造につながると考えていた。科学の提唱
により、社会には教育の科学化と科学の教育化という新しい趨勢が起こり、教
育界では調査や実験などを重んじる実証的研究が提唱された。1920 年代以降、
教育の科学化の声が高まると、知力テスト、教育検査、学務調査、社会調査が
一般的に行われるようになったが、これは科学教育の思想が浸透したことと密
接な関係にある。

4）義務教育に関する思潮

　清朝末から民国初めにかけて、ブルジョア改良派と革命派は、西洋に習って
義務教育制を導入する要求を掲げた。1904 年の「奏定学堂章程」では、義務
教育の期間を 5 年と定め、「外国の通例では、初等小学堂に国民全員を入学さ
せるが、これを強迫教育（義務教育）と呼んでいる。身体に障害のある者や

事故で体が不自由な者を除き、入学しない者はその親が罪を問われる。中国は創られて間もないので、各地方の官吏や名士は力を尽くして、入学者を徐々に増やしていかなければならない。これこそ民衆を教化しようとする朝廷の意に沿った行動である」と記された。これはトップダウン型の義務教育を唱えたものである。1911年に清朝政府は、北京で開かれた中央教育会において、「試弁義務教育章程案（実験的に義務教育を実施する規定案）」を打ち出し、1912年9月に中華民国が公布した学制でも、「小学校を4年間学ぶことを義務教育とする」と明確に規定した。維新教育の全期間を通じて、義務教育の思潮は大きな影響を与えた。しかし当時の中国社会は、義務教育を普及させるための政治的、経済的基盤が不十分で、支配層にも絶対にやり遂げるという決意や情熱が乏しかったため、ただ「思想」の段階にとどまり、真の実現には至らなかった。そして義務教育制は、21世紀初頭になってようやく全国的に完全に実施されるようになったのである。

5) 平民教育に関する思潮

　平民教育は、ブルジョア改良派による「開民智（民衆の智を開く）」という主張により、端緒が開かれた。例えば、梁啓超は、「開民智」と民権を興すことを関連付け、人民の無知を変えなければ民権などあり得ず、ましてや民主主義など論外であるとした。そして、「民権は一朝一夕にできるものではなく、権は智より生じる。一分の智があれば一分の権があり、六七分の智があれば六七分の権があり、十分の智があれば十分の権がある」[19]と述べた。1910年、章太炎が東京で『教育今語雑誌』を創刊したが、創刊の趣旨の一つとして、「平民の教育普及を提唱する」ことをあげている。1915年、陳独秀は、『青年雑誌』に発表した「今日の教育方針」において、「職業主義」のほかに「唯民主義」を打ち出し、「人民を主人公とし、政権を公僕とする」民主主義の国を建設するためには、人民に教育権を含む様々な権利を付与しなければならないと主張した。1915年、全国教育会連合会において、「注意平民教育案（平民教育に特段の配慮を行う案）」が可決され、教育部に通達するとともに、各省の教育会に平民教育に配慮するよう呼びかけた。新文化運動以降、「平民教育」

＊19　梁啓超「上陣宝箴書論湖南応弁之事」『中国近代史資料叢刊』：戊戌変法（二）、551頁。

は各階層の共通のスローガンとなり、五四運動前後における最も影響力ある教育思潮となった。

3. 維新教育から新文化運動まで—近代教育思想の第3次超越

辛亥革命は、専制支配を打倒し中華民国を樹立させたが、その後、袁世凱が専制政治を復活させ、張勲や段祺瑞も復古主義の方向に走ったため、辛亥革命の成果は失われていった。知識人たちは、再び伝統的文化教育に目をやることで、次のことを知った。すなわち、器物の学習から制度の学習は進歩であるが、問題の本質にはまだ辿り着いていないのだということ、そして国民の精神文化の素養が上向かなければ、自らを励まし生き残っていくなど理想論にすぎず、近代化もまた夢でしかないということである。そこで、彼らは思想の啓蒙活動を行い、愚かな国民精神を改造すべきことを強く主張した。こうして、近代教育は第3次超越、すなわち国民精神と個々人の心理レベルでの超越を実現した。

梁啓超は、戊戌変法が失敗したことの教訓を総括する際、この超越の必要性に触れていた。「文明を求めるに当たって形から入ることは、廃港に行くようなもので、至る所に障害があり、八方塞がりとなる。必然的に目的を達成することもできずに、これまでのすべての努力が無駄になってしまう。文明を求めるに当たって精神から入ることは、大河を導くに等しく、その源流をすっかり清らかにすれば、千里をまっすぐに一瀉して、激しい流れとなってこれを防ぐことができない」[20]。魯迅も個性を重視した教育を主張し、精神的要素が富国強兵に与える意義を次のように強調した。「もし今のために計を立てるならば、過去に考えを巡らし、未来を適切に予測し、物質を排して精神を発揚し、個々人を尊重して大多数を退けるべきである。個々人の精神が発揚すれば、国家もまた興隆するのである」[21]。蔡元培はさらに、中国の前途を教育に託し、教育を通して国民性を改造し、人材を育成することこそ、根本的な解決になるとした。しかし、少数の人が政権を掌握すれば、必ず大衆から離れた高尚なものとなり、形骸化し力を失い、社会からの広範な支持を失うとも述べている。彼は、「我が国が欧米のものを輸入して60年になるが、造兵から始まり、練軍、そ

---

*20　梁啓超「国民十大元気論」『飲氷室合集・文集（第一冊）』中華書局 1941 年、62 頁。
*21　魯迅「文化偏至論」『魯迅全集（第一巻）』北京人民文学出版社 1981 年、46 頁。

して変法と続き、最後にようやく教育の必要性を知った」[*22] と語った。こうした認識に基づいて、新文化運動が生まれたのである。新文化運動の重要なテーマは、文化的レベルおよび心理的レベルにおいて、過去の教育を反省し超越することであった。新文化運動の提唱者たちは、様々な形で封建的教育が人々の個性を抑圧する本質を暴き出すとともに、個性の解放を求めた。個性の解放要求は、五四運動以降にその度合いが強まり、この時期における教育思想の主流となった。こうした流れのもと、教育思想自らを解放しようとする動きも現れ始め、教育理論の論争や教育思潮の登場が、百花が競い合うような状況になり、近代教育思想も現代教育思想へと躍進し移行していった。新文化運動における個性重視の教育思想は、近代と現代の教育思想を仲介する役目を果たしたのである。

　中国近代教育学の誕生は、中華教育思想史における重大な事件である。中国はついに近代的様式に基づく自分の教育理論を持つようになり、中国人はついに近代的思考法と実証的手法により教育現象を研究するようになり、中国の教育はついに自らの言葉を用いて西洋との対話ができるようになった。これらは歴史の大きな進歩である。しかし、中国の教育が近代化を果たした過程は完璧なものではなく、中国文化と西洋文化との交流の過程で、両者を融合するという役目は十分に果たされなかった。結果、破壊が建設より多く、批判が改革より多く、踏襲が発展的継承より多いという事態となり、伝統的教育の優れた遺産は、無理解のまま目を向けられず、反伝統の叫びの中で封建時代の塵屑とともに埋葬された。例えば、古代書院において大切にされていた自由で開放的な学び、教学と訓導の合一、門戸開放、自学自習、百家争鳴などの精神、および古代教育が重視していた基本概念などは、これまでにない冷遇を受け無視された。西洋の教育理論についても、深い分析や洞察が十分ではないままに慌ただしく国民に紹介され、無批判で実践に移された。「主義」や「思潮」は次から次へと登場したものの、そのほとんどがあっという間に消え去り、中国教育に大きな影響を与えることはなかった。政治的混乱が続き、世の中が不安定であったがため、近代教育思想家たちも自らの発想を育て、全身全霊で自らの教

＊22　蔡元培「告北大学生暨全国学生書（北京大学生と全国の学生に告げる書）」『蔡元培全集（第三巻）』中華書局 1984 年、312 頁。

育理論体系を構築することができなかった。そのため、蔡元培が講演録と論文を若干残した以外に、近代中国には整った理論体系を持つ教育学著作はほとんど存在しないこととなったが、それはこの時期の教育理論界が政治の影響に振り回されていたことを示している。こうした状況は、現代においても様々なレベルで残っている。

3、現代教育思想の発展

現代教育思想の登場は、五四運動が契機となった。1919年の五四運動から1949年の中華人民共和国が成立するまで、この30年間にわたる現代教育思想の発展は、大きく以下の五つの時期に分けることができる。

1. 五四運動期（1919～1921年）

五四運動期に現代教育思想は、新文化運動における個性教育のテーマを継承し、教育家たちは依然として民主、科学、個性の解放を旗印に、古い礼儀道徳や教育に対し攻撃を繰り返していた。その一方では、理論の多元化構造が現れ、教育家たちは自らの信念に基づき、青年学生らに啓蒙活動を行い、連帯を呼びかける中で、マルクス主義的教育思想も徐々に広まっていった。

マルクス主義教育思想の普及は、現代教育思想史上の重大な事件であり、中華教育思想の発展過程における重要な分岐点でもある。五四運動の直前、李大釗は「庶民の勝利」と「ボルシェビズムの勝利」という2篇の論文を発表するとともに、「マルクス学説研究会」を立ち上げ、ロシアの十月革命を20世紀の世界革命の先駆けとなるものと高く評価した。1919年5月、李大釗主宰の『朝刊』の特集ページに、初めて「マルクス研究」というコラム欄が載せられ、陳独秀が主宰する『新青年』も「マルクス主義研究特集号」を発行した。『共産党宣言』、『政治経済学批判の序説』などマルクス主義の古典的著作も翻訳され始めたが、李大釗はさらに「私のマルクス主義観」を発表して、マルクス主義の普及を図った。中国でマルクス主義の教育思想が普及し始めた頃、アメリカのデューイ、イギリスのラッセルらが中国を訪れ、プラグマティズムの教育思想や改良主義の教育万能論が多くの人に影響を与えるとともに、「教育による救国」は再び教育家たちの「光栄ある夢」となった。これに対し、中国

初期のマルクス主義者らは容赦しない思想闘争を行い、歴史的唯物論の観点から、教育改造と社会改造の弁証法的関係、個性の形成と社会改造の内在的統一を論じようとした。李大釗は、「再論問題与主義（再び問題と主義によせて）」という論文の中で、社会の「経済構造」を、教育を含むすべての社会上部構造の「基礎」とし、労働者が連帯した実際運動と経済の革命によってこそ、中国社会制度を根本的に改造できるとした。陳独秀はラッセル宛ての手紙の中で、「中国は教育と工業の発展問題に直面している。中国は"知識と物質の面で発展途上である"が、決して資本主義の道を歩くべきではない。"社会主義によって教育と工業を発展させなければならない"[23]と述べた。当時青年だった毛沢東も、「教育という方法で中国の問題を解決し、"資産階級を覚醒させるが、自由を妨げることなく、戦争を起こすことなく、革命で流血することなくという"のは、虎に向かって皮をよこせと頼むことに等しく、まったく通用しない論理である。政権を奪取することこそ、"我々が現世革命によって勝利できる唯一の方法"[24]なのである」という認識を示した。この論争は、教育による救国と革命による救国をめぐる厳復と孫文の間で繰り広げられた論争の再現のようではあるが、論争を行う者がともに自らの思想的武器を持っているということで、実際の性格は異なる。

　初期のマルクス主義者たちは、平民教育や工読教育（労働と勉学を結びつける教育）など様々な教育活動にも積極的に加わった。これらの活動の中で、マルクス主義が進むべき方向をしっかり定め、新民主主義教育の性格を有する初歩的実践活動を開始したのである。

　五四運動期において、中国の教育界にはデューイのプラグマティズム教育思想が強い影響力を持った時期があった。1919年5月1日、デューイは、北京大学、南京高等師範学校、尚志学会、江蘇省教育会、浙江省教育会の共同招請で上海を訪れた。胡適の案内で、デューイは、江蘇省、浙江省、直隷（河北省）、奉天（遼寧省）、山東省、山西省、江西省、湖南省、湖北省、福建省、広東省など11省および北京や上海で、2年以上にわたる講演を行った。そして

---

*23　陳独秀「独秀致羅素先生底信（独秀からラッセル氏への手紙）」『新青年』8(4)。
*24　「毛沢東が肖旭東、蔡林彬、在法諸会友への手紙」中共中央党校党史研究室『中共党史参考資料(第1冊)』人民出版社 1979 年、490 頁。

世間の支持もあり、デューイのプラグマティズムの教育思想は一時中国全土を席巻した。雑誌『新教育』の第1巻から3巻までの各号において、デューイの学説が宣伝され、さらに「デューイ特集号」も発行された。中国各地で行われたデューイの講演内容はそれぞれ記録され、『デューイの五大講演』、『デューイの教育哲学』、『平民主義と教育』、『中国におけるデューイの講演集』などの書物としてまとめられたが、中でも『デューイの五大講演』は2年以内に10回以上も版を重ねることとなった。デューイの「教育即生活」、「学校即社会」、「児童中心主義」、「実践の中で学ぶ」、「平民主義教育」などの教育観点は、当時の教育理論界で引用回数が最も多い概念となり、ほとんどの教育思想家が程度の差はあるものの、デューイのプラグマティズム教育思想の影響を受けた。

　デューイのプラグマティズム教育思想が中国教育界に受け入れられ、大きな社会的反響を起こすまでになったのは、もちろん深い理由がある。1点目は、当時軍閥同士が争いを続け、人民の生活は混乱し、政治は封建的専制政治時代そのままで、人民は真の民主主義制度の到来を待ち望んでいたが、デューイが提起した「進歩」と「民主」は、中国社会の民主主義への切実な要求にまさに合致するものであった。2点目は、当時の中国は形の上では新しい教育制度を実施していたが、基本的な教授法は「教師が話し、生徒が聴く」という情報注入型で、師弟関係も依然として「師道の尊厳」を第一とするものであった。一方、デューイは、伝統的教育における青少年への拘束や禁固に反対し、子供の個性の自由な発達や教育上の民主を主張したので、中国の教育界に新風を巻き起こし、教師や教育思想界からの支持を得たのであった。3点目は、ドイツは第1次世界大戦の元凶であり、日本の軍国主義は中国への侵略と略奪に注力していたことから、かつてドイツと日本に学んでいた中国教育界は、民族的・政治的感情によって、これらの国に完全に失望し、望みをアメリカに託し、政治制度から教育制度までをアメリカ式に共鳴したのである。デューイのプラグマティズムの教育思想は、中国社会がアメリカに好意的感情と希望を持つようになったまさにその頃に伝わってきたのであった。4点目は、当時の中国は経験論的哲学を基本的に学んでいたため、プラグマティズム教育思想の輸入は抵抗なく進んだのであった。プラグマティズムが中国に伝わってくる以前に、ロックの唯物主義経験論やスペンサーの実証主義が、梁啓超、厳復、王国維らによって中国に紹介されていた。「プラグマティズムは経験論の亜種であり、

唯心論へ転換した洗練された経験主義であり、デューイの説をロックそのものと誤解している者もいる中で、デューイを中国の教壇に立たせた」*25。これに加え、胡適などすでに名声を博していたコロンビア大学の卒業生たちやその学友による普及と解説で、デューイのプラグマティズム教育学は中国で最も影響力ある学説となった。デューイの弟子キルパトリックが、デューイの教育思想に基づいて打ち出した「プロジェクト・メソッド」も同時に伝わり、1920〜1921年において中国で最も影響力を持つ教授法となった。例えば、1921年に開催された第7回全国教育会連合会議における決議案では、全国で「プロジェクト・メソッド」を研究、実験、普及させることが明確に示された。その決議には、「教育先進国では、小学校でプロジェクト・メソッドを実施している。教材や教授法は実践的なものを取り入れ、児童の心理発達に適したプログラムとし、社会環境にふれあう取り組みを行い、状況に応じて児童の成長を有利に導くことで、個性を発揮させている。学ぶ者は興味が湧くだけでなく、教育手法に決まったスタイルがなく、方法が優れており、これを超えるものはない。現在、我が国でこの方法を試しており、その効果を確認しつつあるので、各省の師範学校にプロジェクト・メソッドを研究するよう指示し、かつ師範学校付属小学校および都市部の規模の大きな小学校にまず実施させ、模範校として他校に真似させるようにすべきである。こうすることによって、効果が確認されれば、徐々に全国に普及させることができる」と記されている。

　五四運動期に、中国の現代教育思想において他にも特筆すべき事件がある。一つ目は、蔡元培が北京大学で大胆な改革を進め、北京大学が新思潮の揺りかごとなり、五四運動の発端となるなど、新たな教育思想の普及と発展に最適な環境作りを行ったことである。二つ目は、平民主義教育思潮が広められたことである。デューイが中国を訪れる以前に、中国の平民主義教育思潮が発展する下地はすでに整っていた。例えば、1919年3月に北京大学の「平民教育講演団」が発足し、同年4月には教育調査会の第1回会議において、「教育宗旨研究案」の中で、「健全なる人格を養成し、共和的精神を発展させる」という趣旨を打ち出した。デューイが訪中してから、特に南京で行われた「平民主義の教育」という講演によって、平民主義教育の思潮はさらに活発になった。北京

---

*25　陣元輝「中国教育学七十年」『北京師範大学学報（社会科学版）』1991年5月。

高等師範学校は「平民教育社」を発足させ、雑誌『平民教育』を発刊するなど平民教育を積極的に実践に移し、南京高等師範の学生らも雑誌『少年社会』を創刊し、平民教育の推進を図った。全国各地で「平民学校」が作られ、平民に対する識字教育と文化教育補習が行われた。工読運動と工読思潮も、新しい動きが次々と登場した。五四運動期にフランスで働きながら学ぶ勤工倹学運動と工読互助運動とが互いに影響し合い、一定の社会的影響力を持った工読教育思想を形成した。工読教育を主張する者には、マルクス主義者、空想的社会主義者、国家主義者、ブルジョア民主主義者、無政府主義者などそれぞれ異なる背景と信条を持つ者たちがいたが、「工」と「読」を結びつけようとする点では共通しており、知的労働と肉体労働の結合、知識人と労農大衆の結合、教育と生産労動の結合において、様々な試みがなされたという点では有意義であった。

2. 中国共産党の成立から第 1 次国共内戦の終了まで（1921〜1927 年）

　1921 年 7 月 1 日、中国共産党が上海で産声をあげた。これは現代中国においても、現代教育思想の発展史においても重大な事件である。成立当初から、共産党は文化教育を重視し、革命闘争の重要な構成部分と位置づけた。1922 年 7 月の中国共産党第 2 回全国代表大会では、「教育制度を改良し、教育を普及させる」、「女性を束縛するあらゆる法律を廃止し、政治、経済、社会、教育すべてにおいて女性に平等な権利を授受する」[26] ことなどを、党の任務および今後の目標にすると宣言した。

　広範な労農大衆を導き、革命闘争に勝利するために、共産党は労働組合書記部を立ち上げるとともに、長辛店労働者補習学校、安源炭鉱労働者補習学校、広東海陸豊地区農民学校などを作った。また、革命の指導者的幹部を養成するために、湖南自修大学、上海大学、上海平民女学校、湘江学校、労働学院などを設立し、広東省と武漢では農民運動講習所を作った。教育思想面においては、帝国主義的隷属教育や封建復古主義的教育に反対する闘争を展開するとともに、中国教育の発展方向に対しても、大衆の共感を得られる将来見通しを公表した。この時期に、毛沢東や惲代英は様々な教育問題に対し、理論武装された詳しい解説を施しながら自らの見解を打ち出した。

---

*26　李桂林「中国現代教育史教学参考資料」『人民教育出版社』1987 年 3 月。

中国教育史　近現代篇

　教育界では、学制改革の問題をめぐって議論が戦わされていた。1921 年 10 月、全国教育会連合会の第 7 回年会において、「学制系統草案」が採択されると、その草案の全文は各新聞に発表され、全国的なアンケート調査が実施されるとともに、教育理論界でも紙上すぐさま討論が行われた。余家菊は、『時事新報』に「評教育連合会之学制改造案（教育連合会の学制改造案に対する評価）」を連載し、「草案は、児童の心身発達段階を学制を区分する大まかな基準とし、また各方面の状況を配慮して柔軟性のある案を採用しているが、これは“国民の新たなる精神の覚醒”の表れである。しかし、小学校を 7 年から 6 年に変更したことは、“国民の生活上で必要となる知識や技能を獲得するには不十分な可能性がある”」という認識を示した。舒新城、陶行知、李石岑、黄炎培、荘啓、兪子夷、呉研因、廖世承、周予同らも相次いで『教育雑誌』や『教育と職業』などの雑誌に、学制問題に対する自らの見解を発表した。1922 年 11 月、全国学制会議および全国教育会連合会の審議と改正を経た新学制が、北洋政府大統領令により発表された。この「学校系統改革案」は、「新学制」または「壬戌学制」と呼ばれた。「新学制」は七つの条項、すなわち、「①社会進歩の要求に適応する、②平民教育の精神を発揮する、③個性の発達を図る、④国民の経済力を重視する、⑤生活教育を重視する、⑥教育の普及を容易なものにする、⑦各地方の状況に配慮する」[*27] などを打ち出している。「新学制」は、小学校の就学年限を短縮し、3 年制の中学校を別に設けたが、これは小学校と中学校の普及に役立った。中等教育の面では、中学校と高校は職業科を置くことができると規定し、職業教育の内容を強化した。また、大学は選科制を実施し、学生の主体的学習態度を重視した。デューイのプラグマティズム教育思想からの影響はあるものの、これは中国の教育史上で教育理論界の広範な参加と討論のもとで初めて制定された学制であり、民主化的な教育政策制定における先駆けとなった。「新学制」が職業教育を重視する点は、中華職業教育社の職員らによる職業教育の広報活動と切り離すことができず、職業教育思潮の普及と職業教育思想の発展をさらに推し進めるものとなった。黄炎培の「大職業教育主義」はこの時期に打ち出されたものである。

　この時期、教育の独立、教育テスト、反隷属性教育に関する運動や思潮が盛

＊27　「頒布施行之学校系統改革案（公布施行された学校システム改革案）」『新教育』5 (5)。

り上がりを見せたことも、現代教育思想史上における注目すべき事件である。

1922 年 2 月、蔡元培は有名な「教育独立議」を発表し、「教育は政治や宗教の影響を受けず、独立した存在であらねばならない」と明確に主張した。彼は、教育とは、共通した、進歩的な、個性と社会性（群性）を協調発展させるための道具であり、教育の根本的な目的は、人の能力を発展させ、個々人の人格を作り上げることにあるとし、「教育を受けた者を便利な道具とみなし、他の目的を持つ者に使用させるために教育があるのではない」、「教育事業はすべて教育家に委ね、独立した資格を与え、各派の政党や教会の影響を一切受けさせないようにすべきである」[*28] と主張した。教育の独立に関する具体的な内容としては、以下のことをあげている。まず、教育経費の独立、すなわち専用の経費を充当し、他のことに転用させない。次に、教育行政の独立、すなわち教育行政機構は政治に属さず、教育関係者は政治によって人事の変更を行わない。さらに、教育思想の独立、すなわち定められた教育方針に従いながらも、独立した自由な教育を行う。最後に、教育内容の独立、すなわち学校は宗教的祭祀を行ったり、教義を宣伝する授業を行ったりしてはならない。

蔡元培の問題提起によって、教育の独立は社会的な反響を巻き起こした。全国教育独立運動の会議が北京高等師範学校で開かれ、「教育独立宣言」を発表し、『教育雑誌』などにも次々と論文が発表され、教育の独立が主張されていった。しかし、教育の独立は、教育界の普遍的な要求を反映するとともに、反帝国主義、反封建主義の意味合いを持ったものの、結局のところ、それは現実性のない幻想であり、教育家の一方的な理想像でしかなかった。そのため、初期マルクス主義者らによって、「教育の独立とは、教育界を社会から隔絶させ天空へ持って行って独立させるとか、大海に持って行って独立させるとかいうものなのか？」と容赦なく質問された。また、軍閥が横行する政治情勢で、政府の特別会計による教育経費が「軍閥に奪取されない保証」がないことも指摘された[*29]。

1922 年から教育テストや心理テストも盛んに行われた。すでに 1920 年に廖世承と陳鶴琴が『智力測験法』を出版していたが、教育テストと心理テス

───────────────

＊28 『蔡元培教育文選』人民教育出版社 1980 年、145 頁。
＊29 戚謝美他『陳独秀教育論著選』人民教育出版社 1995 年、317 頁。

31

中国教育史　近現代篇

トが本格的に作られたのは、中華教育改進社の招きで 1922 年の秋に訪中した
マッコールの宣伝によるものであった。彼は中国に滞在した 2 年間に、50 種
以上の知能テストを作り上げた。その後、陸志韋により改訂された「ビネー・
シモン法」の知能測定尺度や俞子夷、廖世承、劉廷芳、陳鶴琴らによって作ら
れた小中学校の各種知能テストも、各学校で広く使われるようになった。一方、
知能テストの出現により、知能テストをめぐる議論も活発に行われたが、それ
は、張師石が 1923 年 11 月 17 日『学燈』に発表した「徳爾満氏来沪 "測験各
小学" 的我見（ターマンによる上海の "各小学校での知能テストの実施" に対
する私見）」という論文から引き起こされた。この論文は知能テストの方法お
よび試験問題の内容という二つの側面から、ターマンが上海で行った知能テス
トのミス、例えば、質問の意図が生徒にきちんと理解されていないこと、休憩
なしで実施したこと（休息を禁止したこと）、生徒が推測によって回答するこ
とを予測していなかったことなどを列挙している。11 月 21 日、さらに同紙は、
周志超、陸并謙、啓人、徐剣縁による 4 篇の論文および「測験討論上編集者
的弁言（テスト論争に対する編集者による前書き）」を発表し、テスト問題に
対して論争を展開した。1923 年 12 月 7 日、李清悚は『学燈』に「柏格莱対
於智力測験之批判（知能テストに対するバグリーの批判）」を発表し、テスト
の歴史やバグリーの論文「平民教育と IQ」の基本論点を紹介しながら、理論
面から問題提起を行った。教育と心理テストに関する論争は、科学教育思潮の
発展における当然の帰結であり、教育の科学化における試行錯誤の過程でも
あった。80 年経った現在も完璧なテストは存在しないが、1920 年代に行われ
た論争が、中国でのテスト実施に関する知識の普及、教育と心理テストの整備、
テストの有効性と信頼性の向上において果たした功績は消えることがない。

　奴隷化教育に反対する思潮は、教育権回収運動において集中的に現れた。
1906 年、清朝政府により「学部咨各省督撫為外人設学無庸立案文（外国人の
学堂設立に登記を要しない旨の各省の総督と巡撫への公文書）」が公布される
と、西側諸国は中国で教会学校を作り始めたが、1925 年初、キリスト教によ
り設立された小学校は 5,928 校で、生徒は 160,991 名、中学は 962 校で、生
徒は 22,569 名、高等学校以上は 38 校で、生徒は 11,790 名に達した[30]。多く

＊30　惲代英「打倒教会教育」『中国青年』(60 期) 1925 年 1 月。

の教会学校では奴隷化教育が行われ、「学校内で中国人は自由に行動してはならない」とされた。例えば、広州イギリス聖公会が設立した聖三一学校のイギリス人校長は、生徒が生徒会を作ること、および愛国活動に参加することを禁止し、複数の生徒を退学させた。こうした運営方法に怒った生徒たちはストライキ闘争に入り、「奴隷になるぐらいなら、退学したほうがましだ」、「帝国主義者が中国の教育界で傲慢になることを絶対に許さない」というスローガンを掲げた[*31]。1925年6月18日、広州学生会も「教育権回収運動委員会宣言」を発表し、帝国主義が中国教育の主権を侵害している事実を暴き出し非難するとともに、外国人が中国で設立した学校の教育権をすべて回収するよう求めた。7月、中華教育改進社第3回総会が南京で行われ、教育権回収問題が重点的に討論された。著名な学者で教育家の陶行知、馬寅初、范源濂、章太炎、丁文江、馬君武らがスピーチを行い、教育権回収の提案が採択された。東北地域でも日本軍の侵略による植民地教育に反対して、教育権回収運動が広く展開された。

　教育権回収運動が広がりを見せると、中国共産党の教育思想家である惲代英、陳独秀、鄭中夏、蕭楚女、楊賢江らも直ちに論文を発表し、運動を後押しした。例えば、惲代英は「打倒教会教育（教会教育を打倒する）」の中で、「我々は毎日色彩を恐れ、党派を恐れてきた。しかし帝国主義者たちは、教会や学校青年会の力を借り、中国でこれほど巨大な党派を作り上げた。我々はばらばらの砂粒のままで永遠に彼らの党派の指示に屈することを望むのか？それともすぐさま組織化して彼らに対抗すべきか？」という問いを発した。そして文章の最後に、教会学校を閉鎖し、教会教育者を駆逐し、教会学校の青年を団結させ、内外と呼応して「教会教育の毒ガスの炎を撲滅する」よう呼びかけた。

　ここで触れておくべきは、国家主義教育の思潮である。国家主義教育は、国家主義を信奉する者たちの教育における主張で、余家菊は1925年に中華書局から出版した『国家主義教育学』の中で、「簡単に言うと、国家主義に帰着させる教育で、その意味合いは状況に合わせて柔軟に対応しなければならない。すなわち、現在の中国においては、以下のことを急いではならない。①自尊感情を育成することによって国の尊厳を確立すること、②国粋を発展させることによって国の繁栄を宣伝すること、③国民精神を育成することによって国の基

＊31　「広州聖三一学校学生宣言」『向導週報』（62期）1924年4月。

盤を固めること、④国権を擁護することによって国の気風を維持すること」と説明している。国家主義教育は、共産主義に反対し、階級間の融和を主張した面で誤りがあるものの、教育権回収のために行った理論面の貢献を完全に否定することも偏った見方である。一方、国家主義教育のもう一人の代表的人物である陳啓天は、「教会学校は、外国人が中国で宗教教育を行う侵略的機関である」と明確に定義している。そして、教会教育は「教育の根本原理に合わない」ばかりか、「教育の歴史の趨勢にもそぐわない」と指摘し、教育権の回収および「自国教育」と「宗教的色彩を有しない教育」を求めた[*32]。これは反奴隷化教育の正しい言論であることは間違いない。

3. 第2次国内革命戦争期の教育思想（1927〜1937年）

　1927年の蒋介石による上海クーデター、および汪精衛（汪兆銘）による「分共会議」後、共産党は革命闘争の重心を農村に移すとともに農村革命根拠地を作り、1931年には中華ソビエト共和国を樹立した。こうして中国には二つの政権、すなわち共産党政権と国民党政権が並存することになった。そして教育も、共産党が指導する解放区の教育モデルと国民党が指導する国統区の教育モデルが同時に存在し、教育思想面においては、状況はさらに複雑で様々な違いが見られた。

　第2次国内革命戦争期、土地革命および国民党の包囲網に勝利するために、共産党とソビエト政府は、「ソビエトによるすべての活動は、革命戦争の要求に沿ったものとする」という全体方針の指導の下、教育性質と教育活動の基本的要求に対し、「憲法大綱」を通じて次のように明確に規定した。すなわち、中華ソビエト政権は、労働者や農民すべてが教育を受ける権利があることを保障する。そして内戦期においても可能な限り、無料制の教育を普及させる。無料教育は、青年労働者層にまず実施し、彼らのすべての権利を保障するとともに、彼らが各種の文化革命運動に参加するよう積極的に導くことにより、新しい社会勢力を形作る、とした。1934年1月、毛沢東は革命根拠地における教育活動の経験と教訓を要約・総括したうえで、ソビエト文化教育の全体方針を

---

*32　陳啓天「我們主張収回教育権的理由与弁法（我々が教育権の回収を主張する理由と方法）」『中華教育界』1925年第14巻8期。

打ち出した。それは、「共産主義の精神で広範な労働者を教育し、文化教育を革命戦争と階級闘争のために用い、教育と労働を結びつけ、広範な民衆が文明と幸福を享受できるようにする」というものであった。この方針は、解放区の教育に大きな影響を与えただけでなく、その後の歴史の節目において共産党の教育方針を形作る原型となった。これは、毛沢東の現代中国教育思想における重要な貢献である。

　ソビエト文化教育の全体方針の指導の下、解放区の教育事業は大きく発展した。幹部教育、労農成人教育、児童教育、師範教育はそれぞれの目標に特化した教育が施されるとともに、大衆に寄り添った学校運営、様々な制度を取り入れた学校運営、新たな試みを取り入れた学校運営、試行錯誤の中で奮闘する学校運営など、システマティックな学校運営の思想を形成した。教授法や徳育理論の面においても、教育思想家たちは独創的な視点を数多く生み出したが、例えば、毛沢東が提起した「十大教授法」はこれまでにない斬新な理論であった。

　一方、国民党は上海クーデター後まもなく、1927 年 9 月に南京に国民党政府を樹立し、1929 年 3 月に「中華民国教育宗旨」を採択した。そこには、「中華民国の教育は、三民主義を依拠として、人民の生活を充実させ、社会的生存を扶助し、国民の暮らしを発展させ、民族の生命を永続させることを目的となす。必ず民族の独立、民権の普遍、民生の発展を図り、以て世界大同を促進する」[*33] と記されている。「教育宗旨」には、また八つの実施方針が付いており、課程と課題、普通教育、社会教育、大学教育、専門教育、師範教育、男女の教育機会の平等、体育と農業教育に対する具体的な解説と規定が設けられた。この教育方針は「三民主義」を銘打っているが、政治的な旗印で飾り立て人を驚かそうとしている疑いがあった。なぜならば、孫中山が「国民党第 1 次全国代表大会宣言」で述べた新三民主義とは、民族の独立、民権の自由、民生の幸福、そして連ソ・容共・扶助工農という三大政策を指すが、蒋介石の上海クーデターは三民主義と真逆のもので、彼の三民主義教育趣旨は中身の伴わないスローガンにすぎないのである。

　この時期、蒋介石は教育問題に関する多くの講演を行っている。例えば、「中国教育の思想問題」（教育部記念週間での演説）、「教育と経済のみが国家と

[*33]「第一次中国教育年鑑」甲遍、8 頁。

民族を救う」（長沙の党政軍学拡大記念週間での演説）、「救国には必ず文と武を合わせた教育が必要」（四川省党部拡大記念週間での演説）など、教育問題に対して国民党政府の公式な見解を表明した。彼は、三民主義を教育の指導的思想とすべしと強調し、三民主義は「堯、舜、禹、湯、文、武、周公、孔子に始まる仁義道徳思想を継承し、それを拡張したもの」と位置づけ、「仁義道徳を発展させた」ものであると強調した。しかし実際は、封建教育の内容によって三民主義の本質をすり替えたものでしかない。蒋介石は、教育の意義を繰り返し述べ、「もし国や社会が良い教育を有していなければ、立派な人材や優れた文化を作る術はなく、新しい社会と強大な国家を作ることもできない」[34]とした。また、国の活力は「教育、経済、武力の3要素で構成される」が、「教育はほとんどすべての事の根本にあり、特に経済や武力と密接な連続的関係を有しているので、各部門は連絡を取り合い、互いに完全に理解しなければならない。いわば、教育は経済と武力をつなぐ中枢に位置している」[35]とした。彼はさらに、「我々が建設すべき国の基本的な重要任務は教育である。教育は、国の民族精神と文化、つまり永遠の生命の拠り所である。そのため、教育の優劣と成敗は、国家と民族の興亡盛衰の最大の鍵である」[36]とも述べた。これらの言動自体は素晴らしいが、蒋介石の理解している教育とは、真の現代的意義における教育ではなく、仁義道徳や礼儀廉恥を基本内容とする古い教育思想であり、古い教育によって現代国家を建設しようとするのは、木に登って魚を捕まえようとするようなものである。それは、人々の思想を縛り付けるには、適当な道具である。そのため、この思想の影響下で生まれた教育救国、読書救国、読経救国の教育思想は、動機付けがどのようなものであろうと、当時に何の有効性も発揮しなかったことは明らかである。

　この時期、国民党政権下でも、進歩的内容や革命的色彩を持つ様々な教育思想や学説が生まれたが、その代表的人物として、晏陽初、梁漱溟、陶行知、魯迅、楊賢江らがいた。彼らの学説や教育面での実践は、重苦しい社会の雰囲気の中でひときわ目立ち、現代中国の教育思想を豊かなものにした。

---

[34]　蒋介石「教育人民与転移風尚的要点（人民の教育と風尚転移の要点）」「成都拡大記念週間における講演」1935年6月24日。

[35]　蒋介石「現代国家生命力」「峨眉軍訓団第二期の講話」1935年9月10日。

[36]　蒋介石「建国の行政」1936年5月16日。

第1章　中西教育思想の会通と融合

　晏陽初は、1923 年に中華平民教育促進会の計画および設立に参加し、1926
年に河北省定県を平民教育の実践の場に定め、1929 年に多くの学者とともに
定県に移り住んだ。そして、平民教育の理論と実践を密接に結びつけ、統計的
調査や四大教育（文芸教育によって愚を救い、生計教育によって貧を救い、衛
生教育によって弱を救い、公民教育によって私を救う）、三種の方式（学校式
教育、家庭式教育、社会式教育）によって、平民教育の内容と方法を体系化し
た。彼は、平民教育の経験をまとめ、農村教育のために一筋の道を開いた。し
かし、中国社会に横たわる根本的な問題は、平民教育では完全に把握すること
ができず、既存の社会秩序と政治制度に関わらないことを前提した改良主義的
平民教育では、真の成功は望めなかった。

　梁漱溟は、1929 年に河南省輝県の村治学院で郷村建設の実験を始めたが、
その実験を通じてある程度体系化が進んだ郷村教育理論をまとめ、郷村教育の
役割、精神陶冶、組織構造について詳しい論述を行った。しかし平民教育と同
様、「社会改造を大言壮語しながら政権に頼る」ことや、「郷村運動と称しなが
ら郷村の社会構造は変化させない」など、郷村教育も問題の解決にはなってい
ないという疑問が呈された。許された枠内にとどまり、活動の範囲を広げよう
としなかったため、郷村教育は結局のところ自滅してしまった。郷村教育の失
敗に対する梁漱溟の困惑は、教育により社会を改造しようとしながら、政治制
度には触れようとしなかったすべての教育家に共通した困惑でもあった。彼ら
の困惑は、最終的には中国共産党により解決された。

　陶行知が指導した生活教育運動は、1927〜1930 年の郷村教育運動、1931〜
1935 年の教育普及運動、1935〜1937 年の国難教育運動の三つの発展段階に
分けられる。彼はこの時期に、健康的、労働的、科学的、芸術的、計画的な生
活の有り様を定め、生活や社会を改善することにより教育の向上を図ることを
提起し、「社会即学校」、「生活即教育」、「労働即生活」とともに、「教・学・做
合一」による生活教育の基本原則を打ち出した。また、国難教育および大衆教
育の普及と民族解放の実現における内在的関係を指摘し、生活教育を理論面と
実践上でさらに発展させた。

　魯迅はこの時期、人生の最後の 10 年を過ごした。1927 年 10 月、逮捕さ
れた学生を助けられず、憤った魯迅は、広州中山大学の職を辞し上海に移り、
1936 年 10 月 19 日に死去するまでその地で過ごした。この時期に、彼は革

37

命家を育成するための思想を打ち出し、社会を改造するには、「薄暗い人生を直視し、鮮血を直視できる戦士」を育てなければならないと主張した。1933年には、「知識過剰」という文章を発表し、当時の知識過剰を問題視しながら、「厳格な統一試験制度の下で、鉄ほうきでザザッとやるように、大方の知識人を“民間”へ掃き出すべき」と主張し、政府の愚民政策の問題点を鋭く指摘した。青年教育、とりわけ児童教育に関する彼の論調は、現代中国教育思想における貴重な財産である。

　楊賢江も人生最後の歳月を、教育理論の研究と翻訳のために費やした。1927年以降、彼は『教育史ABC』や『新教育大綱』など、マルクス主義の教育観による指導書を出すとともに、『ソビエト共和国の新しい教育』やエンゲルスの『家庭、私有財産および国家の起源』を翻訳した。彼は、中国のマルクス主義教育理論の基礎を構築する役割を担い、青年教育の原理と方法、実践内容に関して、理論的に多大な功績を残した。

4. 抗日戦争期の教育思想（1937〜1945年）

　「盧溝橋事件」後、抗日を目的に成立した国共合作の下、民族統一戦線が形成された。共産党が指導する人民武装勢力は、陝甘寧解放区の地盤を固めながら敵の後方に深く入り込み、次々と抗日民主拠点を作っていった。抗日救国の要請に呼応し、毛沢東はすぐさま「偉大な抗戦運動には、それに相応しい偉大な抗戦教育運動が必要である」という戦略を打ち出すとともに、抗戦教育の四つの政策を具体的に制定した。すなわち、「①学制を改訂し、緊急性のないあるいは必要ない課程を廃止し、管理制度を変える。戦争に必要な教科を教えること、および学生の学習意欲を発揮させることを原則とする。②各種の幹部学校を設立、拡大、強化するとともに、抗日幹部を大量に育成する。③民衆教育を広く発展させ、補習学校、識字運動、演劇運動、合唱運動、体育運動を組織するとともに、銃前・銃後で大衆向けの新聞を発行し、人民の民族文化と民族的覚醒を高める。④義務教育としての小学校教育を実施し、民族的精神によって次世代の教育を推進する」という内容であった。さらに毛沢東は、幹部教育の問題、抗日救国を目標とする新たな教育制度と新たな教育課程の問題、知識人と労農大衆の連帯に関する問題、学習方法と学習態度に関する問題、民衆による学校運営の問題等に対し、解放区での教育事業の実践をもとに述べ、抗日

民主拠点における教育発展に方向性を指し示した。

　この時期、解放区の教育において、創造的な試みが数多く行われた。例えば、高等教育機関は、正規の大学とは異なる新たな短期訓練班を主に開設したが、中国人民抗日軍政大学、陝北公学、魯迅芸術文学院、中国女子大学、華北聯合大学、延安自然科学院などが基本的にこの形式に則った機関である。また、小中学校教育や成人教育における教材や教授法も、抗日をテーマに変革と柔軟な調整が行われたが、徐特立や呉玉章らの教育思想家がその教育理論や実践方法の構築に大きな貢献をした。

　一方、国民党政府側も、抗日戦争勃発後の急激な情勢変化に対処するため、教育面でいくつかの処置をとり、「総動員時督導教育工作弁法綱領」、「戦時各級教育実施法案綱要」、「各級教育設施之目標及施教対象」等の法令を発布した。蒋介石は度々演説を行い、「平時を戦時として見なし、戦時を平時として見なす」という指導方針を打ち出した。また、「忠孝仁愛信義平和」の八徳と「礼儀廉恥」の四つの根本を学校の訓育基準と校訓に定めた。そして、教育は文と武を関連付け、すべては軍事に直結させること、学生の愛国思想を育成することを求めた。蒋介石の教育思想は、抗日救国の先進的な面があるが、一方では教育の抑圧、思想の隷属化という反動的側面もあった。

　蒋介石の指導の下で、国民党統治区で実施された教育も上述の矛盾を呈した。初等教育において、「政教一致」の教育制度の推進、強制入学条例の制定、初等教育行政管理制度の改革、小学校の課程と訓育基準の改訂、小学校教師の待遇改善などを行った。こうした一連の措置は、国民党政府の初等教育事業を大幅に発展させた。1938 年から 1946 年までに、小学校は 217,394 校から 290,617 校に増え、入学児童は 12,281,837 人から 23,813,705 人に増え、経費は 64,932,910 元から 608,821,682,759 元まで増大した[37]。中等教育、高等教育、師範教育、職業教育等の面でも大規模な改革が実施された。外国の侵略を共通の敵とするという旗の下に、国民党政府の教育事業は成果を上げたが、中でも教師の待遇の改善、貧困児童への援助、職業教育の発展などの取り組みは、今日でも参考とすべき点が多い。

　抗戦期に、陶行知による生活教育はさらなる発展を見せ、戦時教育（1937

---

[37]　熊明安『中華民国教育史』重慶出版社 1990 年、230〜249 頁。

～1939 年）と全面教育（1940～1945 年）の二つの段階を経験した。彼は生活教育社の同志と共に上海で「戦時教育服務団」を、武漢では「抗戦教育研究会」と「全国戦時教育協会」を組織するとともに、月刊『戦時教育』を刊行した。また、日本帝国主義を打倒し、自由平等で平和な新中国を建設するために奮闘するよう、人民や青年学生を動員した。抗戦と建国の統一した教育を堅持するとともに、育才学校を作って、将来のために創造力と全面的に発展した人材の育成にも着手したが、彼の有名な「六大解放」の創造教育思想はこの時期に打ち出されたものである。

5. 第 3 次国内革命戦争期の教育思想（1945～1949 年）

1945 年 8 月 15 日、日本の無条件降伏によって 8 年にわたる長期戦は幕を閉じた。共産党は直ちに平和、民主、団結、統一の建国方針を打ち出したが、国民党は国の再建という人民の意志に背き、アメリカの支持の下で内戦を引き起こした。そして最終的には、人民の支援の下で自衛戦争を進めた共産党が勝利を収め、中華人民共和国を樹立するとともに、中国の教育を新しい発展の段階へと導いた。

抗日戦勝利の直前、共産党の第 7 回全国代表大会が延安で開かれ、毛沢東は「論連合政府（連合政府を論じる）」という報告を行い、抗日戦勝利後に独立、自由、民主、統一、富強のもとで新民主主義の中国を打ち立てなければならないと明確に示した。教育面では、「中国国民の文化と教育の趣旨は、新民主主義である。すなわち、中国は民族的、科学的、大衆的な新しい文化と教育を構築しなければならない」[38] と述べた。そのためには、適切かつ断固とした措置を取り、奴隷化、封建主義、ファシズムの背景を持つ文化と教育を一掃しなければならないと主張した。毛沢東のこうした思想は、解放区教育における綱領的な指導指針となり、内戦が全面的に勃発した後、解放区は民族的、科学的、大衆的な教育の構築を教育事業の基本的立脚点とした。

内戦勃発後、人民解放軍は国民党部隊の大規模な進攻を粉砕するとともに、全国的な反撃に転じ、遼瀋、淮海、平津の三大戦役の勝利を果たした。そして勝利の成果を固め、建国の人材を育てるために、「幹部教育を最優先とする」

---

[38] 『毛沢東選集(第三巻)』人民出版社 1991 年、1083 頁。

という方針を打ち出した。毛沢東が「9月会議に関する通告」を起草し、幹部を大量に輩出すること、解放区の幹部教育を重視すること、国民党支配下の都市部から人材を吸収することなどを説いた。1948年に東北行政委員会が発表した「教育工作に関する指示」の中でも、新たな情勢下での教育事業の主な任務は、文化知識、科学技術、革命思想を有する知識人を大量に養成して、建国に必要な人材の需要に応じることであると指摘した。こうした思想の下、解放戦争期の幹部教育は大いに発展した。例えば、東北区では、東北大学、東北軍政大学、遼寧公学、遼北民主学院、東北行政幹部学校、ハルビン大学、鉄道学校、郵電学校、農業の専門校と商業の専門校などが、華北区では、華北聯合大学、ベチューン医科大学、鉄道学院、華北工業交通学院、北方大学、内蒙古学院、建国学院等が設立された。また、陝甘寧辺境区では、延安大学、西北軍政大学、および工業、財政経済、芸術の各専門学校が、蘇北区では、蘇中公学、江海公学、蘇北公学、華中大学等が設立された。硝煙が立ち込める歳月の中で、これらの学校は革命戦争に幹部を送り込んだだけでなく、中華人民共和国の建国初期に貢献する多くの人材を育成した。

　解放区の教育に比べ、国民党支配区の教育は弱体化する一方であった。蒋介石も「建国時は教育を最優先とする」というスローガンを打ち出し、国民教育や師範教育、中学校教育、西部地域の文化教育に格段の配慮をするよう呼びかけたが、それらは建前にすぎず、実際に最優先されたものは戦争であった。そのため、抗日戦勝利から南京解放まで、国民党政府の教育経費は大幅に不足し、教育事業は停滞したままで、教員の生活は困窮していた。国民党政府は、民主や自由、平和、内戦反対を表明する教師や生徒に対し処罰と弾圧で臨んだ。こうしたことによって、国民党政府はついに民心を失い、最終的には敗北する運命を辿った。

　この時期に、国民党統治区の民主教育思潮はさらに発展した。陶行知は、生活教育を民主教育の段階にまで発展させ、民主教育の目的や方法、教員、教材、課程、学制、行政等の具体的内容を詳しく論じた。生活教育社が1945年11月1日に創刊した『民生教育』には、陶行知、翦伯賛、鄭初民らの論文が掲載され、国民党の党化教育に反対を示した。

　民主教育の波が押し寄せる中、陳鶴琴は1946年12月に『活教育（生きた教育）理論と実践』を出版し、活教育の理論を体系的にまとめ、「人になる、

中国人になる、現代中国人になる」という活教育の目的論や、「大自然、大社会は生きた教材である」という活教育の課程論、および「為すことによって教え、為すことによって学び、為すことによって進歩する」という活教育の方法論を打ち出した。彼が児童教育や家庭教育分野で行った理論探求と実験的研究は、中国の現代教育思想史において重要な位置を占めている。

　中国の現代教育思想の発展は、理論面で欧米諸国との開きを縮めた。西洋教育学のさらなる普及、教育理論界における論争と討論、中国人独自の教育理論と教育実験に基づく著作の出版、教育研究の学術団体や組織機構の形成と発展、陶行知や晏陽初ら世界的な影響力を持つ教育界の代表的人物の出現、魯迅、楊賢江、惲代英ら進歩的教育家の闘争精神、解放区の革命教育の理論と実践、これらは現代教育思想に豊かな内容と色彩を添えた。もちろん、当時の中国社会は戦火が絶えない中、変化が激しく、教育理論の構築も外部変化の影響から無縁ではないので、教育の内部規則に対する研究は必ずしも十分とは言えない。こうしたことは、現代教育思想が中国特色を持ち、古今の優れた教育思想を融合しながら、内外からの優れた教育成果を持ち寄って思想形成を進めることが難しかった原因である。

第**2**章
近代中国の洋務教育思想

　1862年、中国初の外国語教育を主とした京師同文館が、社会情勢がまだ落ち着かない北京市で開校し、洋務教育家たちによる教育の近代化が始まった。

　中国の近代教育思想史において、洋務教育は繊細な話題である。その評価は賛否両論で、「封建性と買弁性が色濃く」、「国家と人民に災いをもたらし、中国の半植民地化を推進した」[1]と指摘する学者もいれば、「中国における新しい教育の萌芽であり、教育に新しい風を吹き込んだ。中国における資本主義的教育制度の先駆けであり、その後の新学制の確立に基礎を築き、大きな影響を与えるとともに重要な歴史的意義を持つ」[2]と述べる学者もいる。実はこうした意見の食い違いは、洋務教育思想が持つ両面性に原因があり、その思想の由来や内部構造を分析すれば、洋務教育思想の本質、ならびに中国教育思想史における位置づけを客観的に評価することができる。

1、洋務教育思想の由来

　アヘン戦争に惨敗し、西洋と和議した恥辱は、歴史ある大国が負けないという神話を打ち砕き、「天朝」の人々に大きなショックを与えた。西側列強は大砲で中国の門をこじ開けたが、それと同時に、中国人は初めて外の世界を見ることになった。

　林則徐と魏源は、世界に目を広げ、救国の道を探求した先駆けである。敗北を前にしても、彼らは憎悪や畏怖の消極的な感情に陥らず、冷静に反省したうえ、西側を知り、西側に学び、それを以て西洋を制圧すべく策を打ち出した。

＊1　陣景磐『中国近代教育史』人民教育出版社 1979年、97頁。

＊2　毛礼鋭、沈灌群『中国教育通史』（第四巻）山東教育出版社 1988年、105頁。

例えば、林則徐は、「日々西側の事を探り、西側の書物を翻訳し、西側の新聞を購入した」*3だけでなく、「器良、技熟、胆壮、心斉」という西側に打ち勝つための8文字からなる言葉を生み出し、「外国の優れた技術を吸収し、中国の長技にする」という考えを打ち出した。林則徐の盟友魏源は、林則徐が人に翻訳させた『四洲志』、『華事夷言』、『各国例律』など西洋の歴史や地理、政治や法律を紹介した書籍を増補して『海国図志』として出版し、西洋の科学、政治、歴史、地理、経済、技術を広く紹介した。また、この書の前書きで、林則徐の「外国の優れた技術を吸収し、中国の長技にする」という考えを、「夷の長技を師とし以て夷を制する」という思想にまで発展させた。魏源は次のように述べている。「西洋の"役に立つものは奇技であって淫巧ではない。西洋の機械は、風力、水力、火力を動力として、民のために役に立っている"*4。中国人はかつて輝かしい古代文明を創っており、知恵は西洋人に劣るとは思えない。"中国の知恵はあらゆる分野で発揮された。暦法は天体の運行によって正確に計算されており、精密器械の時計は西洋のものと比べて遜色ない。羅針盤や水時計は中国で発明され、その後西洋に渡った"*5。このように中国は、世界の科学技術の発展に大きな貢献をしている。西洋にうまく学べば、"気概が徐々に生まれ、知恵も出るようになり、東海の民も西海の民と何ら変わらないことが分かるだろう"*6」。

　魏源は、アヘン戦争の敗因も分析し、中国最大の問題は内政が整っておらず、人材が乏しいことにあると指摘した。「財が不足している国は貧しい国ではないが、人材が不足している国は貧しい国である。海外に叶わない国は弱い国ではないが、国内に叶わないのは弱い国である。故に、先王たちは財なきを憂えず人材を愛し、四夷が臣服しないことを恐れず四境を統一できないことを嘆いた。官吏に凡庸な者がいなければ、国の幹はしっかりしており、国内に廃止令がなければ、国家権力は強いのである。国の幹がしっかりし国家権力は強い、これを以て不忠者を尋問すれば、不忠者は身の置き所がない。これを以て財を管理すれば、略奪されることはない。これを以て人材を探れば、怠ける者がい

＊3　魏源『道光洋艘征撫記』魏源集（上）、174頁。
＊4　魏源『海国図志』巻二。
＊5　魏源『海国図志』巻二。
＊6　魏源『海国図志』巻二。

ない。これを以て兵士を訓練すれば、虚しい軍隊はない。それなのにどうして四夷に憂い、どうして外国の侵略を防ぐことを憂うというのか！」[*7]。国は人によって繁栄するので、功績がない者でもその志をよく励まし、人材を育成すれば、富国強兵を可能にし、外敵を制圧することができるとした。

　林則徐や魏源を中心とする地主階級の改革派は、世界に目をやるよう提唱し、「夷の長技を師とし以て夷を制する」ということは、洋務運動において一定の影響力を持った。洋務教育の思想家たちは、林則徐や魏源の西洋から学ぶという方法論を継承しながら、独自の思想を徐々に作り上げ、発展させていった。

　アロー戦争（第２次アヘン戦争）以降、清朝内の支配層は、保守派と洋務派の二大勢力に分かれた。保守派は、中国は世界の「天朝大国」であると信じて疑わず、未開の小国である西側資本主義国家との往来を断絶し、西洋人や西洋の文物、西洋文化を断固として受け入れないという態度を取った。例えば、同治年間の文淵閣大学士である倭仁は、すべての「夷務」を公に批判した。また、光緒年間の大学士である徐桐は、西洋人や西洋の文物を目にすると、扇で視線を遮って、敵対感情をあからさまに示した。鉄道、通信などの近代化施設や新式学堂の設立に至っては、一層の反発を受けた。彼らは、「忠信を甲冑とし、礼儀を盾として」、西洋文明の襲来に対抗できると妄想した。一方、洋務派は、封建制度の基本構造はそのままに、「道具を変えるが道は変えない」と主張し、「西洋人のずる賢さに留意」しながら、「西技」や「西芸（西洋の科学技術）」を学ぶとともに、彼らが活動している部門や地域で、近代的な軍事工業や民需工業、鉄道、学堂を作り、新式の陸海軍を組織し訓練することを提唱した。洋務運動の「洋務」は、「交渉」、「製造」、「教案」、「通商」の四つにまとめられ、この「四務」に対応する人材育成の基本的な要求は、「言語」、「数学」、「外交」、「商況」に精通することだと主張する学者もいる。しかし、洋務運動はそのような限定された範囲にとどまらず、特に洋務教育自体が洋務運動の重要な構成部分であった。洋務運動の代表的人物には、1860年代初期に総理各国事務衙門大臣に就任した恭親王奕訢、軍機大臣桂良、文祥がおり、漢族の地方長官としては、曾国藩、李鴻章、左宗棠、張之洞らがいた。

　洋務教育家たちは、魏源の「国は人によって繁栄する」という思想を継承し、

---

*7　魏源『海国図志』巻二。

再び教育に力を入れ、「西学」教育を重視した。李鴻章は、「八股文取士(八股文という科挙試験によって官吏を登用する)」を目的とした教育体制を厳しく批判しながら、「試帖小楷は時勢に何の益もない」[8] とし、役に立たない学問は虚飾でしかなく、有用な人材を育成できるはずがないと述べた。そして、「洋務に関する学問や技術を教える機関を別に開き、そこで人材を育成すべき」と主張したが、例えば、「洋学局」を設立して、格致(物理学的自然科学)、測量、地理、汽船、機械、兵法、砲術、化学、電気などを伝授すべきであるとした[9]。

　洋務教育思想の最初の産物は、京師同文館である。1861年、総理各国事務衙門を設立する際、奕訢は上奏文の中で、「外国との交渉事を行うにあたって、まずその内容をよく知らなければならない。今は言葉が通じず、文字が分からず、すべてにおいて分からないことばかりで、どうして交渉妥結などできようか!」[10] と述べ、天賦の才を有する青年を選んで、外国語を学ばせることを提案した。1862年、奕訢は、外国語学校の設立を求める上奏文を再度提出した。「各国の事情を知るには、まずその国の言語と文字に通じてこそ、騙されることがない。諸外国は巨額の資金で中国人を招聘して文書の意味を解説してもらっているが、中国には未だに外国の言語と文字に熟知する人がおらず、その詳細を知る術がない」[11]。清王朝が必要とする外交人材や翻訳人材を育成するために、京師同文館が1862年に設立された。そして、1863年から1864年には、上海の広方言館や広州の同文館も設立されたが、それらも外国語を中心として学ぶ学堂であった。

　洋務教育思想を出自とする京師同文館は、その発展の過程で、伝統的封建教育を徹底的に攻撃したため、昔ながらの教育思想や教育制度は厳しい批判にさらされた。1866年、総理衙門は、京師同文館に天文や数学、西洋の製造技術などを学ぶ天文算学館を増設することを要請する上奏文を提出した。そこには、「満漢の挙人(科挙試験の郷試に合格した人)や、恩貢、抜貢、歳貢、例貢、副貢、優貢」、および「正途(試験に及第して仕官した者の称)出身で五品以下の地方の満漢官吏」から募集して学ばせる、と示されていた。さらに上

---

[8]　李鴻章「復劉仲良中丞」『李文忠公全集・朋僚函稿』。
[9]　李鴻章「籌議海防折」『李文忠公全集・奏稿』。
[10]　『籌弁夷務始末』咸豊朝、巻七十一。
[11]　中国近代史資料叢書『洋務運動』(2)。

奏文の中で奕訢は、「現在、上海や浙江省などでは汽船の技術が研究されている。しかし、基礎から確実に学んでいかなければ、表面的な知識の取得にとどまり、実用的技術の研究には何の役にも立たない」、「西洋の製造技術を用いるとすれば、まず目盛りから学ばなければならない。現在中国は、汽船や機械の製造方法を必要としている。しかし、西洋人に教えを請い、機械装置の原理や基本などを教えてもらわないことには、自己流に陥り、無駄に金銭を浪費し、何の役にも立たないものができてしまう恐れがある」、よって、「同文館にさらなる学館の増設を要請する」[*12] と書いていた。このことは、すぐに朝廷と民間で大きな議論となった。表面的に見ると、議論の焦点は「正途の科挙者に機械装置を学ばせるかどうか」、および「夷人である西洋人を師と奉じられるかどうか」であったが、本質は「華夷の弁」や「道器の争い」であった。最終的には、保守派の非難を受けながらも、天文算学館は設立されることとなった。奕訢の主張は、時代の要請に沿ったものであったことと、地方の実力派や曾国藩、左宗棠、李鴻章らの支持が得られたため、洋務派は論争の中で優位に立ち、洋務教育の主張も実行されるようになったのである。

　天文算学館の設立によって、西洋の近代自然科学の教育課程が、京師同文館で正式に開設されることとなった。京師同文館のカリキュラムから、当時の教育課程の概況を知ることができる。

　1年目：文字の書き方、簡単な本の解説。

　2年目：簡単な本の解説、文法の学習、簡単な文章の翻訳。

　3年目：各国の地理と歴史、選集の翻訳。

　4年目：初歩的な数学と物理、代数、公文書の翻訳。

　5年目：物理、幾何学、平三角、球面三角、書籍の翻訳。

　6年目：機械、微積分、航海測量、書籍の翻訳。

　7年目：化学、天文学、各国公法、書籍の翻訳。

　8年目：天文測量、地理、鉱物学、富国策、書籍の翻訳。

　中国語と経学については、初学者は毎日半日学習する。

　この学習計画には、まだ伝統教育の要素が残されているものの、かつての偏った授業内容を変え、近代的な科学技術知識を正式な課程として取り入れ、

＊12　中国近代史資料叢書『洋務運動』(二)。

封建教育に新たな血を注いだものと言える。京師同文館では、基礎的な理論関係の書籍も数多く出版、翻訳された。例えば、丁韙良著の『格物入門』と『格物測算』、畢利干訳の『化学指南』と『化学闡原』、聯芳、慶長訳の『星軺指掌』、『算学課芸』、『星学発軔』、『電理測源』、『坤象究源』など約20種で、西洋科学技術を広く紹介するために重要な役割を果たした。こうした科学技術知識の普及により、科学を科挙制度に取り入れようとする構想と動きが現れたが、これは科挙制度の廃止につながっていった。すなわち、洋務教育家たちは、洋務学堂出身の学生に官職を設けるよう求めるとともに、科挙試験に数学、工学、経済の科目を加えるよう要請し、科挙制度の性格を大きく変えたのである。

　京師同文館への天文算学館の増設をきっかけに、近代的な工業技術学堂や軍事学堂も次々と誕生したが、これらも洋務教育思想家たちが残した成果であった。1866年、左宗棠が馬尾造船所に中国初の、技術を専門に研究し、職人を養成する学校として福州船政学堂（求是堂芸局）を設立した。続いて、李鴻章、劉坤一、張樹声らも、江南製造局付属操炮学堂、広東実学館、福州電気学塾、天津電報学堂、上海電報学堂、山海関鉄道学堂、湖北鉱務局工程学堂、天津水師学堂などを設立していった。これらの学校の設立は、自強、人材、学堂を一体とする洋務教育思想の教育観、すなわち「自強の道は人材の育成を基本とし、人材を求める道は学堂の設立から始めるべきである」[13]という教えの表れであった。学堂の設立を通じて、人材を育成し自強の道を実現すること、これこそ洋務派が教育を推進する真の目的であった。

　洋務教育運動が進むにつれ、洋務教育家たちは国内に学堂を開くことだけに満足せず、さらに一歩進んで、西洋へ留学生を派遣して「学問の真髄を学ばせる」ことを求めるようになる。1871年7月19日、曾国藩と李鴻章は、アメリカへ留学生を派遣させる上奏を行った。そこには、「天津、上海、福州などでは、すでに製造局を開設して汽船、鉄砲、武器を作っており、京師では同文館を設立し、満漢の子弟を選抜入学させ、西洋人を教壇に立たせており、上海の広方言館では、文学の才がある少年たちを学ばせている。中国には事業の発展基礎が整っており、わざわざ遠くの外国へ行かなくとも良いと言う人もいる。局を開設して製造し、館を開いて教授することで、人々を奮起させる環境が作

───────────

＊13　盛宣懐「擬設天津中西学堂章程稟」『皇朝経世文新編』巻五上。

られたことだろう。そこで外国へ行って学べば、さらに多く有益なものを吸収
できるので、より大きな効果が生まれるものと考える」[14]と書かれていた。洋
務教育家から見れば、留学生の派遣事業は学校の設立と同じぐらい重要であっ
た。中国は西洋との科学技術の格差が大きく、西洋の良い点を吸収したければ、
「実際にその国に行き、時間をかけて習わないと深いところまで理解すること
はできない」。自ら考察してこそ、根源を探ることができ、科学技術の成り立
ちを解明できるので、留学は「大きな効果を収められる」事業である。後期洋
務派の代表的人物である張之洞も、「洋行の1年は、洋書を5年読むことに勝
る」、「外国の学堂での1年は、中国の学堂での3年に勝る」[15]と留学教育に情
熱を示し、留学は即効性が最も高く、急務に対応することができると指摘し
た。洋務派の留学事業の促進によって、中国近代における最初の官費留学生が、
1872年に容閎に率いられ、太平洋を渡りアメリカへ留学した。これは近代中
国に海外留学への道を開くとともに、中国社会と教育にも重要な影響を与えた。
　洋務教育思想を集大成したのは、後に軍機大臣に就任した張之洞である。彼
は実践面において、初期洋務教育家たちによる西文（外国語）、西芸、留学の
三つの領域を広めたのみならず、理論面においても体系化された研究と論述を
行い、洋務教育思想を新たな段階へと発展させた。張之洞の洋務教育思想と実
践は、次のような特徴を持つ。
　一つ目は、書院を学堂に変え、近代書院の改革と新式学校の設立を推進した
ことである。張之洞は、湖北や四川で地方教育行政長官を司る学政の任、山西
省では巡撫の任にあったが、それぞれの在任中、経心書院、尊経書院、令徳堂
を設立し、両広総督と湖広総督の在任中には、広雅書院と両湖書院を設立する
など書院教育に心血を注いだ。時代が変化し、初期洋務派による各種学堂が成
功を収めると、張之洞も書院を学堂に変える必要性を認識し、「学堂の方法を
基本に、校則を厳しく設定し、教育課程を改定することによって、科挙の論文
試験のための学習を見直し、時代の要請に応える有用な人材の育成に重点を置
く」、とする書院改革の方針を表明した[16]。両湖書院を対象として、張之洞は

---

*14　曾国藩、李鴻章「奏選派幼童赴美肄業酌議章程折」陣学恂、田正平「中国近代教育史資
　　　料彙編」『留学教育』上海教育出版社 1991年、87頁。
*15　張之洞「勧学篇・外篇」『遊学第二』。
*16　張之洞「両湖、経心両書院改照学堂弁法片」『張文襄公奏稿』巻二十九。

計３回大改革を行った。初期の段階では、主に教育課程の改革を行い、西洋の科学的知識を導入して、「天文、地理、兵法、数学など経世の学問も、儒者が学ばなければならない」とした。続いて、文、理、法の３科を含む高等学堂への改変を実行し、最終的には、両湖高等学堂を両湖師範学堂に変えた。清朝政府は、張之洞による両湖書院の改革を基本としながら、1901 年には彼の上奏をもとに、全国の書院を学堂に変更するよう指示を出した。

　二つ目は、各種の新式の学堂を設立し、洋務教育を推進し、近代的教育体系の確立に貢献したことである。張之洞は、軍事教育においては、広東水陸師学堂や湖北武備学堂を、職業技術教育においては、広東省に電報学堂を、湖北省に方言商務学堂、鉱務局工程学堂、工芸学堂を、南京に江南儲才学堂を、江西省に蚕桑学堂を設立し、その他にも、鉄道学堂、農務学堂、化学学堂、工芸学堂などを設立した。外国語教育においては、外国語ができないことは「耳と目が不自由」なことに等しく、「人に追い抜かれても信じず、人に謀られても聞こえず、人に戒められても受け入れず、人に丸呑みされても理解できない」[17]ことになると述べ、西洋の学問や言語を学ぶための方言学堂を設立した。師範教育においては、「師範学堂は教育者を輩出する基地であり、非常に重要である」[18]と述べた。そこで張之洞は、留学生を日本に派遣して師範学校で学ばせながら、一方では湖北師範学堂を設立し、その後、三江師範学堂、両湖総師範学堂、師範伝習所、女子師範学堂なども作った。これらの新しい学堂における教育は、現代の教育と多くの点で共通しており、中国近代の教育体系を形作る上での基礎を作り上げたと言える。

　三つ目は、科挙の廃止と学制の制定に参加し、近代的学制や教育行政管理体制の整備に貢献したことである。張之洞は、自らが科挙試験により仕官した者として、社会の中で腐敗している現状を次のように認識するようになった。「中国の官吏は科挙によって作られる。他の道もあることはあるが、重要な官職に就いた者や、大きな権力を握った者は、必ず科挙によって採られた者である」。しかし実際のところ、科挙試験は、文体が軽薄で、古今に精通しておらず、経済とはかけ離れており、「文は優れているが中身は衰えており、法

＊17　張之洞『勧学篇・広訳』。
＊18　張之洞「籌定学堂規模次第興弁折」『張文襄公全集・奏議 57』。

が久しいと弊害が生じる」。そこで張之洞は、「時代を救うためには必ず変法から始め、変法は必ず科挙を変えることから始めなければならない」[19] という結論に達した。彼は、科挙の改革を主張してから科挙の廃止に至るまでに、三つの段階を踏んだ。初期の段階では、試験をいくつかの分野に分けて実施するよう求め、試験内容が八股文や詩賦、小楷を重視するやり方から、中学と西学の両方を重視するよう主張した。続いて、科挙の採用者枠を徐々に減らし、その枠を学校卒業からの採用に充てるようにして、科挙と学堂が連動するようにした。最終的には、困難な局面を乗り越えるには、学校の普及から始めなければならないが、学校を普及するには、まず科挙を廃止しなければならないと主張し[20]、「科挙を一日でも早く廃止しないと、士人は皆合格したことを幸運に思う心があるので、学問に励む志が失われる」と述べた。そこで、「請立停科挙推広学校暨清帝諭立停科挙以広学校折」という上奏を行い、その結果、中国の歴史上 1300 年間続いた科挙制度はついに廃止された。

　張之洞は、近代的学制を立案した者の一人でもある。彼は『勧学篇』の中で、学制の構想について、「各省、道、府、州、県にはすべて学堂があるべきである。京師、省会には大学堂、道府には中学堂、州県には小学堂を設置する。小中堂は、大学堂へ進学しようとする者が学問の基礎を身につけるための学堂である。府と県において、学問が盛んで経済力が豊かな地域は、府に大学堂を、県には中学堂を設置するのが望ましい。小学堂では四書を学び、中国の地理と歴史の概略、そして数学、製図、物理の基礎的知識を学ぶ。中学堂では、小学堂より学ぶ内容が深く、五経、通鑑、政治、外国語を学ぶ。大学堂ではさらに深く広く学ぶ」と述べている。1902 年、管学大臣の張百熙が制定した「欽定学堂章程」（壬寅学制）が廃止されたため、張之洞と栄慶も加わり、共同で「奏定学堂章程」（癸卯学制）を制定することになり、張之洞は自らの学制構想を実行する好機を得た。張之洞が中心となって制定した「癸卯学制」には、「学務綱要」、「大学堂章程」、「通儒院章程」、「高等学堂章程」、「中学堂章程」、「高等小学堂章程」、「初等小学堂章程」、「蒙養院章程」、「家庭教育法章程」、「優級師範学堂章程」、「初級師範学堂章程」、「実業教員講習所章程」、

---

[19]　張之洞『勧学篇・変科挙第八』。
[20]　黄新憲『張之洞と中国近代教育』福建教育出版社 1991 年、147～152 頁。

「高等農工商実業学堂章程」、「中等農工商実業学堂章程」、「初等農工商業学堂章程」、「実業補習普通学堂章程」、「芸徒学堂章程」、「訳学館章程」、「進士館章程」、「各学堂管理通則」、「実業学堂通則」、「任用教員章程」、「各学堂試験章程」、「各学堂奨励章程」など20以上の項目が含まれていた。癸卯学制には、初等、中等、高等の普通教育システムや、師範教育システム、実業教育システムが含まれ、各学校の性格、任務、入学条件、修業期間、試験方法などの規定が盛り込まれていた。癸卯学制は、1904年1月13日に清朝政府により公布された。

　四つ目は、洋務教育の理論を体系的にまとめ、「中学を体と為し、西学を用と為す」という洋務教育思想綱領を打ち出したことである。1898年に張之洞は、内編と外編からなる『勧学篇』を著しているが、9篇からなる内篇では中学を論じ、15篇からなる外篇では西学を論じ、「中学は身心を治め、西学は世事に応ずる」[21]、「内篇では根本に力を入れ、人心を正す。外篇では普遍性に力を入れ、知識を開く」[22]と述べている。その後、「両湖、経心両書院改照学堂弁法片」の中では、「中学を体と為し、西学を用と為す。学問が時代後れで役に立たないという批判から免れられるとともに、儒家の道理や道徳に背くという弊害を防ぐことができる」という学説をここで正式に打ち出し、洋務教育の思想綱領と洋務運動の基本的な特色をまとめた。これにより洋務教育は、豊かな内容、整った体系、系統的な思想、明確な綱領を有する教育思潮となった。しかし、この洋務教育思潮はすぐに頂上の座から転落し、維新教育思潮に取って代わられ、中国近代教育思想は新たな発展時期に入ることになる。

2、洋務教育思想の体系

　洋務教育思想は絶えず整えられながら発展する過程を経た。教育問題に対して、初期洋務教育思想家と後期洋務教育思想家は異なる見解もあるが、基本的問題に対しては、「中学を体と為し、西洋を用と為す」を共通認識としていた。ここでは、主に洋務教育の体用論と人材観について論評を行うことにする。

---

[21] 張之洞『勧学篇・会通』。
[22] 張之洞『勧学篇・序』。

第2章　近代中国の洋務教育思想

1．洋務教育思想の体用論

「中学を体と為し、西学を用と為す」ことは、洋務教育の指導思想であり、基本綱領でもある。こうした体用観は、1898年に張之洞が言葉として正式に表明したものであるが、実際のところ、この考え方自体は洋務運動が誕生してからずっと洋務教育家たちの共通認識であった。

洋務教育のいわゆる「中学」と「西学」とは、「旧学」と「新学」とも呼ばれる。張之洞はこれらに対し、次のように定義している。「四書、五経、中国の歴史、制度、地理を旧学とし、西政、西芸、西史を新学とする。旧学を体と為し、新学を用と為す。どちらも疎かにしてはならない」[23]。「中学」とは、中国の伝統文化であり、中国の封建時代の法令制度や倫理道徳であり、中でも四書五経と三綱五常を中心的内容とする。「西学」には、「西政」と「西芸」の2分野が含まれるが、その主な内容として、「学校、地理、財政、租税、軍備、法律、勧工、通商は西政であり、算、絵、鉱、医、音、光、化、電は西芸である」[24]。すなわち、「西学」とは、西洋の法律制度と自然科学を指している。

洋務教育の中で、「中学」は一貫して主導的な地位にあった。初期洋務派が作った学校では、儒家経典の学習を重視するとともに、それを人として「根を張る」ための重要な学問と見なした。例えば、李鴻章は、「請設外国語言文字学館折」という上奏文の中で次のように述べている。「外国語を学ぶ学校では、西洋人を教師として招聘するだけでなく、"国内からも優秀な挙貢生員を招いて、経史の授業を行わなければならない"。生徒は学業修了後に、外国語に精通するだけでなく、さらに道理をわきまえることができてこそ、外交や洋務を担当する人材になれる」[25]。外国語学堂のほか、軍事学堂やその他の専門学堂においても、「中学」の教育を強調し、忠君と尊孔の封建的な道徳教育を強化した。例えば、福州船政学堂では、学生が「聖諭広訓」や「孝経」等を読むことを必須とした。李鴻章は、「天津水師学堂請奨片」の上奏文で、「経を教えるのは、大義を明らかにさせるためであり、文を教えるのは、人を知り分別を身につけさせるためである。そうした精神によって導くことで、人間の根本を育

＊23　張之洞『勧学篇・設学』。

＊24　張之洞『勧学篇・設学』。

＊25　『李文忠公全書・奏稿』巻三。

53

成することができる」[*26] と述べ、儒家の経典を教育の基本に据えた。

洋務派が進めた留学事業においても、「中学」は重要な地位にあった。1872年、曾国藩らは留学生の出国に関する「必須事柄」の中で、「中学と西学を調べ、それぞれを教える。留学中、西学を学びながらも、中学の学習も怠らず、『孝経』、『小学』、『五経』、『国朝律例』などの本も学ぶものとする」と明確に規定するとともに、海外でも定期的に「聖諭広訓」を口述し、尊君親上（君主を尊い長官に敬愛を示す）の義を心に留め、異学に偏重しないようにしなければならない[*27] と求めた。留学生たちは、異国の地に暮らしながらも、その生活は「中学」の教えのもとにあった。アメリカ留学生ビルの至聖殿には、「大成至聖先師」と記された孔子の位牌が置かれ、両壁には曾国藩、李鴻章、丁日昌らの肖像が掲げられた。そして、毎月 1 日と 15 日には事務所の所長の教示のもと、教職員と留学生全員は「朝廷に向かってお辞儀をし」、皇太后と皇帝の「長寿」を異国の地から祈った[*28]。留学生たちが「儒学関連の読書が少なく、道徳品性がしっかりしていないため、外国の技能を修める前に、その国の悪習に染まる」ことを防ぐため、儒教の経典や「聖諭広訓」の学習について規定するほか、留学生の行動に関しても様々な制限が加えられた。

張之洞は、洋務教育における「中学」の地位と役割を、理論的側面から明らかにしている。教育の要となるのは、封建的統治機構のために働く旧道徳の擁護者を育成することであるが、豊富な「中学」の知識を有する者こそ自覚的に聖教の倫常を守り、儒家の道理や道徳に背く言葉を発することも、乱を起こすこともないと彼は主張した。また、「中国人でありながら中学に通じない者は、自分の苗字を知らない者に等しい。勒がない馬や、舵がない船のようなものであり、西学を深めるほど中国への疾視も深まる。たとえ博学多才な者であっても、国はどうして用いることができようか」[*29] とも述べた。洋務派から見れば、「中学」は「中国の宗教」であり、中国の立国の根本である。そのため、20 世紀初頭に登場した「癸卯学制」の中で、張之洞は依然として「小中学堂におい

---

*26 高時良、中国近代教育史資料匯編『洋務運動時期教育』上海教育出版社 1992 年、435 頁。

*27 中国近代史資料叢刊『洋務運動』（二）。

*28 黄新憲『中国留学教育的歴史反思』四川教育出版社 1991 年、11 頁。

*29 張之洞『勧学篇・循序』。

ては、経書を読むことを重視し、聖教を守らなければならない」[30] と強調している。「癸卯学制」では次のようなことが規定されている。すなわち、初等小学堂は、「孝経」、「四書」、「礼記」の抄本を必読の書とし、高等小学堂は、経学教材として、「四書」、「詩経」、「易経」、「儀礼・喪服経伝」などを用いる。大学堂は、周易、尚書、毛詩、春秋左伝、春秋三伝、周礼、儀礼、論語、孟子、理学をそれぞれ学問として学ばなければならない。統計的に見れば、経書の講読は全体の授業時間の 25％ を占め、これに中国文学を合わせると、「中学」の授業時間数は全体の 35％ を占めていた。

　洋務派が学習すべきとした「西学」の授業も発展した。初期洋務教育家が言う「西学」は、主に西洋の言語と科学技術を指していた。洋務運動が発展するにつれ、洋務教育思想家たちの視野が広くなり、「西学」に対する理解が広範囲に及ぶと、教育課程に占める「西学」の比率も大きくなった。初期の洋務教育は「西学」を学ぶことを提唱したが、その主な目的は、「夷の長技を師とし以て夷を制する」ことにあり、「外国を制することで、外国に支配されない」ためであった。例えば、李鴻章は、武備学堂を設立する動機について、「敵の優れた長所を我が物とすることができなければ、相手を倒すことができない。よって今日軍備について言及し、外国の方法を用いることによって外国を制することができる。もし血気だけに頼り、才能を磨くことを疎かにして、強敵に向かうと、最終的に勝算は見込めない」。ここで「敵の優れた長所を我が物とする」とは、西洋の軍事知識や技術を学ぶことであり、「外国の侵略に備える」[31] ことをいう。一方、張之洞が『勧学篇』で述べた「西学」は、初期の洋務教育家たちが理解していた範囲を遥かに超え、外国の言語や軍事技術だけではなく、「算、絵、鉱、医、音、光、化、電」などの自然科学知識や「租税」、「法律」などの西洋の規則や制度も含まれていた。そして、張之洞が言う「西政」は、後の維新運動で言う「西政」とは本質的に異なり、西洋の社会政治制度および自由民主主義的な学説は含まれていなかった。しかも張之洞は、こうした社会政治制度や自由民主主義的な学説を提唱する者は、「前代の賢臣を

---

[30]　張之洞他「学務綱要」見朱有『中国近代学制史料（第二集上巻）』華東師範大学出版社 1987 年、83 頁。

[31]　中国近代史資料叢刊『洋務運動』（五）。

侮って目新しいものを好み、功利を急いで道義を忘れている」と断じ、これは「晋の大夫籍談が自分の先祖を忘れ、司城が自分の先祖を卑しむ」行為に等しいと述べた[32]。洋務教育家たちが言う「西学を用と為す」とは、西洋人に見習うことを恥じず、西洋の科学技術や実業的知識、さらには外部の管理方式のみを学び、「中学」に足りない部分を補うということであった。

洋務教育家たちは、「西学」に対する人々の観点には三つの典型的な弊害があると指摘した。一つ目は、「西洋式を端から嫌う者たち」である。彼らは古い観念に拘泥し傲慢で、その弊害のため自ずと貧することになる。すなわち、自ら滅亡の道を辿る者たちである。二つ目は、「西洋式を多少知っている者たち」である。彼らは無理にこじつけ、西学はすべて「中学」の中に存在していると考え、空論で勝とうとし、事実を重んじることを知らない。自分を騙し、人をも騙す者たちである。三つ目は、「西洋式に溺れる者たち」である。彼らは中と西の学問をごちゃ混ぜにして、その区別をしない。すなわち、混乱して、守るべきものを失う者たちである。正しい方法は、「西学」を全面的に明確に理解することである。「中学」を内学と為し、「西学」を外学と為す、「中学」を体と為し、「西学」を用と為す、「中学」を主と為し、「西学」を補助と為す。そして「中学」は心を治め、「西学」は世事に応ず、という原則のもと、「中学」と「西学」の相互理解を実現し、「西学」で「中学」の不足を補うことである。

洋務教育思想の体用観は、教育実践の場でどのように表現され、実現されてきたのか？洋務教育家の基本的なやり方は、「西学」を学ぶ前に、まず「中学」に通じなければならない、すなわち、まず「中学」の土台をしっかり築いたあと、「西学」の教育を受け、順を追って一歩一歩進めることである。これに対して、張之洞は次のような深い解釈を行っている。「今、中国を強くし、中学を保持しようとするなら、西学を学ばなければならない。しかし、まず中学で土台を固め、見識を正しておかなければ、強者は反乱の首領となり、弱者は人の奴隷となり、その災いは西学に通じないことよりもはなはだしいことになろう」と述べ、「今日の学者は、まず経書に通じ、我が国の先聖・先師の立教の旨を明らかにしなければならない。史書を読み、我が国の歴代の治乱、そして

---

[32] 張之洞「創立存古学堂折」『張之洞全集（第三部）』河北省人民出版社 1998 年、1766 頁。

各地の風土を知り、諸子百家の書物や詩文などを渉猟し、我が国の学問と文章に通じなければならない。その後、西学の中で我々の欠けたる所を補い得るものを選んで、これを取り入れ、西学の中から我が国の病巣の手当てに役立つものを採用するようにすれば、まさに益あって害はない」[33] とも述べた。そこでは、学校教育において、「中学」の後に「西学」を教えるという順番が説明されているだけでなく、「中学」を根本とし、「西学」を補助とするという相互関係についても明らかにされた。

2. 洋務教育思想の人材観

「中学を体と為し、西学を用と為す」ことを洋務教育の指導的綱領だとすれば、洋務教育思想の人材観はこの綱領の具現化であり、洋務教育の基本的な出発点である。

「中学を体と為し、西学を用と為す」という体用観は、人材の問題で具現化されたが、それは才徳兼備、特に徳を主とする人材観であり、中西の学問に通じる洋務教育の人材を育成することを重視していた。初期の洋務教育家曾国藩は、その人材観を論ずるとき、「徳と才のどちらかを偏重することはできない。灌漑用の溝を徳とすれば、畑に灌漑を行うように、才は徳によって発揮されるのである。……徳があって才が補うことなければ、愚人に等しく、才あっても徳の根本がなければ、小人に等しい」[34] と述べている。つまり、徳と才は相互補完の関係で、どちらも疎かにしてはならないと説いている。しかし、もしどちらが重いかを論じるなら、徳のほうがより重要である。なぜならば、徳は才をつかさどることができるが、才は徳を補うことしかできず、徳あって才なしは「愚人」でしかないが、才あって徳なしは「小人」だからである。もし、徳と才の両方を持つことができない場合は、「徳がなく小人であるよりも、むしろ才なくして愚人であった方が良かろう」。この考え方は、「中学」を根本とし、西学を補助とする体用観と完全に一致する。

張之洞も洋務運動を推進する中で、才徳兼備でかつ中西の学問に通じた人材は得がたいことに気づき、「中国は財が乏しいのではなく、人材が乏しいのだ」

---

*33　張之洞『勧学篇・循序』。
*34　『曾文正公雑著』巻一。

と嘆いた。そこで、彼は清朝政府にたびたび、「薦挙人材折」、「保薦人材折」、「保薦経済特科人材折」、「挙人材折」などを上奏し、有用な「洋務人材」を推薦した。これらの上奏文における人材の推薦文から、洋務教育思想の人材観を大まかに知ることができる。例えば、両江総督の在任中にも、朝廷に一群の人材を推薦しているが、その際、「彼らの才能はそれぞれに異なるが、必ず人柄が端正謹直で実に有用な人材を選ぶようにしてください」[*35]と書いている。ここで言う「人柄が端正謹直」とは徳を言い、「実に有用な」とは才を言う。英仏連合軍が北京に侵入してから、張之洞はさらに数名の官吏を推薦し、「今の情勢は日増しに緊迫し、内憂外患に陥り、引き分けに持ち込めるかは定かではありません。兵は弱く財は尽き、戦闘状態の日も多く、過去数年の局面とははるかに異なってきております。多くの人材が急ぎ必要とされておりますが、人柄が端正で、品行が優れ、現在の状況をよく判断できる人材でなければ用いることができません」と述べた。張之洞は、「挙賢才折」の上奏文でも、優れた官吏を多く推挙した。例えば、翰林院侍講の張佩綸については、「品性は無垢で、気質が忠節、清廉でまっすぐで、謀を練り判断することを得意とします。誠実なので艱難を共にでき、機敏なので緊急事態に対応でき、内政や外事のすべてに優れ、その志と節操、智謀はまさに右に出る者がおりません」と述べ、依然として「志と節操」（徳）や「智謀」を人材登用の基準としていた。

　洋務教育家たちが言う「才」とは、主に洋務に精通した才のことで、「中学」に精通したうえ「西学」を身につけた才である。洋務事業に十分な人材を確保するため、彼らは洋務人材を積極的に推薦、招聘し、一方では様々な学堂を設立して人材育成に励んだ。例えば、張之洞は山西巡撫の在任中に、太原に山西省城洋務局を設立し、「延訪洋務人材啓」を公布した。その掲示には、「国の統治は自強を基本とし、自強は人材の育成にある。現在、諸外国が連れ立って中国を訪れるため、洋務は緊急の課題となっている。……国内外の交渉事柄を調べてみると、商務を体と為し、兵戦を用と為しており、条約を定款と為し、各国の物産、商況、領域、政令、学術、兵器、公法のことをよく知っていることを第一条件とし、各国の言語に精通することを初歩的条件としている」[*36]と書

＊35　張之洞「保薦人材折」『張文襄公全集』巻四十二。

＊36　張之洞「延訪洋務人材啓」『張文襄公全集』巻八十九。

かれていた。そして、「西洋の事を熟知し、体と用をよく理解している」者は、天文、数学、水法、地図、儒学、機械制御、公法条約、言語、兵器、軍艦、鉱学、電気諸端に関わらず、「洋務に関連さえあれば広く公募する。あるいは優れた徳行を兼備し、あるいは一芸に通じた者で行動力のある者は、その才能に応じて任用する」と述べていた。

　洋務教育家たちは、洋務運動を実践する中で、人材不足の問題を根本から解決するには、人材を広く募集するだけでは足りず、重要なのは教育により育成することだということに気付いた。張之洞は、「創設江南儲才学堂折」の上奏文の中で、「国の強さは人材にあるが、人材は学問から生まれるものである。今の情勢は緊迫し、何事にも人材が必要である。もし広く育成しなければ、人材はどこから来るというのか？」[37] と書いている。そして、国の盛衰は人材にあり、人材の盛衰は、観念的には政治によって決められるが、実質的には教育によって決められると主張した。こうした認識に基づき、洋務教育家たちは学堂の設立に心血を注いだ。外国語の人材を育成する同文館から、軍事的人材を育成する武備学堂の設立まで、西洋の「機械のメカニズム」や「制作の基本」を学ぶ専門学堂から、人材の中核を育成する師範学堂の設立、さらには海外への留学生の派遣に至るまで、すべて洋務教育が苦心惨憺のすえ行われたものである。

3、洋務教育思想の評価

　黄新憲は、洋務教育の代表的人物張之洞を評価した文章の中で、「"中体西用"の思想は二重の意味を内包し、それが剣のように保守派と維新派を攻撃している。また、この思想はとりなし役のように、各階層や各勢力の基本的要求にうまく迎合し、半植民地、半封建社会の中で共鳴を生み、洋務派が新旧の仲を取り持ち、自分の利益を守る手本となった」[38] と述べている。ここでいう二重という意味は、洋務教育が持つ二重の性格を反映したものであり、洋務教育思想の内在的矛盾を明らかにした。

---

[37]　張之洞「創設江南儲才学堂析」『張文襄公奏稿』巻二十六。
[38]　黄新憲『張之洞与中国近代教育』、142 頁。

1）洋務教育思想は当初から、思考論理の二律背反、および目的と結果が食い違うという難問を抱え、複雑な多元性を呈した。

1840 年のアヘン戦争後、中国の主権は侵略され、亡国の兆しが各所に現れ、社会の各階層に大きな衝撃を与えた。林則徐、魏源を代表とする愛国知識人および進歩的思想を持つ官吏たちは、章句小儒が何の役にも立たないことに悲憤し、天の神が再び奮い立つことを期待しながら、「夷の長技を師とし以て夷を制する」という策を打ち出したが、彼らも寿命には逆らえず、悲憤の中でこの世を去った。そして、洪秀全、洪仁玕を代表とする農民階級は、軍を率いて北上し、「替天行道（天に替わって悪を討つ）」のスローガンの下、国土の半分を占拠し、政教制度を変える道を進もうとした。しかし様々な要因が働き、国内外の連合軍によって鎮圧され、その試みは失敗に終わった。

銃や砲による血と火の海を経験した中国人は、身心性命の学や仁義道徳などに基づく純粋な「中学」では、外国の武力を防ぐことができないという教訓を得た。初期洋務派の代表的人物である曾国藩らはついに、「西洋人は理論ではなく力を重視する。彼らが兵力を用いる中で、我らが筆の力によって対抗しようとしても勝てるわけがない」ことに気付いた。そこで彼らは、「英国やフランスは、汽船の速度や大砲の威力を誇っており、中国はその珍しさに驚嘆している。もし次々と購入を進め自分の物にすれば、中国でも当たり前の物となって驚くことはないし、英国やフランスでは力となる物を徐々に失うだろう」[*39]という美しい夢を設計した。その後、船を購入する計画が頓挫すると、船の建造や武器の製造を考え、さらには学堂の設立に思いが至った。洋務教育はこうした背景下に生まれたのである。これは同時に、洋務教育思想は内憂外患のやむを得ない情勢の下で生まれたもので、中国の伝統文化では外国勢力の攻撃を防ぐことができない状況において、他に選択肢がない中で推進されたことを意味する。

そのため、洋務教育家たちは思想の根幹である伝統的な「中学」を守りながら、一方では学ばざるを得ない「西学」の導入をしぶしぶ主張したが、彼らの心中は、民族の自尊心と民族の危機感が併存していた。こうした内面の矛盾により、「中学を体と為し、西学を用と為す」という歪な思想が生まれたのであ

＊39　中国社会科学院近代史研究所資料室「曾国藩未刊往来函稿」岳麓書社 1986 年。

る。中国初の洋務学堂の一つである福州船政学堂の秀才で、後に中国ブルジョ
ア啓蒙思想家となった厳復は、体用観の内的矛盾を分析している。彼は裴可桁
の言葉を引用しながら、「体と用の二つの概念は、一つの物に対して言うもの
である。牛という体には重い物を背負うという用があり、馬という体には遠く
まで走るという用がある。牛の体を以て馬の用を求める、といったことは聞い
たことがない」と述べ、さらに「中学には中学の体と用があり、西学には西学
の体と用がある。両者を分ければともに並び立ち、合すればともに亡びる。体
用論を論ずる者は二つの物を合体させ、一つの物の体に別の物の用を使うと言
うが、この議論は誤りである。概念も言えないのに、どうして実行できると言
えるのか」[*40] という結論を出している。しかし、この内的矛盾は洋務運動期間
中ずっと併存してきたのである。「中学」を捨てず、「西学」も取り入れられた
が、これは当時の封建的経済の崩壊と資本主義的経済の萌芽が始まっていたこ
とがある部分で影響している。

　洋務教育思想の目的と結果との間にも、明らかな齟齬が生じた。洋務教育が
西洋に学ぶことを主張したのは、西洋の「器」、「技」、「芸」、および「政」の
一部を利用し、動揺し始めた「中学」を強化し、傾いた大勢を挽回しようとし
たためである。しかし実際は逆で、西学が導入されるにつれ、西学の「用」は
中学の「体」内で、次第に中学を刷新しようとする変化となって現れた。「用」
は次第に「体」の存在を脅かし、西洋の民主制度の「体」で封建専制の「体」
を置き換えることによって[*41]、絶えず発展する西学の「用」に対応しようと
したのである。そのため、洋務運動後期になると、社会発展を束縛する封建
の「体」を打ち破ろうとする声が高まり、人々は「祖宗の成法」を固守するこ
とを公然と非難するようになった。そして、「洋務派は中国の憂いを知らない。
憂いは政治土台がしっかりしていないことにある。西洋諸国が安定しているの
は格致（自然科学）のお陰だけではない」[*42] と指摘しながら、「中学を体と為
し、西学を用と為す」では、西洋の表面的知識を学ぶことにとどまり、問題の
根本を追究することができないとした。洋務派から分離した改良主義者たちも、

＊40　厳復「与外交報主人論教育書」陣学恂『中国近代教育文選』人民教育出版社 1983 年、
　　　218 頁。
＊41　徐啓彤「洋務教育与中体西用」『蘇州大学学報（哲学社会科学版）』1988 年 4 月。
＊42　『皇朝経世文統編』巻一。

西洋の民主政治を重視すべきことを公然と主張した。一時的に、民権や議院制が流行り、封建的専制政治体を変えようとする世論が流布するとともに、全国的な思潮が形成され、戊戌維新運動へと発展していった。維新運動は、洋務運動が発展した必然的な結果なのである。

2) 洋務教育思想は中国教育の近代化に様々な条件を提供し、中西教育の会通と融合を促進させた。

　教育分野における核心問題は、どのような人材を育成するかである。洋務教育の大きな進展は、教育の目標を、封建社会の士大夫や君子の育成から、「西学」、「西芸」に通じる洋務人材の育成へと転換したことである。前述したように、中国教育の近代化は洋務教育を端緒としている。京師同文館の創設やその後の様々な専門学堂の設立は、中国で 2000 年間続いた封建的な教育モデルを打ち破り、新しい教育の萌芽となった。洋務教育の根本的な目的は、封建統治を守るためであり、依然として旧教育の色彩が残っていたものの、旧教育から新しい教育への移行において重要な役割を果たしている。まず、教育内容において、旧教育が「四書」、「五経」など古い内容だけ教えていた教育を変え、教育課程に自然科学を加えた。近代的な科学技術の知識や技能は、洋務派が作った新式学堂で初めて登場したのである。次に、教育の組織形態や運営方法において、完全な教育計画、クラス授業制、試験方法などを制定するなど、西洋の体系を取り入れた。しかし、教育の目的は保守的であり、学校運営は先進的という矛盾が生まれた。さらに、洋務教育は中国近代化のために、科学技術、企業管理、海軍、外交、教育に携わる人材を育成したが、これらの人材は、中国の社会と教育が近代化へ進む過程の先兵としての役割を新たに担うことになった。

　特筆すべき点は、洋務教育家によって始められた留学事業は、中西教育の会通と融合に重要な貢献をしたことである[43]。一つ目は、留学生たちが西洋の教育理論や教育学説を翻訳、紹介する形で重要な役割を果たし、中国の教育界に旧教育批判のための理論的武器を提供し、中国教育の近代化に貢献したと

---

[43]　田正平「留学生派遣与中国教育近代化」丁鋼『文化的伝遞与嬗変』上海教育出版社 1990年、191〜220 頁。

いうことである。初期に出版された東西の教育関連の名著は、主に留学生たち が翻訳したものである。中でも、イギリスのスペンサーの『教育論』、フラン スのルソーの『教育論』、アメリカのアーノルドの『教育論』、日本の熊谷五郎 の『教育学』、冨山房の『教育学新書』、『教授法問答』、『学校管理問答』、およ び成瀬仁蔵の『女子教育論』などは、すべて全訳である。また、留学生たち は、『東方雑誌』、『浙江潮』、『直説』、『湖北学生界』、『遊学訳編』などの雑誌 に、ロック、スペンサー、福沢諭吉らの著作の訳文を公表し、彼らの教育思想 の全貌を紹介した。また、教育理論の著作も編纂したが、例えば、『浙江潮』 には内容豊かで体系が整った著作『教育学』が連載された。著者は教育につい て、「教育者は、被教育者に対し一貫した目的を定め、良い方法を設定し、実 行可能な制度を実施することで、被教育者の身体、心、精神力、知恵を発達、 陶冶させるとともに、それを持続させる」と定義している。この著作は、全体 的に編集を兼ねた翻訳の痕跡があるものの、中国近代における最も早い時期の 教育専門書の一つである。

　二つ目として、留学生たちは様々な教育思潮や教育理論の提唱者、宣伝者、 実践者となったということである。留学事業が推進され、海外の教育理論研究 が栄えるにつれ、留学生たちは、教育理論を単純に紹介し宣伝することから、 教育思潮や教育理論を体系的に提唱し実践することへと発展し、自らの価値判 断も取り入れるようになった。当時、「今や、いわゆる新しい教育者も多種多 様で、練習主義教育、試験主義教育、実用主義教育、勤労主義教育、人格主義 教育、新理想主義教育、自習補導主義教育、デューイ教育、モンテッソーリ教 育、エレン・ケイ教育などが唱えられている。それぞれ優れている点が認めら れ、まさに百戯が技を競う場のようであり、万花が艶やかさを競う畑のようで ある」[44]と評論する者もいた。留学生たちは、理論面での宣伝と実践面での改 革実験を結び付け、中国近代における教育実験の先駆けとなった。

　三つ目として、留学生たちは各学校の教師や各教育行政部門の中心的人物と なり、近代教育観念の普及や近代教育事業の発展に積極的な役割を果たしたと いうことである。初期の留学生たちは、機器、船舶、鉱山採掘、鉄道、電報な どの実業部門に従事したのに対し、戊戌の変法以降の留学生たちは、その多く

---

[44] 『新教育』第1巻第4期。

が教育事業に従事した。例えば、胡元は、湖南省初の私立の新式中学である明徳学堂を、張伯苓は南開中学を設立するなど、彼らは自ら学校を設立し、あるいは各地の新式学堂で教育に従事した。留学生たちは、高等教育の中心的な担い手層を形成しただけでなく、農、工、商などの実業学堂の教師、そして各教育行政部門の幹部を輩出する場を担った。田正平の統計によると、1912年から1922年までの10年間に、全国最高教育行政機関の長である教育総長は24回人事が行われたが、そのうち少なくとも12名は留学経験者で占められ、著名人として、蔡元培、范源濂、董鴻、王寵惠、湯爾和らがいた。同時期、教育部副総長は18回人事が行われたが、少なくとも9名は留学経験者で占められ、呉生、王章、馬隣翼、陣宝泉らの著名人がいた。それ以外にも教育部の重要なポスト、例えば参事、局長、課長や主要な事務員の多くも、留学経験者によって担われたが、特に専門教育司など業務の専門性が高い部門の歴代局長は、ほとんどが帰国留学生で占められたという。彼らはそれぞれのポストで、近代教育観念の普及、近代教育事業の設立にたゆまぬ努力をし、中国の教育近代化の歩みを前に進めた。洋務教育思想は、中西教育の会通と融合という点において、重要な影響を与えたのである。

3) **洋務教育思想は民族の主体意識を有していたため、民族教育を強化し、全面的な西洋化に反対の立場を取ったことにおいて、一定の積極的な意義を持つ。**

洋務教育家たちは、教育事業の推進過程において、封建制度や封建教育を擁護する傾向があったが、客観的に見れば伝統教育の中でも合理性が認められる部分を守る役割を果たした。彼らの明確な民族的主体意識は、中西文化教育が激しく衝突し、伝統文化教育が危機に直面したときに、民族教育を強化し、西洋化への全面的移行に反対する役割を担った。

実のところ、「中学を体と為し、西学を用と為す」の思想に関して、明治維新前後の日本にも似たような状況と同じような主張があった。しかし日本の明治政府は、天皇制度と武士道精神を守らんとする状況下で、封建体制を打破し、西洋の資本主義を学ぶ維新改革を行い、大きな成功を収め、国の近代化に成功した。「和魂洋才」は、今日でも日本国民に受け入れられている標語である。

洋務教育家たちの最大の失敗は、中国の伝統文化を堅持したことにあるので

はない。なぜならば、民族の利益と帝国主義の間に矛盾が生じた場合、中国伝統文化を堅持することは、外国勢力を防ぐための積極的意義を持つからである。例えば、張之洞が言う「外国を知り中国を知らず、これを失心という」[45] のは、自暴自棄になる者や、全面的な西洋化を主張する者よりはましであるという意味である。洋務教育家たちの誤りは、主に伝統文化の中の腐った汚物と光を放つ宝物を区別できず、盲目的にすべてを受け入れたことにある。「中学を体と為す」の「体」の中身について、彼らはほとんど厳格な定義をしていなかったため、「体」の意味する内容は人によって異なり、時代に合わない封建制度の残りかすが「体」の下に残存し、近代化の足枷となった。一方、「西学を用と為す」の「用」については、明確な規定がなされ、その範囲を逸脱することは許されなかった。初期の洋務派から後期の張之洞に至るまで、「用」の規定する範囲は次第に拡大した。しかし、「用」は常に封建政治体制と思想イデオロギーの「体」と密接な関わりを保っていたため、「用」の規定範囲が拡大しても、その影響は微々たるものであった。

　著名なイタリアの歴史家クローチェは、「歴史も仕事をする人と同様、"一度にできることは一つのことだけである"。注意を向けることができなかった問題に対しては、無視するかとりあえず少し手を加えておくかして、そのまま前へ進めるようにするが、手が空いたときにその問題への対応に十分に注意を払う必要がある」[46] と述べている。洋務教育思想は、1000 年以上にわたる封建社会の文教政策であった「百家を廃して、儒術を独尊する」を、「中学を体と為し、西学を用と為す」に置き換え、中国の教育と教育思想を新たな歴史的段階へと導いた、という進歩的な一面があったことは間違いない。しかし、洋務教育思想の内的矛盾や歴史の制約により、洋務教育は自らの発展における苦境から抜け出すことができなかった。西洋に学ぶ初期段階で、洋務教育は、中西文化教育の接近と交流のための必要条件を作り出したが、これは当時としては中西を融合させるための実現可能な唯一の選択肢であり、中国人が世界に視野を広げることに役立ち、中国近代化のための科学技術、教育、管理、プロジェクトなどすべてにおいても貢献した。しかし、洋務教育思想は自らを超えるこ

---

*45　張之洞『勧学篇・広訳』。

*46　クローチェ『歴史学的理論と実際』商務印書館 1982 年、229 頁。

とができず、また超えることも不可能であった。そのため、「一つの仕事」が終わり、歴史が次の仕事を急ぎ始めようとしたとき、洋務教育思想は歴史の舞台から退出させられることになったのである。

　洋務教育運動を始めた人々は、清朝末期の封建専制統治と深い関わりを持った地主、官僚、軍閥であった。彼らの目指したものは、揺れ始めた封建政権と自らの階級的利益を守ることであったが、客観的に見れば、中国近代教育に与えた数々の影響は、彼らも予測していないものであった。

第**3**章
近代中国の維新教育思想

　日清戦争における中国の敗戦は、洋務改革派に大きな打撃を与え、洋務教育思想の幻想をも崩壊させた。しかし、洋務教育が蒔いた「西学」の種は絶えず生長し、「用と為す」の「西学」が、「体と為す」の「中学」を追い越す勢いにまでなった。悪政改革、変法維新、そして救国は、新しい時代における最も重要な課題となった。新興ブルジョア階級の利益を代表する維新教育思想は、こうした背景下に生まれたのである。

　学術界では、一般的に維新教育を早期改良派とブルジョア改良派とに分けるが、著者はブルジョア革命派の教育思想も維新教育思潮に入れるべきと考える。これによって、中国の近代ブルジョア教育思想の誕生と発展の過程を全体的に見渡すことができ、中国近代教育思想の発展過程を文化学のレベルで把握することができると考えている。

1、早期維新派の教育理念

　早期改良派の教育思想は、洋務教育思想から分化したものである。主な代表的人物として、王韜、馬建忠、薛福成、およびその後に登場した鄭観応、陣熾らがあげられる。

　早期改良主義は、西洋の資本主義経済制度を学ぶことの必要性を主張することから、西洋の資本主義政治制度を学ぶことの必要性を主張するようになり、そして民族の工業・商業を発展させることの必要性を主張することから、その発展を担保する政治・法律制度の必要性を主張するようになった[1]。早期の改良主義者たちは、かつては「船堅砲利（陸海軍を強くする）」の計画案を擁

＊1　李沢厚『中国近代思想史論』人民出版社 1979 年、57 頁。

護していた者たちである。例えば、王韜は、「今日の急務は賊を平定すること
で、賊の平定は兵を治めることにあり、兵を治めるためには、まず西洋の優れ
たものを学ばなければならない。そうすれば恐れるものもなくなり、兵は治ま
り、賊は平定され、その後、優れた武器を以て防衛に当たれば良い」[2] と述べ
ているが、これは洋務派の主張と同一である。1870〜80年代になると、彼ら
は、「船堅砲利」だけでは「表面的なまねをした」だけであり、「人民の生活を
豊かにしてこそ、国力は自ずと充実し、その後すべてをやり遂げられる」[3] こ
とを認識し始めた。そして商工業を発展させ、国家が富強になってこそ、真に
外国の侵略を防ぐことができると考え、「兵戦を習うよりむしろ商戦を習った
方が良い」[4] という説を打ち出すようになった。

　1884年の清仏戦争の惨敗を受け、洋務派の主張に絶望した早期改良派は、
愚昧な封建的政治制度を改革しようとする兆しを見せた。これと同時に、封建
的官僚体制は民族資本が発展する妨げとなり、資本主義経済が発展するために
は、時代にそぐわない封建的上部構造を変革する必要が出てきた。そこで彼ら
は、ついに封建君主専制制度を改革し、ブルジョアが政治に参加する代議制の
確立を求めた。鄭観応は、『盛世危言』の自序において、自らの思索の軌跡を
次のように描写している。

　　過去60年間、万国は通商し、国内外は汲々とした。維新だの、守旧だ
　　の、洋務だの、防衛だの、古を肯定し今を否定する者がいれば、末利を追
　　求し根本を忘れる者もいた。その根源を洞察し、全体像に迫れる者はどの
　　ぐらいいるだろうか？孫子曰く、「彼を知り己を知れば、百戦危うからず」。
　　この言葉は小さな事について述べたものだが、大きな事にも例えられる。
　　私は賢くないが、幼い頃から書物を読みあさり、長年貿易にも従事してき
　　た。そして、列強諸国の要求に憤り、朝廷の政策の誤りを残念に思った。
　　そこで西洋の言葉を学び、彼の国へ渡った。日々あちらの人々と接しなが
　　ら、彼らの風習を観察し、政治や宗教を調べ、風習の利害得失や盛衰の理
　　由を考察した。その結果、治乱の源や富強の根源は、「船堅砲利」だけに

＊2　　王韜『操勝要覧・倣制西洋船砲論』。

＊3　　王韜『弢園文録外編・補起廃薬痼議』。

＊4　　鄭観応『盛世危言・商戦』。

あるのではなく、議院が一致団結し、教養の有り様が適切であることにあることを知った。列強諸国では、学校を作り、書院を広め、技能を重視した教育を行うとともに、成績を適切に判定し、人々の才能を最大限発揮させている。農学を重視し、水路を利用して、痩せた土地を良田に変え、土地が有効利用されている。鉄道を作り、電線を設置し、徴税額を抑え、商業を保護し、物流の発展を進めている。すべてその任にあたる者は、必ず平素からその任に精通している。例えば、文官なる者は、必ず仕学院から出ており、武官なる者は必ず武学堂から出ている。そして、栄転はあるが配属がえはなく、それぞれの持ち場で能力を発揮し、名は実際と一致している。

そこには、改良派的思想の発展過程が吐露されているだけでなく、早期改良派の政治的主張、文化教育、社会経済への視点が明確に提起されている。彼らの教育思想は、こうした主張と視点に基づいて展開されたのである。

1．人材育成の重視

早期改良派の教育思想は、まず人材を重視する面で表れたが、これは彼らの教育における出発点であった。早期改良派も洋務派と同様、救国における人材育成の重要性を明確に認識し、教育によって実用的な人材を育成することで、自らの社会的理想を実現しようとした。例えば、王韜は、「今日の我が国の急務は、まず治民にあり、次は治兵にある。しかし、その根本を突き詰めれば、人材を集めることに尽きる」[5]と述べている。陣熾も、「"天に危急の変があれば、必ず非凡の才が生まれる"。もし人材の育成を重視し、人材を適切に用いれば、必ず"宏大な事業"のために"確固たる礎を築き"、"内政を修め、外患を鎮める"ことができる。要するに、"人材を得ればすべてを治められる"のである」[6]と述べている。

早期改良派も、学校の設立を人材育成の近道と考えていた。例えば、何啓と胡礼垣は、『新政議論』の中で、「一国の人材は学校を見ればわかる。学校が狭隘であれば人材は乏しく、学校が広大であれば人材は多い……全国の各府、州、

---

[5]　王韜「変法下」『弢園文録外編』巻一。
[6]　陣熾『庸書・名実』。

県、あまねく学校を設立すべきである」と述べている。鄭観応も、「学校は人材育成の場であり、天下を治める際の基本である」[*7]と明確に規定し、「学校は人材を輩出し、人材は国力を強くする。故に、西洋諸国の強さは、人の強さにあるのではなく、学問の強さにある。彼らと雄を競う場合は、銃砲や艦艇だけにとどまらず、中国の学問を学んだうえに、彼らの学問も学ばなければならない」[*8]とも述べた。人材は国家存亡の鍵だとすれば、人材を育成する学校はその根本に位置する。鄭観応は、人材育成のために体系的な学校制度を作り、近代学制に対する改良派の構想を提起した。

　人材観において、早期改良派が洋務派と異なるのは、資本主義における商工業発展の視点から人材の役割や教育の機能を見ていることにあり、これは彼ら改良主義思想を構成する一部分である。一方、洋務派の人材観は、軍事力強化を主な目的としていたため、近代の情勢に合わせた封建教育思想の拡張でしかなかった[*9]。こうした両者の人材観の違いは、人材選考基準に対する考え方にも現れている。人材評価において、洋務教育は伝統的な道徳が定める倫理的尺度を重視し、才あって徳なしの「小人」よりは、徳あって才なしの「愚人」の方がましであるとすれば、早期改良派は「通今致用」という社会的功利尺度を重視していた。薛福成は、技術、士官、翻訳、外交、経済における人材、ならびに博学の人材を人材選考の枠組みの中に入れ、人材の概念を社会活動の各方面にまで拡張することで、これまでの単純な人材観を打ち破った。早期改良派は、外国の侵略と圧迫に抵抗するために、外交文書の翻訳や軍事技術に携わる人材を育成するという洋務派の人材観に満足せず、民族資本主義による工業と商業の発展のための、科学技術に精通した人材を育成することを強調した。例えば、鄭観応は、「西洋諸国の富強は、科学技術を土台にしてなされてきたが、その科学技術を習うには学問を学ばなければならない。さもなければ一生かけてもその分野に精通することはできないだろう。例えば、数学に通じなければ、自然科学の諸学問もその深遠さに苦しみ、極め尽くすことはできないのであ

---

*7　鄭観応『盛世危言・学校』。
*8　鄭観応『盛世危言・西学』。
*9　徐書業「論早期改良派的教育思想（早期改良派の教育思想を論じる）」『華東師範大学学報（教育科学版）』1990 年第 1 期。

る」[*10]と述べている。もちろん、これだけでは「工業と商業を発展させ」、「国を救う」ことはできないことは明白である。

2. 伝統的教育に対する批判

洋務教育の「中学を体と為し、西学を用と為す」という綱領は、中国の伝統的教育に新しい血液を注入しただけでなく、伝統的教育には致命的な欠陥が数多く存在することも気付かせてくれた。特に伝統的教育の核となる科挙制度は、早期改良派の人材育成や教育理念の実現を妨げる足枷となった。

1861年当時、まだ洋務派陣営に属していた馮桂芬は、「時文によって選ばれた人材は、役に立たない」と嘆き、科挙制度の根本的な問題は、「人材を育成せず、人材をだめにする制度になっている」[*11]とし、科挙制度改革の構想を打ち出した。1876年、すでに明確な改良思想を持っていた王韜は、科挙制度を根本から否定した。「国は、時文によって士人を採用することを、厳格に法で定めている。そのため、高い志を持つ士人を採用するためには、この方法以外に道はない。科挙の試験日、その一日のみの評価で合格した者は、その後に再度能力を試されることもなく、合格者全員が官職に就けるのである。士人は採用されるまでの道は厳しいが、採用されてからの道は緩いので、玉石混淆、玉と石の区別がつかない。近頃、各省で増員が進められ、採用が緩くなったため、すべての者が名ばかりで実力がない。士人の質の悪さは、昨今特にひどくなっている。志の高い士人を採用するにはどうすれば良いのだろうか？時文を廃止しない限り、優れた人材は出ないだろう」[*12]。王韜は、時文によって人材を登用する科挙制度は、その日の運が大きく影響しており、人材を客観的に選抜することができず、玉と石が混じり合った局面を作ると考えた。一方、鄭観応も、八股文によって役人を登用する制度は、本当に有能な人材を選抜することができず、実態に即した制度ではないと鋭く指摘した。「中国の文人は、専ら八股文を尊ぶ。すなわち、自国の風土、人民、国防、財政など、平素から学ぶことはない。法令により、八股文に長けている者は合格し、そうでない者は落ちる。

＊10　鄭観応『盛世危言・技術』。
＊11　馮桂芬『校邠廬抗議・改科挙議（科挙を改革する議）』。
＊12　王韜『弢園尺牘・上丁中丞』。

才能が秀でた者であっても、八股文を苦労して学ばなければならず、役に立たない八股文の学習で消耗させられる。たとえ立派な字を書き、見事な文章をしたためたとしても、それで国を守れるわけがない。意思の疎通が難しい外国人を懐柔できはしない。いったん官吏になれば、学んだものはすべて忘れる。ああ！学んだものは使えず、使うべきものは学んでいない。彼らは無用の長物であり、その極みは頂点に達している」[13]。科挙制度では有能な人材を発掘できないばかりか、有能な人材に無駄な努力を強い、貴重な時間を無意味な時文に費やさせているのである。

さらに特筆すべき点は、早期改良派と洋務派における科挙制度への批判は、当初は人材獲得の可能性を制限していることに絞られていたが、科挙制度と学校制度の対立関係も若干ではあるが問題視されていたことである。その本質的対立関係の存在について、次のように指摘する者もいる[14]。すなわち、「科挙制度の精神は、学問して官職に就くことを提唱し、読書人を出世のために競争させ、栄華を極めた少数の人々に彼らの目を向けさせることにある。一方、学校教育の精神は、様々な分野における人材育成に着目し、全国民の素質の向上に重きを置くことにある。科挙試験の内容は単一で古く、丸暗記によって対応できるもので、現実の社会問題を解決するために役立つものではない。一方、学校教育の内容は、科挙に比べて豊富かつ実用的である。そのため、学校制度を立ち上げるためには、科挙制度を廃止しなければならない」。1870年代、ならびに1880年代までは、科挙制度と学校制度の対立関係がまだ表面化していなかったが、改良派の代表的人物鄭観応は、密かにその対立を認識していた。彼は、「学校を作らなければ人材は出ない。帖括（科挙の論文試験）を廃止しなければ、学校はあっても、名ばかりで実効性はない」[15]と述べ、すでに科挙制度と新しい教育の衝突、および科挙による役人登用が学校教育の可能性を制限していることを見抜いていたのである。それは、新しい視点から科挙制度に対し決定的な審判を下し、伝統的な教育に対する早期改良派の批判をさらなる高みへと向かわせるとともに、科挙制度の終焉は歴史の必然であることを予言し

＊13　鄭観応『盛世危言・試験』。

＊14　徐書業「論早期改良派的教育思想（早期改良派の教育思想を論じる）」『華東師範大学学報（教育科学版）』1990年第1期。

＊15　鄭観応『盛世危言・学校』付録「英、仏、露、米、日本学校規制」。

ている。

　科挙制度を鋭く批判する過程で、早期改良派の教育家たちも、「時文を廃止し、別の方法によって士人を採用する」ための新たな道を模索した。例えば、王韜は、行、学、識、才という四つの基準で人材を登用する方法を示した。「行とは、孝悌や節義を重んじ、賢明善良で品行方正であることを意味する。行のある者を地方官が推薦し（郷挙里選）、そこから適正のある者を選抜して朝廷に推挙する。学では、古今二つの学問を修めた者を選ぶ。古は経学と歴史に通じていること、今は経済と故実に熟知することで、地学や数学も含まれる。識においては、時事、治民、裁判、財政、官僚制度などの知識を問う。才では、文章、言辞、策論、詩賦など著作の素養がある者を選ぶ。この四つの基準を元に、心が清らかな者、特に徳がある者を優先して採用する。庶民の手本となるような、いわゆる品行方正な者がこれに該当する」[*16]。ここでは、「郷挙里選」という推薦制度と「著作の素養のある者を選ぶ」という成果で評価する選考方法をあげている。鄭観応は、議員選挙について語るとき、「"郷挙里選"の制度を基本としながらも、西洋式の投票選挙を参考に、議員の才能と人望を見極めて選ぶ。また、各省に新聞社を多く設け、議院の善し悪しを広く人々に伝える。そうすることによって、優秀な士人や才知ある人民は、国に忠誠を尽くし、志を高くするだろう」[*17]と期待した。彼らはみな「郷挙里選」に言及しているが、これは単に昔の人材登用法を持ち出したのではなく、彼らの初歩的な民権意識を暗に述べているのである。早期改良派は、「郷挙里選」制度は有能な人材の選抜法であり、公平な人材登用法であると考えた。そして、この制度は民意を代表するものであり、推薦された者も民衆からの監督を受けるので、「良くも悪くも世論の審判から逃げられない」と考えたが、これは彼らの考えた民主主義の萌芽であった。

3. 近代的学制の提唱

　早期改良派は学校設立に対し、当初は洋務教育家のそれと変わらず、主に各種専門学校を設立して専門分野の人材を育成することを提唱していた。この時

＊16　王韜『弢園尺牘・上丁中丞』。
＊17　鄭観応『盛世危言・議院上』。

期、近代的学校制度に関する構想は、萌芽的なものが表れていたものの、まだ明確に打ち出されていなかった。例えば、馬建忠はフランス留学中に、小学校と大学院まで一貫した海軍教育体制を李鴻章に提起した。また王韜は、自らの変法案の中で、各省、郡、州、邑に学校を設立し、「人材集めの地」とすべきであると主張した。これらの学校は、国が設立する、あるいは書院を改組するとして、初めて書院改組と全国的な学校設立の構想が示された。この思想は、後の何啓、胡礼垣、陣熾、鄭観応らを触発しただけでなく、当時政権の中枢にいた洋務派が時代の要請からやむを得ず書院を改革した事に対しても、理論的根拠を与えることになった。書院を学堂に変えることは、戊戌の変法後ついに実現するのである。

　早期改良派の中で、近代的学制を最も強く訴えていたのは鄭観応であった。1880年代の初め、彼は西洋の教育制度を体系的に紹介した。そして、西洋各国の学校制度の内容に大きな違いはないものの、ドイツの制度が最も整っているとした。「その学堂は、郷から城、郡、都に至るまでレベルが異なっている。初学の郷塾は至るところに設立され、地方官が寄付によって運営している。男女は貴賤を問わず、7、8歳からみな入学しなければならず、15歳を小成と為す」[18]。これは義務教育段階の小学校の教育を指している。郷塾の上には郡学院、実学部、大学院、仕学院があり、順を追って一歩一歩進み、互いにつながっている。鄭観応は、西洋式の学校における教育組織の仕組みを詳しく紹介した。例えば、「塾は、10以上のクラスに分けられ、勤勉さを見て進学させるかどうかの基準としている」、これはクラス制の基本的な特徴である。郷塾の上の「郡学院」は、主に「才に応じて教授する」方法を取り、自然科学、力学、歴史、暦学、数学、外国語、芸術などが教えられるが、実際のところ、これは職業中学教育に該当する。1893年に出版された『盛世危言』において、鄭観応は、主要な資本主義国家の教育制度を詳細に紹介しているが、特に西洋の3級制学校に強い関心を示し、イギリスの書塾と学堂と大学院、アメリカやフランスの小書院と中書院と大書院、日本の小学校と中学校と大学など、3級制学校モデルを分析した。そして、資本主義の教育制度と学校モデルに基づき、中国の旧教育を改造しようと試み、中国近代的学制の構想を打ち出した。彼

───────────────

＊18　鄭観応『易言・論洋学』。

は、中国の文学堂と武学堂は、大、中、小の3段階に分けることができるとし、「各州や県には小学を設立し、各府や省都には中学を設立し、京師には大学を設立する」[19]ことを主張した。また、文学堂は六つの学科に分けることができるとした。一つ目は文学科で、詩文、詞賦、上奏文、書簡などの内容が含まれる。二つ目は政経科で、官吏の公務執行、軍事、財政などの内容が含まれる。三つ目は言語科で、各国の言語、法律、公法、条約、交渉、外国訪問などの内容が含まれる。四つ目は自然科学科で、音響学、光学、電気学、化学などの内容が含まれる。五つ目は技術科で、天文、地理、測量、製造などの内容が含まれる。六つ目は雑学科で、商務、採鉱、租税、農政、医学などの内容が含まれる。一方、武学堂は次の二つの学科に分けることができるとした。一つは陸軍科で、武器、軍隊編成、地勢、陸戦攻守などに関する授業が含まれる。もう一つは海軍科で、測量、天体観測、風波観測、気象観測、航路調査、船舶操縦、海戦攻守などに関する授業が含まれる。そして、学堂の「各学科は必ずクラスに分けを行い、年齢と成績審査によって進学させる。また、中学と西学に精通する者を招聘して授業を行う。教育課程を細かく制定し、小学3年段階で優秀な者を選抜し、小学から中学へ進学させる。中学でも3年段階で優秀な者を選抜して、中学から大学へ進学させ、その後は才能によって任用する」[20]とした。こうした学校教育制度は、「一つの学科に一つの役割があり」、「人それぞれ得意な分野を持つ」ということを実現し、育成された者は、物を作れば精密であり、武器を作れば鋭利であり、国を治めれば国は富み、兵を治めれば兵は強くなり、財政を任せれば財は満ち足り、商売をすれば商売は繁盛し、政治に解決できないことがなく、事業に解決できない問題がなく、国は富み、民は栄えるのであるとした。

2、つかの間の教育改革と改良派の教育ビジョン

　もしアヘン戦争が西洋列強による中国侵略の始まりだとすれば、日清戦争は帝国主義による中国隷属化の始まりである。西洋列強の武力による略奪はあか

———————————————

＊19　鄭観応『盛世危言・考試下』。
＊20　鄭観応『盛世危言・考試下』。

らさまで、強引に領土割譲を迫り、鉄道や鉱山を占領、港を租借し、列強間で勢力図の線引きを行うなど、中国は未曾有の危機に直面することとなった。康有為は「保国会」における演説で、国の惨状について次のように訴えた。

　　　我が中国４億の民は、身分の貴賤に関わらず、今は倒壊しそうな家屋の下、穴が空いた船の中、そして烈火の上に置かれている。籠中の鳥、釜中の魚、牢獄の囚人のように、奴隷とされ、牛馬とされ、犬羊にされ、思うままに人にこき使われている。この4000年間、20の王朝が交代した歴史の中で、中国はこれまでなかった大変動を経験し、さらに儒教が衰微し、民族が滅亡しようとする。この悲惨極まりない状況は、まことに筆舌に尽くしがたいものである。

　こうした状況下で、早期改良派による自らの変法思想を社会に公言するだけの単純なやり方では、もはや時代の状況に対処できなくなった。そこで、康有為、梁啓超、譚嗣同、厳復らを代表とする改良派が、啓蒙から実践の段階へ向かったのである。彼らは自らの要求を皇帝に上奏し、変法維新を宣伝する新聞を創刊するとともに、士大夫層を中心とする各種学会組織を作った。それにより、士人による集会や結社、政治的議論を禁止する清朝政府の法令を突き破り、ブルジョア民主主義の新しい風を吹き込んだ。早期改良派の維新に対する主張が、経済変革を中心としたものであったとすれば、この時期の改良派は、封建的政治に矛先を向けるとともに、三権分立、民権平等などのブルジョア的性格を持つ社会政治理論を形成するようになった。彼らの教育思想もこれによりブルジョア的色彩を増し、しっかりとした理論が構築されていたことと積極的な宣伝効果が功を奏し、彼らの主張は広く社会に認められた。

　1895年、清朝政府と日本との間で屈辱的な「馬関条約（日清講話条約）」が締結されたという情報が伝わると、国中が憤慨した。康有為と梁啓超は、詔勅を発して人々を励ますとともに、遷都により国を一から建て直し、兵を訓練し国力を強化しながら、変法により国を治めるよう要請する上書を、各省から会試試験のために上京した約1,300名の挙人の連名をそえて政府に提出した。これが有名な「公車上書」であり、改良派が政治の表舞台に登場したことを意味する。その後も、康有為は度々上書して、変法維新の提案を行った。1898年6月11日、光緒帝はついに彼の意見を取り入れ、「明定国事」の詔書を発し、近代史上有名な「百日維新」が始まった。

第 3 章　近代中国の維新教育思想

「百日維新」の期間中、康有為は光緒帝の名の下に、教育改革の詔書を数多く発布した。確定した数字ではないが、康有為が自ら上奏したものや人に代わって起草した上奏文 68 件のうち、教育改革に関するものは 21 件に達する[21]。その主な内容を以下に示す。

①八股文を廃止し、科挙制度を改革する。国の会試、省の郷試、府県の童試や歳試、科試に関わらず、すべてにおいて八股文を廃止し、策論（時事問題）に変える。各試験はこれまで通り 3 回行うが、まず政治と歴史、次に時の情勢、さらに「四書」と「五経」の試験を行う。士人を選抜する際は、能力を重視し、楷法の良し悪しを根拠としない。同時に、治世に役立つ人材を選抜するために、「経済特科」を開設する。

②北京に京師大学堂を設立し、書局と訳書局を大学堂に合併する。大学堂の教育課程は、普通科と専門科に分け、「中学」と「西学」の両方を教え、実務重視の教育方針を堅持する。各省の学堂は、大学堂が管轄する。

③書院を学堂に改める。各地の書院は、「中学」と「西学」を教える学堂に変えるが、省都の書院は高等学堂に、府城の書院は中等学堂に、州県の書院は小学堂とする。寄付によって作られた地方の義学や社学も、中西両方の学問を教えることとし、名士や平民が学校を作ることを奨励する。

④専門学堂を設立する。各貿易港や茶の生産地に、茶や養蚕について学ぶ学堂を設立する。また、鉄道、鉱業、農学、医学などの専門学堂を設立する。

⑤訳書局、編訳局を設立し、外国の教本や書籍を翻訳する。

⑥「時務報」を国営化し、新聞社や学会の自由な設立を奨励する。地方の人々の手による書物、方法、器械の中で実用的なものがあれば、それらに褒美を与えるか、あるいはその才能に応じて官職を授ける。

⑦学生を海外へ留学させる。各省の総督と巡撫に命じ、学校から聡明で志の高い者を選び、日本などの国に留学させる。

以上の内容は、改良派の教育改革の主要項目で、封建的教育を根本から変えようとする新興ブルジョア階級の願いが表れている。しかし、これらの項目が実行に移されようとしたとき、保守派勢力による政変が発生し、光緒帝は軟禁状態になり、譚嗣同ら六君子は殺害された。康有為、梁啓超らは国外に逃走し、

---

*21　沈灌群、毛礼鋭『中国教育家評伝（第三巻）』上海教育出版社 1989 年、213 頁。

つかの間の教育改革は失敗に終わった。しかし、維新改良派が描いた教育ビジョンや啓蒙活動の意義は、中国教育の近代化において、重要な役割を果たした。「青山は遮りおおせず、畢竟、東に流れゆく（緑の山々で視界を遮ることができるが、川の流れまでは止めることはできず、水はそのまま東へと流れていくのである）」。改良派が示した各種改革案は、政変から3年も経たずして実行に移されていくことになった。1901年6月、清朝政府はしぶしぶ経済特科の開設を許可し、8月には八股文を廃止、9月には各省に学堂の設立を命じた。1902年には、管学大臣が京師大学堂の設立を命じ、1905年には、次年度から科挙制度を廃止するという詔が下された。こうした経緯の中で、中国の近代教育システムは形成されていき、洋務派から改良派まで2世代にわたる努力がようやく実を結び始めたのである。

戊戌変法における教育改革は、改良派の教育ビジョンを構成する一部分にすぎなかった。というのも、改良派が本当に望んだ理想の教育は、もっと壮大な「大同世界」にあったからである。

1. 康有為の教育平等の理想

歴史の進化を認め、封建的専制政治の改革を求めることは、康有為の戊戌変法における重要な綱領の一つであった。彼は、封建的統治階級の「天不変、道亦不変（天が変わらなければ、道も変わらない）」という考えを否定するとともに、「公羊学の三世説」に基づき、社会進化を拠乱世、昇平世、太平世の3段階に分け、封建的統治秩序は人類の歴史においては一つの段階にすぎず、それは必然的にブルジョア的民主主義制度に取って代わるものであると宣言した。これが康有為の歴史進化論である。彼の社会的歴史哲学は、教育思想にまで拡張され、「拠乱の世」における教育の不平等に深い嘆きと不満を表明している。康有為は次のように書いている。

　　同じ人間であって、同じ男性の身でありながら、辺境の地に生まれたため、洞窟で暮らし、布で体を覆い、粗末な食事で空腹を満たす。文字が読めず、知識が無く愚かで、着るものの美しさと食べ物の美味しさとは何かを知らず、学問とはどういうものかを知らない。一方、都の士人は、払子を手にして背もたれに寄りかかり、立派な衣装を身に纏っている。彼らは幅広く書を読み、古今の学問すべてに造詣が深い。人と禽獣の区別を調

第 3 章　近代中国の維新教育思想

べようではないか！[22]

　奴隷は子々孫々、その身分から逃れられない。彼に聖人のような知恵が
あっても、官吏になることができない。そもそも学ぶ機会がないので、字
すら読めないのである。……天が生んだ者、奴隷も等しく人間であるのに、
何の理と正義をもって、このような苦しみを下すのだろう！[23]

同じく天より命を授かった人間であり、同胞であるのに、なぜ貴賎によって
差別されるのか？どうして教育を受ける権利を同じく享受できないのか？康有
為のこうした問いかけは、彼の理論が成熟していた証である。科挙のような旧
制度の批判にとどまらず、民権や平等の視点から鳥瞰した上で、彼は熟考し問
題の本質を捉えるようになったのである。階級制度は封建制度の基盤であり、
この基盤が揺らげば、封建制度も程なくひっくり返る。康有為が、馮桂芬、鄭
観応、胡礼垣ら早期改良派より先を行っていたことは、彼がブルジョア階級の
民権と平等という理論的武器を我が物にしたことにある。それにより、教育平
等の思想はさらに高められ、封建社会が生み出した教育の不平等がなんたるか
の急所たるところを暴露することができたのである。

　ここで特筆すべきは、旧制度の教育不平等に向けた康有為の辛辣な批判は、
数度にわたる上書や戊戌変法期に行った上奏文以上に過激になったという点で
ある。これは、康有為の思想と実践が矛盾していたことを表している。国難と
深刻な社会的危機に直面し、康有為は観察と考察とによって真理を追い求め、
問題の本質を把握するに至った。そこには、ブルジョア改良派の胆力と見識が
十分に示されている。ブルジョア改良派は、個別の教育問題に注視するのをや
め、旧教育制度の根本問題や教育の不平等がもたらす現象に反対を唱えるよう
になった。しかし、思想の「自由」は行動の「自由」を意味するものではない。
彼には公に批判するだけの勇気と力が足りず、「口には出さず心の中では批判
する」の形で、公刊しない『大同書』の中で自らの考えを吐き出したのである。
エンゲルスのゲーテに対する分析、「思想においては巨人であったが、行動に
おいては小人であった」は、康有為にも当てはまるだろう。こうしたブルジョ
ア改良派の矛盾は、自らの弱さと時代病の表れであった。

───────────

[22]　康有為著『大同書』周振甫、方渊校訂、中華書局 1959 年、12 頁。
[23]　康有為著『大同書』周振甫、方渊校訂、中華書局 1959 年、17 頁。

79

地獄のような世の中を否定することは、彼に理想の天国を建設することを夢想させた。「拠乱の世」に立ち並ぶ不平等な教育の廃墟の中に、康有為は高くそびえる「太平の世」という新しい教育の摩天楼を建設しようとしたのである。その建造物は、旧教育制度を批判する民権や平等理論を武器に打ち立てようとした。彼の理想を現実に移したとき完成するのが、「この上なく平、公、仁、治」な社会である。そこには封建宗法制度、階級制度、君主専制制度はなく、国家や階級、家庭という単位すら存在しない（ただし警察は必要とされた）。この『大同書』で描かれた教育ビジョンは、多くの人々の心を奮い立たせるものがあった。

　　　太平の世は、人々の知恵を開くことを主たる目的とし、そこでは学校が最も重視される。慈幼院から小学校、中学校、大学に至るまで、すべての者が幼い頃から学び、誰でも 20 歳まで学ぶことができ、いかなる家庭も負担を抱えることがなく、誰も悪い習慣がない。図書や道具類は最初から備えられ、言語や文字は統一され、教育時間の節約になるだけでなく、養生も備わり、道徳は教化され、学生の進歩は従来の一千万倍以上になるだろう。……もし最も重要なものはと問われれば、徳育、知育、体育とともに、実用的な教育である。よって、大学では専門的学問を教えるべきである[24]。

『大同書』は数十万字からなるが、その中で最も重要であると康有為と梁啓超が考えていたのは、「家界を去って天民となる（家族制度の撤廃）」という部分であり、次のような教育システムが体系的かつ詳細に述べられている。「子供は社会の公有財産とされ、母親は妊娠すると公的施設 "人本院" に入り、胎教を受ける。幼児は離乳後、公営の "育嬰院" に送られ、心耳に浸透するよう歌や言葉を教えられる。そして、3 歳になると "慈幼院" に入り、6 歳で小学校、11 歳で中学校、16 歳には大学に入る。こうして 20 年にわたる公的養育と公的教育が施され、社会に役立つ人間となって巣立って行く」。『大同書』では、早期教育、学校制度、教育環境、教師の基準などについて、有用な意見が述べられている。康有為の構想は、改良派による最も詳細でかつブルジョア的色彩の強い学校教育体系の一つである。

---

[24]　康有為著『大同書』周振甫、方淵校訂、中華書局 1959 年、278 頁。

要するに「大同」の社会では、すべての「人」が教育を受ける権利と義務を有する。こうした「天下を公と為す」に基づく公的養育と公的教育の考え方は、「家族制度と宗法制度によって複雑に織りなされた封建的絆」を完全に断ち切る。そして、「天下を公と為す」の思想と民権平等の思想が統合化され、「大同の世、天下を公と為す。階級がなく、すべてが平等」という『大同書』の中心的テーマが展開されるのである。

ここで康有為が言う「人」とは、抽象的な「人」であって、現実社会の存在とは一線を画した「人」であることに留意する必要がある。彼が崇める「天下を公と為す」も、階級を超えた抽象的な人道主義であり、「仁」の哲学思想と結合して改良主義の立場を形成していった。戊戌変法後、彼は階級闘争に強く反対するようになり、結局は保守反動勢力の仲間となった。「大同」社会も、彼が思い描いたほど素晴らしいものではなく、自由平等を原則とした、ブルジョア階級の豊かな「私財」が存在する、「金持ち」により統治される社会であった。このような社会の中で、教育の平等を実現しようとしても、ただの絵空事にすぎない。

ここで、女性の教育平等に対する康有為の態度について言及したい。エンゲルスは空想社会主義者フーリエの次のような言葉を称賛している。「いかなる社会においても、女性解放の程度は、社会全体の解放を評価するための普遍的尺度である[25]」。同様に、女性解放を主張する程度も、しばしば思想家自身の民主主義に対する姿勢を評価するための尺度になる。歴史上、民主主義に強く傾倒する思想家たちは、女性の教育問題においては、歴史とは逆行する態度を取ってきた。例えば、古代中国の孔子、古代ギリシャのアリストテレス、さらには啓蒙思想の先駆者ルソーでさえ、女性に対する教育を軽視してきたのである。しかし康有為は、自らの理想郷を描き、教育の平等について公言するとき、強い使命感を持って本の大幅な紙面を女性のために割いた。

『大同書』では、古今以来女性が置かれた悲惨な状況が列挙されていた。すなわち、「官吏になってはならない」、「科挙を受けてはならない」、「議員になってはならない」、「公民になってはならない」、「公事に参与してはならない」、「学者になってはならない」、「自立してはならない」、「自由であってはな

---

*25 『マルクス・エンゲルス選集』(第三巻) 人民出版社 1995 年、727 頁。

らない」、そして「囚人」、「受刑者」、「奴隷」、「私有物」、「玩具」のように扱われてきた。中でも、女性の教育問題について多くが語られている。康有為は、女性差別は民権、平等という人類の理に背き、生理学や心理学といった科学的知見からも妥当ではないと批判した。彼は次のように述べている。

　人であるからには、その聡明や才智も、その性情や気質も、その徳義や嗜好も、身首手足も、耳目口鼻も同じであり、行坐執持できること、視聴語黙できること、飲食し衣服を身につけること、遊覧し労働すること、事を執り行い道理を追究することも同じである。女性は男性と異なるところがなく、男性も女性と異なるところがない。……よって、一般的な道理から言って、女性はすべてにおいて男性と同じであるべきである。実効で検討して見ても、女性はすべてにおいて男性と同じであるべきである[26]。

康有為は『大同書』の中で、「女性を救うことは奴隷を救うことと変わらず、救助隊を出動させ溺れかけている人を救うことと変わらない」[27]と強い言葉で述べている。彼は、一連の女性解放に関する草案をしたためたが、その解決策としては教育を根本に置いている。女性が自立するための基本は、「学問によって培われた才能と知識を以て、公民としての人格を備える」[28]ことにあるとした。「昇平の世」における教育は、「まず女子校を設立し、学校規則はすべて男子校と同じにするべき」で、女性は「選挙、受験、そして官吏や教師の登用」といったすべての機会において、「男性と同じであるべき」[29]であると主張した。

2. 梁啓超の「新民」教育思想

改良派が描いた教育構想の中でも、梁啓超の「新民」教育思想は特徴がある。梁啓超は康有為の右腕そして弟子として、その「新民」教育思想は、維新改良派の教育理論を豊かなものにした。

10万字以上に及ぶ『新民説』の中で、梁啓超は、中国の置かれた問題を根本的に解決するには、新しい国民の創造が必要であると主張した。また、「新

---

*26　康有為『大同書』周振甫、方淵校訂、中華書局 1959 年、126〜127、162、167 頁。
*27　康有為『大同書』周振甫、方淵校訂、中華書局 1959 年、162 頁。
*28　康有為『大同書』周振甫、方淵校訂、中華書局 1959 年、167 頁。
*29　康有為『大同書』周振甫、方淵校訂、中華書局 1959 年、162 頁。

民」教育の意義について、「新民さえいれば、新制度、新政府、新国家が創造できないことへの憂いはないだろう」と述べ、「新民」の養成を「今日の中国における第一の急務」だと論じた。

梁啓超は、「新民」について次のように定義している。「新民とは、西洋に心酔し、数千年の歴史がある我々の道徳や学問の伝統を捨て去り、他人に迎合する者を指すのではない。また、古い書籍の述べていることを堅く守り、数千年の道徳的伝統を堅持していれば、この大地に立っていられると考える者を指すのでもない」と述べ、「新民（民を新たにする）とは、我が民に元々あったものをすべて捨てさせ、他人に従わせるのではない。新たにするというのは二つの意味がある。一つは、元々あるものを磨き上げ、それを新たにするということで、もう一つは、元々なかったものを補い、それを新たにするということである。この二つのうち、どちらかが欠けても、効果を出すことはできない。先人の教えにも、その人の才に基づき対応することと気質を変化させて対応することの二つの道が説かれている。これこそが、元々あるものを磨き、ないものを補う、という考え方と同一のものである。一人がこうすれば、大衆も同じである」とも述べた。すなわち、梁啓超の言う「新民」とは、中国と西洋の学問に通じ、徳性をしっかり備えている人を指し、ブルジョア階級の政治的信条と道徳的教養を有する新世代の人を指すのである。

このような「新民」を養成するために、梁啓超は日本の学校教育制度に倣い、児童の心身発達に応じた国民教育制度体系を設計した。この体系では、教育過程を四つの時期に分けている。すなわち、5歳以下の幼児は幼稚園や家庭で教育を受け、6歳から13歳までの児童は小学校で8年の義務教育を受ける。そして、14歳から21歳までの青少年は、中学校、ならびにそれに相当する師範学校や各種の実習学校で教育を受け、22歳から25歳までの成人は大学で教育を受ける。大学は、文、法、医、理、工、農、商、師の各科に分けられており、大学の上には、「自由に研究し、年限を問わない」大学院がある[30]。

この国民教育制度体系の中で、梁啓超は特に義務教育段階の小学校教育を重視し、中国近代の教育思想史において、初めて義務教育の実施を主張した。彼は次のように述べている。

---

[30] 梁啓超「教育政策私議」陣学恂『中国近代教育文選』、162～162頁。

義務教育とは何か？年齢に達したいかなる者も逃げられないことを言う。そのため、義務教育制を施行している国々では、小学校教育に国が干渉しているが、それがなければ、義務教育の普及はあり得ない。しかし、我が国の当事者は口で説得するばかりで、民間にやらせようとしている。乱れて秩序がないだけでなく、小学校卒業後の官立中学や高等学校において学習の連続性が保てない。10年後には全国に小学校が星の数ほどできることを目指すが、私はその実効性が心配である[31]。

要するに梁啓超は、義務教育は適齢児童全員が関係することなので、制度を確実なものとするには、口で説得するだけではなく、政府行政が積極的に介入する必要があり、同時に小中学校をつなげる問題に留意しなければならないと述べている。梁啓超は「教育政策私議・学校経費議第二」の中で、義務教育における学校の設置、経費、管理、教科書などについて、詳細な規定を設けた。

①人口1,000人以上の町に小学校を1校設立する。規模の大きい鎮や郷の場合は、その中をいくつかの区に分け、区ごとに1校を設立する。人口が2,000人または3,000人ごとに1校を増やすこととし、1,000人未満の小さな村の場合は、いくつかの村が合わせて1校を設立する。

②運営経費は、学校、鎮、区が自ら調達する。公有の財産があれば、それによって運営する。公有財産がない、あるいは不足している場合は、農地税、家屋税、営業税、人口税などを学校税として徴収したり、その土地の状況に応じた特別税を設置したりして、税の徴収を法によって定めて、学校を設立、運営する。

③各学校が所在するすべての区域（市や郷、大きい郷や鎮に分けられた小区）に、教育会議所を設置し、地元住民によって数名の教育議員を選出する。重要な業務のすべてを教育会議所が対応し、官吏は関与しないものとする。

④国が小学校規則を制定し、管理方法や授業科目を詳細に規定する。

⑤国が規定した科目に基づき、政府または民間が教科書を編集する。

⑥学校は、学費の一部を徴収することができるが、国が定めた上限額を超えてはならない。貧困で学費が払えない子供については、教育会議所が調査した上で、学費を免除することができる。また、就学年齢の子供を入学させない親

＊31　梁啓超「教育政策私議」陣学恂『中国近代教育文選』、163頁。

は罰する。

⑦教育税を納めない者に対しては、教育会議所が役人に報告した上で、督促し徴収する。

⑧各省は視学官を3〜4人置き、毎年全省の各学区を巡視する。視学官の任務は、学校運営を指導、監督し、優れた教師や生徒を表彰することである。

梁啓超が義務教育に求めたものは、主に「新民」を育成するという自らの理想の実現であり、教育を通じて国家という観念を持った民族を育て、富国強兵を果たそうとしたことであった。彼の思想を客観的に評価すれば、一般大衆の子供たち全員に最低限の教育を受ける権利を与え、民族全体の素質を高めようとした点で、これまでになく進歩的であったと言える。

「新民」育成のため、その教育法に関しても、梁啓超は深い考察を行っている。彼は西洋資本主義国家の教育法を重視し、それを中国の教育界に紹介した。

重要なのは方法である。まずは文字を学ばせた後、読み書きの訓練を行い、次に句を作らせ、続いて文章を書かせる。この順序を間違えてはならない。文字の学習では、まずは目の前にある物を使って教える。まずは好奇心を持たせることが必要である。天文学や地学に関しても、平易な理論から教える必要があるが、授業に実験などを交えて講義すれば、子供たちは関心を持って学ぶだろう。必ず古今の事柄について幅広く教えるが、例えば鼓詞（語り物）を取り入れれば、子供たちは喜んで耳を傾けるようになるだろう。複数の外国語の学習を必須とするが、子供たちは舌がまだ柔らかいので、学習は容易であると思われる。あらゆる業種に必要な数学は必ず教える。そこで歌謡を取り入れれば覚えやすく、ことわざを多く取り入れれば解答に辿り着きやすくなる。音楽を必須とすれば、勉強嫌いにならずにすむだけでなく、精神の安定にも役立つだろう。体育も必須とすれば、筋骨がたくましくなり、誰もが兵役に就けるようになる。日々の授業は3時間を超えないものとし、勉強を辛いものと思わせないようにする。体罰をむやみに用いなければ、知能を損ねず、羞恥心を育むこともできる。親は怠惰な子供を甘やかさなければ、彼らの才能を伸ばすことができる[32]。

---

[32] 梁啓超「論幼学（幼学を論じる）」陣学恂『中国近代教育文選』、148〜149頁。

梁啓超は、学問を教える意義を科目ごとに詳細に、そして子供の心身の発達に応じた教育課程の必要性についても細かく説明を行っている。彼自身の教育に関する主張をまとめると以下のようになる。

第1に、順を追って進めなければならない。彼は「教育政策私議」の中で、「学問を探究することは高い建物に登ることと同じである。初歩の段階を無視して、高みを目指そうとする者は、必ず途中で挫折する」と述べている。さらに、教育心理学の成果を日本の書籍から吸収し、子供の心身の発達を詳細に記した図表を示しながら、教育の進め方は必ず子供の心身の発達に合わせて行い、「教える順序を間違えてはならない」と主張した。

第2に、子供の興味を育てなければならない。梁啓超は、「積極的な言い方をすると、教育がなすべきことは、子供たちの興味を喚起することにある。控えめな物言いをすると、子供たちに学習への興味を失わせないよう十分に気をつけなければならない」と述べた。また、学習への興味を引き出すために、休み時間を利用し、子供たちに「散歩しながら生物を観察したり、体操をして筋骨を強くしたり、音楽を学び精神を癒やしたりさせる」ことを主張した。もし「監督の補佐官を設置して臨み、襟を正して端座して防ごうとすると、庭園内は狭苦しく、気力が足りない。閉じ込め束縛すると、重い囚人のようで、本を前に茫然とし、さらに生活の楽しみがなくなる。これを以て学問を追究するので、教師の労はその功が半分になり、それをまた怨むようになる」と彼は考えた。彼は異なる視点からの指摘も行っている。すなわち、教育は興味だけで成り立つものではなく、学生にある程度の強制力を持って勉強に励むようにさせなければ、彼らの知能を十分に開花させることはできない。「故に、子供の教育は、興味だけで教育するのではなく、少しは強制的にしなければ子供の可能性を広げることができない」[33]とも述べた。

第3に、記憶力と理解力を総合的に強化しなければならない。これについて、梁啓超は次のように詳しく解説している。「教える側の者は、子供の悟性を導くのは容易だが、記憶力を強化するのは難しい。なぜか？悟性は主に入る方向で（主に鋭く入る）、それは順であり、その道は通じるので、効き目があ

---

[33]　梁啓超「中国教育之前途与教育家之自覚（中国教育の前途および教育家の自覚）」舒新城『中国近代教育史資料』（下）、人民教育出版社　1962年、948頁。

る。記憶は主に戻る方向で（例えば照り返す）、それは逆であり、その道は詰めるので、鈍くなる。故に生まれながら二つを備え持つ者は優秀な生徒である。もし両方を備え持っていなければ、無理に詰め込んで覚えさせるのではなく、理解させることを優先するのが良い。なぜなら、人間が物と異なる点は大脳があることにあり、理解力は人間の最も大事なことであるからである。記憶したものは、理解もしているが、記憶していないものは、理解もしていないのである。理解力に秀でて記憶力が劣っている者は、その記憶が理解を十分に助けることができる（理解力に秀でている者は、記憶力を蔑（ないがし）ろにして良いと言っているのではない。しかし、記憶したものは理解からくるのである。これを誤解してはならない）。記憶力は秀でて理解力が乏しい者は、多くのことを覚えていてもそれを役立てることができない。順であり、通であり、効き目があるので、悟性で導くと、記憶力も徐々に増していく。逆であり、詰め込んで、鈍いので、記憶力を強いると、その理解力は次第に衰えていく」[34]。記憶力と理解力は、教育における二つ重要な内なる要素であり、両者は互いに補完し、引き離すことができないと彼は考えていた。彼は、特に理解力の方を重視し、理解力は記憶力の基本となるものであり、理解力によって子供の記憶力を育てることができるとした。もし理解力の向上を軽視すれば学力向上は望めないし、子供に丸暗記だけを強いれば、「脳が塞がれ」て、脳の力は日々衰えていくと考えたのである。

　第4に、道徳教育を重視しなければならない。梁啓超は『徳育鑑』、『新民説』、『十種徳性相反相成義』などの本の中で、独立、団結、進取、冒険、自治、自信、自尊などを「新民」が備えるべき道徳とし、新興ブルジョア階級が人材に求める基本的素質であるとした。例えば、自尊は、自重、自治、自立、修養、自任の前提となるもので、本当に自尊心のある者は、「真っ白な雪の如き志操とともに、雲鶴の如き悠然とした精神を有している。そして、風雪に耐え抜いてきた徳操に、剛直な気概も備えている。自尊心のある者は、他の者もその品格に吸い寄せられる」[35]と述べている。また、彼は自己教育の重要性も強調した。「励まされたり強制されたりせずとも、規律と規則の中に自らを制する

＊34　梁啓超「変法通義・論幼学」。
＊35　梁啓超「新民説」『飲氷室合集』（第四冊）。

ことができる。これを自治という」*36。つまり、外部からの力により受動的に
各種の道徳的行為を行うのではなく、社会の道徳的規範の下で自らを御さなけ
ればならないとしたのである。自己教育の能力を高めるために、彼は道徳的意
志を養うことを特に重視した。「人としてこの世に生まれると、心配事と苦し
みがつきまとうものである。もしその苦しみから完全に逃れたいと思うならば、
古代の聖人や哲人に倣って隠遁し、世俗から離れれば良い。しかし、様々な煩
悩は精神を鍛える助けとなり、様々な危険は胆力を養う助けとなる。至る所が
我が学校である」と彼は書いている。すなわち、道徳的意志の養成は日常生活
の中で実行し、小さなことから始められる、という道徳の重要な原理を示した
のである。

3. 厳復の教育救国の思想

　真理の探究を西洋に求めた中国近代の代表的人物であり、ブルジョア階級の
啓蒙思想家としても有名な厳復は、初めの頃は「翻訳の天才」として名を馳せ
た。そして、自らの理論的拠り所を西学の進化論と天賦人権論に求めた彼の教
育救国の思想は、近代教育思想史上際だった存在である。

　厳復は、中国の最大の憂いは愚、貧、弱であるとし、急がれる対策は「愚を
治し」、「貧を癒やし」、「弱をすくい上げる」ことであるが、中でも愚が最も深
刻な問題であると位置づけ、「愚を治すことが一番の急務」であるとした。な
ぜならば、「愚から貧と弱が生じる」、すなわち、貧と弱の原因は愚昧である
ことと考えたのである。この考えに基づき、彼は「原強」という論文の中で、
「鼓民力（民力を鼓し）」、「開民智（民智を開き）」、「新民徳（民徳を新たにす
る）」を主張し、愚、貧、弱の問題を解決するには「教育から着手しなければ
ならない」と説いた。中国の教育が「科学を重んじ、学者の関心を原因と結果
の分析に集中させれば、将来学問を修めた者が社会の病根を治す実力を有し、
古い学問を捨て去る勇気を持ち、新しい学問に邁進すれば、それは中国の真の
幸福につながるだろう」*37 と彼は考えていた。

　厳復は、個人であれ社会であれ、その強さは主に、「一つ目は血気と体力の

＊36　梁啓超「新民説」『飲氷室合集』（第四冊）。

＊37　厳復『与外交報主人論教育書』陣学恂『中国近代教育文選』、224頁。

強さ、二つ目は聡明と智慮の強さ、三つ目は徳性と仁義の強さ」の三点に表れると指摘した。そのため、中国社会の後れた現状を変えるには、民力、民智、民徳の問題を根本から解決しなければならないとし、「今日の重要な政治任務は、鼓民力、開民智、新民徳の三つである」[*38]とした。教育の角度からみると、これは体育、知育、徳育の問題である。

1）「鼓民力」と体育

厳復は、「民力」が富国強兵の基本的要素であると考え、「国家と民族の盛衰や強弱は、民にかかっている。しかし、民には優れた者も劣っている者もおり、それは幼少時に決定される」[*39]と述べている。彼は、古代のギリシャ、ローマ、突厥（テュルク）、そして近年のコサックを例に、民が壮健に育ち、苦難にも耐え、善戦することで、一時雄を唱えたと考えた。

厳復は、長年にわたって中国社会が衰退した原因は、好ましくない風習や儀礼などと深く関係しているとし、「故に中国の儀礼は、民力に害を及ぼし、日々衰弱に向かわせる。法律や制度に関する学問が重視され、衣食や住居に関係するものが軽んじられたため、問題は指で数えられないほどである。そうした中、古来の習慣で最も大きな害悪は、アヘンの吸引と女性の纏足にほかならない」[*40]と指摘した。彼は、アヘンの吸引と女性の纏足が、「民族を弱体化させ、国家を疲弊させ、兵士を劣弱化させた」根本原因であり、これらが「鼓民力」、すなわち壮健な民を育成するための最大の障害であると述べた。同時に、風紀を乱すアヘンの悪習を一斉に禁止することも可能であるが、まずは官吏がアヘンの使用を厳しく取り締まること、そして官兵や官吏の任用においてアヘンの吸引者を除外することが重要であるとも述べた。すなわち、「アヘンを吸引した官兵や官吏を排除することで、アヘンに手を染めた者は絶対官兵や官吏になれないと、人々に知らしめることができる。そうすれば、自らの品性を保つことができる者や将来のある者は絶対アヘンを吸引しないだろう。もしこの試みが成功すれば、吸引者は徐々に減っていくだろう。時を待って、アヘ

＊38　厳復「原強」陣学恂『中国近代教育文選』、172～175頁。

＊39　厳復『蒙養鏡』序　陣学恂『中国近代教育文選』、230頁。

＊40　厳復『蒙養鏡』序　陣学恂『中国近代教育文選』、176頁

ン禁止令を発布すれば、常習者も徐々に少なくなり、新たに吸引しようとする者も出ない。今後30年間で、アヘンの害悪を完全になくすことができるだろう」[41]とした。一方、女性の纏足については、もとより女性が望んだことではなく、「習俗に縛られ、その呪縛から逃れることができない」だけであると述べている。そして、教育を通じて「纏足の害悪」を説き、さらに法令によって厳しく禁じれば、纏足をなくすことはそんなに難しいことではないと主張した。厳復は、教育、任用、法律の三つを同時並行的に進めながら、中国人の「東亜病夫」という烙印を払拭するとともに、「鼓民力」により壮健な新世代の国民を育てることを懸命に主張したのである。

2)「開民智」と知育

厳復は、「民智」は富国強兵の原動力であり、民衆の能力を開発し、彼らの才能を生活や生産活動に向けさせることで、国を豊かにし、近代化の道を歩むことができるとした。

「民智」とは、「学問」と「功績」の二つの面を含み、この二つは相互補完の関係にあるとした。「現在学問に邁進する者は、将来功績を残すことができる。しかし、功名を急ぐあまり学問を軽んじる者は、どちらも得られない。両者は補完し合うものであり、どちらも疎かにしてはならない」[42]のである。彼は、ニュートン、ワット、ファラデー、ハーベイなどの科学者や発明家が、「力学」、「蒸気機関」、「電気」、「血液循環」といった功績によって社会貢献をしたことを挙げながら、新しい科学理論を実際に応用してこそ、社会の進歩と技術開発が促進され、学問の発展も進むと説明した。

厳復は、西洋が「学問」と「功績」の関係をうまく処理できているのは、まず教育において「物に内在する法則を見極めてから文章に残す。その際、美辞麗句でまとめることよりも実際に応用できるかどうかを重視する」という原則を徹底しているからだと指摘した。西洋において、「教師は、学生に必ず自らの目と耳で観察し、自らの頭で考え、自ら実践するよう指導し、よく問題を提起し、古い学問を鵜呑みにすることを慎むようにさせている。そして、論理学

---

[41] 厳復『蒙養鏡』序　陣学恂『中国近代教育文選』、230頁。
[42] 厳復「原強」陣学恂『中国近代教育文選』、176頁。

第3章　近代中国の維新教育思想

や数学では物を深く探究する方法を、物理学や化学では物の変化を観察する方法を教える。これらの学問を学ぶことは、魚や兎を捕らえるために、筌や蹄を獲得することに等しい」[43]。つまり、西洋の近代教育では、学生の一人一人の思考、自然科学の教育、そして学生の現実問題に対応するための能力養成を重んじている。こうした「聡明さを実学に活かす」教育方法に比べ、中国教育は「智慮を虚しい目的に使っている」と彼は指摘した。すなわち、「中国の学問は、古典にある訓戒の中に答えを求めようとする。古人の非を明らかにできず、古人の是はなぜ正しいかという理由を知らない。ただ文章を暗誦し、訓詁や注疏にこだわる、こうした学習方法の弊害は日に日に増大し、今日の経義や八股文にまで至り、完全に人材をだめにするまでになっている。そうした状況下で、どうやって民智を開くことができるというのだろうか。しかも、入学したての頭の柔らかい、6、7歳の子供に老子や荘子を教え、無理やり暗記させようとするが、それが智力の発達に何の役に立つというのか。それにより智恵を開いたとしても、形式的なものにほかならない。そのため、物事の真理を追究したり、仮説の検証を行おうとしたりしても、何もできやしない。これを学問と言うのであれば、どうして科挙出身者たちの多くを人情に欠けているだの道理に疎いだのと責めることができるのだろうか。いっそのこと、農業や工業、商業に転じたほうが良いのではないか」[44]。厳復は、「文章の暗記」や「訓詁の注釈」を重視する伝統的教育は、民智を開くことができないばかりか、人材の成長を妨げる可能性があると考えたのである。そしてその弊害は、児童の智力の発達に顕著に表れる。そのため、教育を受けた者の中には、実際問題を処理する際に、農業や工業、そして商業に従事する者より、はるかに能力が及ばない者も多いとしている。

　厳復は、「開民智」で大事なのは旧教育を改造し、「学校運営を臨時応変に進め、学堂を設立し、西学を重視する」ことだと説いた。彼は、「救亡決論」の中で、国を救い、富国強兵に至らしめるには、「外国のことをよく知ることが大切で、外国のことを知るためには、西学を学ぶ教育制度を設けなければならない。この道理が分からないというなら、国は滅びるだけである。国を救う道

＊43　厳復「原強」陣学恂『中国近代教育文選』、177頁。
＊44　厳復「原強」陣学恂『中国近代教育文選』、177頁。

はこれしか存在せず、強い国家を形成するにもこの道しかない」*45 と述べている。このように、教育による救国というのは、実際のところ西学による救国であった。厳復は、西学に対する日本の姿勢を学ぶべきだと主張した。日本人も民族感情としては、西洋人を「ひどく嫌っている」が、西学に対しては「ひどく憎みながらも、臥薪嘗胆の心で吸収している。西学を学ばなければ相手を制することができず、国を守ることもできない」*46 と書いている。こうした認識に基づき、厳復は懸命に西学を紹介するとともに、西洋の名著を大量に翻訳した。例えば、ハクスリーの『進化と倫理』を『天演論』（1898 年）として、アダム・スミスの『諸国民の富』を『原富』（1902 年）として、スペンサーの『社会学研究』を『群学肄言（ぐんがくいげん）』（1903 年）として、ミルの『自由論』を『群己権界論』（1903 年）として、ジェンクスの『政治史』を『社会通詮』（1904 年）として、モンテスキューの『法の精神』を『法意』（1904〜1909 年）として、ミルの『倫理学体系』を『名学』（1905 年）として、ジェヴォンズの『論理学入門』を『名学浅説』（1909 年）として翻訳出版し、ウエストハーブの『中国教育議』（1914 年）なども翻訳しながら、西学の普及に大きな貢献を果たした。

3)「新民徳」と徳育

　中国が解決すべき三つの問題、民力、民智、民徳の中でも、厳復は「民徳」を最も難しい問題として捉え、それは人々の精神的支柱であるとした。「新民徳」とは、信用を重んじること、公のために力を尽くすこと、国を愛することなどの素質を育成することであり、ブルジョア階級の民主や自由などにつながる道徳観で封建的な倫理道徳を置き換えようとしたものであった。

　厳復は、西洋の道徳教育の中心には「平等」の概念があると指摘する。「王であれ諸侯であれ、貧民に転落すれば苦しみを訴えるすべがない。ここから、皆が神の子であり、すべては平等であることは明らかである。平等な意味が明白になれば、民は自重することを知り、善を行うよう勧めるようになる」*47。神の前では皆平等であり、「民の心に神がいる」のであるから、一般庶民で

＊45　厳復「救亡決論」陣学恂『中国近代教育文選』、198 頁。

＊46　厳復「救亡決論」陣学恂『中国近代教育文選』、198 頁。

＊47　厳復「原強」陣学恂『中国近代教育文選』、178〜179 頁。

も「心にやましいところがなく、権威を恐れず、利益に誘惑されない」ように
なり、高尚の道徳の領域に入っていくことができる。また、平等の観念によ
り、「公平性によって民衆を治め自由を尊ぶ。自由であるが故に信用と結果を
尊ぶ」[48]ようになる。さらに、平等と自由を追求する過程で、愛国主義の感情
も生まれるとした。すなわち、「民衆が皆自分を深く愛し、その国と主を愛し
ていれば、国の戦いに赴くことを自らの戦いとして考える」[49]ようになるので
ある。

　中国の多くの人々は、まだまだ道徳教育が欠けており、特に「貧しい家庭の
子供」や「ならずものの平民」は、成人になるまで、道徳というものを「誰か
に教えてもらったりしていない」ので、「正義よりもまず利益を取り」、「騙し
たり偽ったり」するため、不道徳な品徳に陥りやすい。そのため、「我が民の
道徳心を向上させる」ことこそ、中国人の志を一つにし、「一致団結になって
外敵を防ぐ」ことが可能になり、愛国的感情や自由平等の観念の下に新しい国
を建設することができる。そして、「新民徳」における道徳教育の役割を根本
から完成させるには、資本主義の議会制度を真似る必要があるとした。「京師
に議院を設立し、全国の郡や県において地方長官を選出させる。民の忠愛、道
徳の教化、地利の有効活用、道路の開拓、商業の勃興を行うには、この方法以
外に道はないと信じる。民がそれぞれ自重し、修養を積めば、善はここから生
まれる」[50]。彼は、ブルジョア階級の道徳的観念は、ブルジョア階級の政治制
度から生まれるものと信じ、西洋の議会制度、選挙制度を学ぶことは、人民を
教化するための必要条件であると考えたのである。

3、ブルジョア革命派の教育思想

　ブルジョア革命派の教育思想は、戊戌変法運動が高まりを見せた時期に表れ
た思想であるが、愛国運動においては他と一線を画した考え方を持っていた。
すなわち、改良派の教育救国の道を歩むのではなく、武力によって清朝政府の

＊48　厳復「原強」陣学恂『中国近代教育文選』、178〜179頁。
＊49　厳復「原強」陣学恂『中国近代教育文選』、178〜179頁。
＊50　厳復「原強」陣学恂『中国近代教育文選』、180頁。

封建的統治を打倒し、ブルジョア勢力による民主共和国を打ち立てることで、国の独立と富国強兵を実現するというものであった。

当時、彼らの路線はまだ基盤が脆弱で影響力も小さかったため、人々は依然として改良派の変法維新がうまくいくことを期待し、上からの社会変革が成し遂げられることを期待していた。しかし、戊戌変法の失敗、つかの間の教育改革の挫折、康有為や梁啓超の逃亡、譚嗣同ら六君子の死などによって幻想は打ち砕かれ、人々は目を覚ましたのであった。譚嗣同の辞世の句、「私自横刀向天笑、去留肝胆両崑崙（首が打たれるとき私は天を仰いで高笑いする。逃げた同士も残った同士も、皆が崑崙山のごとき英雄である）」は、唐才常が指導する自立軍運動が起こる契機となった。また、興中会、華興会、光復会、同盟会などのブルジョア革命派の集団もますます力を強めるとともに、孫文、黄興、章太炎らを代表とする革命派と、康有為、梁啓超、張之洞（早期洋務派の代表的人物）らを代表とする立憲君主派は、思想面における衝突と闘争を繰り広げた。最終的には、孫文が指導する辛亥革命が、見せかけだけの立憲君主を粉砕しただけでなく、2000年以上続いた封建専制制度に幕を引かせたのである。

ブルジョア革命派は、革命の準備期も勝利後も教育活動を積極的に展開し、豊かな教育思想を形作った。中国教育の近代化過程は、最終的にブルジョア革命派の手によって完成されたのである。

1. 革命派教育思想による両面攻撃

革命派は誕生したその日から、封建専制主義の教育思想と改良派の教育思想から挟撃される憂き目に遭い、二刀を持って反動勢力と保守勢力の教育思想に立ち向かわなければならなくなった。

戊戌変法運動を弾圧した後、清朝政府は政治面でさらに反動的になり、教育面においては「忠君」、「尊孔」を明確に趣旨と定め、三綱五常の教育を強化した。一方、この時期、改良派も反動的色彩を強め、尊孔読経を提唱するようになった。康有為は、1906年に発表した「フランス大革命記」の中で、「孔子の教えは文明と完全に整合的であり、すべてに深く通暁している。太平が持続した時期に自由が謳歌できる」と記している。彼は自ら孔教会会長に就任し、中国社会の「教化の衰退、紀綱の緩み、道徳の衰え」を嘆きながら、儒教こそが中国における「国家の魂」で、封建的な三綱五常こそが「国粋」なのだと主張

第3章　近代中国の維新教育思想

した。

　これに対し、革命派は容赦のない批判を展開した。孫文は、「士人が髪を束ねる年になって書を読み始めてから、その学んだものは"四書"、"五経"とそこに付された注釈の文字にほかならない。しかも服従の義に合しない部分は勝手に削除され、または解説が歪められ、盲従する性質を育てた」[*51] と述べ、封建教育問題の本質を指摘した。このような教育環境下で養成された「普通の士人」のほとんどが、学んだ「知識」を正しく応用して「大事」を成すことができず、学問をする主たる目的を「権利」、つまり「高官になる」ことに置いている。その結果、学問は「国と民に害を及ぼす」手段や道具となってしまっている。彼は、封建的な教育制度は二種類の人間、すなわち、上に対して阿諛迎合して、ただ盲目に服従する者と、下に対して民の権利を侵害し、悪人を助けて悪事に手を染める者しか養成できないとした。学問をする最大の目的は、仕官してそこから利権漁りをするためであり、国や民にとっては無益であるどころか、国家と人民に災いをもたらす根源になっていると述べた。

　章太炎は、豊かな国学的知識を以て、儒家による学説の緻命的な弱点を理論の根本的部分から指摘した。彼は、孫文の観点に共鳴しつつ、「儒家の病は、富貴利禄を目指したところにある」[*52] と述べるとともに、その現実から遊離した言説を批判した。「中国の学説は、その病の多くは要領を得ないことにある。春秋以前は学説がまだ興起せず、漢武帝以降は孔子のみを尊ぶよう定められ、高説を述べようとしても孔子の学説に矛盾しないことが根本とされた。そのため、強引に援用し、無理やりこじつけ、体裁を整えようとすればするほどその本質が失われ、こじつければこじつけるほどその解説に背く。故に中国の学問の過ちは、まとまりがないことにあるのではなく、要領を得ないことにある。宋代以降は理学が興起し、国がよく治まっていた時代には、孔子より朱子の説のほうが重用された。一方、陽明学が朱子学に対抗し登場したが、その説は致良知であり、『朱子晩年定論』で述べられている。孫奇逢らは朱子学と陽明学の統合をはかったが、結局それぞれの学問の本質が失われてしまった」[*53]。

---

*51　孫中山「倫敦遭難記」『孫中山全集(第一巻)』中華書局　1981 年、51 頁。

*52　章太炎『諸子学略説』『国粋学報』第 20 期、第 21 期。

*53　章太炎『諸子学説略』『国粋学報』第 20 期、第 21 期。

章太炎は孔子を代表とする儒家の学説を批判したが、その最大の問題は「要領を得ない」こと、つまり無理にこじつけ、現実に合わず、虚妄で実質が伴っていないことだと述べた。

　封建的教育の打倒を目指す闘争の中で、「革命軍中、馬前の卒」と称された鄒容が有名な本、『革命軍』を出版した。反封建を基調としたその著作は100万冊以上も売れた。鄒容は本の中で、「革命教育」の「三義」、すなわち満州族による暗黒の支配を打倒すること、天から賦与された自由平等な人権を回復すること、政治・法律の観念を育てることを打ち出しただけでなく、封建的教育を徹底的に酷評し非難した。彼は、「中国のいわゆる二十四の王朝史は、実は奴隷の歴史であった」とし、封建的教育の試験制度は「八股試帖、楷法に縛られ、いつまでも経世の学を学ぶ時間を与えようとしない」、そして「童試、郷試、会試、殿試（殿試は時には席がなく、人を牛や馬のように扱った）に人を辱め、乞食のような惨めな思いにさせる。それは世の中にこれ程の辱めがあるのかと思わせるほどである」、たとえ「科挙試験に合格して役人になるや、俸禄をはむことばかりに執心し、個人の利益に夢中になり、正義のためには死を恐れないというような気風が生まれない」、そして「学舎の教令に縛られたために、静かで愚鈍な人材ばかり生まれ、政治を議論しそれを公にしようとする行動ができない」、「権威や権力にこび、びくついている人間ばかりである」と述べた。その結果、教育を受けた者は「名は士人だが、実は死人と変わらない」。漢学者は美辞麗句ばかりを引用し、訓詁注解をする六経の奴隷となっている。宋学者は豚の頭脳と変わらず、太極、無極、性功といった理をふりかざし大いに弁舌をふるいながら、死んだ後に名を残そうとしている。名士という者は「一団の和気、二等の才気、三斤の酒量、四季の衣服、五音の音律、六品の官階、七言の詩句、八面の応対、九流の理解、十分の交際能力を以て、うまく立ち回りながらあらゆる悪事をする」。結果、「今日の中国は、実は教育のない中国である」と彼は指摘した。

　革命派が暴力による清朝打倒を主張するに至ると、改良派は「ああ、共和共和、われ汝と永別せん」[54]と嘆きつつ、かつて持っていた先進的思想と別れを告げることとなった。一方、革命派は改良派の教育救国の理論に対し、痛烈

＊54　梁啓超「開明専制論」。

な批判を行った。章太炎は、康有為、梁啓超、厳復らの教育によって民智を開くという教育救国論に反対し、「人々の知恵は競争の結果生まれるものである。今日の民智は、他事によって開く必要がない。ただ革命によって開くのである」[*55] と主張した。彼の革命への渇望は心酔と言えるほどのもので、「公理が明らかではないものは、革命で明らかにする。旧俗が残っているものは、革命で取り除く」、「革命はトリカブトのような劇薬ではなく、補瀉を兼ね備えた良薬なり」[*56] と情熱を持って叫んだ。

孫文も「改造中国之第一歩（中国を改造する第一歩）」の中で、革命を中国の問題を解決するための絶対条件とした。彼は、「教育はむろん中国を改造するための条件であるが、最優先の課題ではない。最優先されるべきは……革命である」[*57] と述べている。1905 年に孫文と厳復は、ロンドンで革命と教育の議論を行ったことがある。厳復は、「中国の人民は品性が劣り、知恵は低い。改革を行い、甲の悪習を取り除いたとしても、乙の体からまた同じ悪習を見るだろう。そして、丙の陋習を消したとしても、丁の体からまたそれが現れるだろう。すぐ対応すべきは、教育による対策であって、教育によってこうした状況を徐々に改善することができる」として、依然として教育救国論を主張した。一方、孫文は厳復の考えには同調せず、「人の一生は短く、黄河の水がすべてきれいになるまで寿命は持たない。あなたは思想家であって、小生は実践者である」[*58] と反論した。孫文は、教育で民智を開き、それにより国を救うのはあまりに長い時間を要するとし、革命により国の根本を変えれば本当の教育発展も実現できると考えたのである。

2. 革命派の新教育趣旨

1911 年の辛亥革命後、蔡元培は孫文の招きで臨時政府の仕事に参加し、1912 年には教育総長に任命された。教育総長の任にあった半年間、蔡元培は封建的旧教育の改革を指導し、中国におけるブルジョア的新教育体制の構築に尽力した。

＊55　章太炎「駁康有為論革命書」『太炎文録初編』上海書店 1992 年、218 頁。
＊56　章太炎「駁康有為論革命書」『太炎文録初編』上海書店 1992 年、217 頁。
＊57　孫中山「不知亦能行」『心理建設』。
＊58　厳復「侯官厳先生年譜」『厳復集』（第五冊）、中華書局 1987 年、1550 頁。

1912年2月、蔡元培は『教育雑誌』に「新教育意見」と題する論文を発表していたが、4月にはその論文に手を加えた後、「教育方針に対する意見」という題名で『東方雑誌』に発表した。これは、彼が教育改革のために行った理論的準備であり、新たな教育体制構築に向けた宣言文でもある。7月の全国教育会議では「全国臨時教育会議開会詞」という報告を行い、新教育趣旨に関する基本的観点について次のような説明を行った。

> 君主時代の教育方針は、教育を受ける側の立場から考えずに、個人または一部の人たちの主義を用いて、一つの方法を利用して、教育を受ける者を他の主義に合わせる。国民教育方針は、教育を受ける側の立場から考えるべきであり、自分がいかなる能力を有して初めて、それに見合う責任を全うすることができる。

つまり、新教育の趣旨は、教育を受ける者の立場から出発してこそ、ブルジョア階級における個性の解放と自由発展の欲求を満たすことができるということである。いわゆる教育を受ける者の立場から出発するとは、彼らの健全な人格を育てることであり、そのためには軍国民教育、実利主義教育、公民道徳教育、世界観教育、美育教育の5項目が必要となるが、この5項目の教育で、清代末に流布していた趣旨「忠君、尊孔、尚公、尚武、尚実」に取って代わられるべきだ、と蔡元培は主張したのである。

軍国民教育とは、清代末に外国から入った教育思潮で、軍事訓練と体育に重点を置いた教育を指す。蔡元培は、軍国民教育は「社会主義とは相反しており、諸外国ではすでに廃止される方向にあり」、必ずしも理想の教育とは言えないが、対外防衛ならびに国内における軍人の強権政治に対抗するために、「現時点で採用するのはやむを得ない」と考えた。さもなければ、「強い隣国の圧力の下、自衛が急がれる」状況の下で、「長年失われた国権は、武力に頼らなければ回復は難しい」[59]。さらに、「武力革命以後は、一時軍人による執政の時期がないとは言えない。挙国皆兵という制度を採らないと、軍人社会を特別階級としてしまい、その勢力を平均することができないだろう」[60]と述べている。

---

*59　蔡元培「対於教育方針之意見(教育方針に対する意見)」陣学恂『中国近代教育文選』、322頁。

*60　蔡元培「対於教育方針之意見(教育方針に対する意見)」陣学恂『中国近代教育文選』、322頁。

第3章　近代中国の維新教育思想

　軍国民教育と体育は密接に関係しており、さらには合わせて軌を一にするものである。なぜなら、「体育を提唱して国民の体が強くなって」初めて、「武器を取って国を守る」ことができるからである。蔡元培は、「どうすれば現代に相応しい学生になれるのか」という文の中で、「まず健康な肉体があって初めて、健全なる思想が宿り、大事がなされるのである。これは誰もが認める事実であり、学生の体力増進は今日の教育で最も重視すべき点である」とし、人間の発達における体育の意義を強調した。すなわち、学生に体育訓練を行い、「獅子のような体力」を持たせてこそ、彼らは思想を利用して大事をなすことができ、「次代の担い手、国の礎」[61]になれる、と蔡元培は考えたのである。

　実利主義教育とは、「人々の生計を得る術を普通教育の中心に据えよう」[62]とした智育である。蔡元培は、実利主義教育は米国で生まれたのであるが、貧困と弱体化が進行した中国でもその重要性は変わらないとし、「我が国は資源に乏しく、実業界は未熟な発展段階にあり、失業者は巷にあふれ、国はあまりに貧しい。実利主義の教育を普及させることは急務である」[63]と述べた。そして、学生に実務を学ばせ技能を身につけさせるとともに、生計に直接関係する文化・科学的知識を教授すべきことを主張した。例えば、一般課程には、栽培、料理、裁縫、金属加工、大工、土木などの実務も含むとした。そして、こうした教育システムは、国力を増大させ、人々の生活を豊かにし、世界の競争に負けない国を作り上げると主張した。

　公民道徳教育は略して徳育というが、蔡元培はこれを五育の中心に据えた。軍国民教育と実利主義教育はもちろん重要で、時代を救うために必要であるが、もし両者による富国強兵の機能ばかりを重視すると、やがては様々な社会問題が発生すると彼は指摘した。「兵が強くなっても、私闘や侵略のために使われるようになるのでは困る。国が豊かになっても、知識のある者が愚かな者を侮り、強い者が弱い者をいじめ、貧富の格差が拡大し、資本家と労働者の間で、

＊61　高平叔『蔡元培教育論集』湖南省教育出版社 1987 年、477〜478 頁。

＊62　蔡元培「対於教育方針之意見（教育方針に対する意見）」陣学恂『中国近代教育文選』、
　　　322 頁。

＊63　蔡元培「対於教育方針之意見（教育方針に対する意見）」陣学恂『中国近代教育文選』、
　　　322 頁。

血で血を洗うような争いが発生したら大変だ」[*64]。そのため、蔡元培は「公民
道徳を教える」ことが、こうした困難に打ち勝つ術と考えたのである。

蔡元培が言う公民道徳の具体的な内容とは、ブルジョア階級の自由、平等、
博愛の三つの観念である。彼は、「公民道徳とは何か？ フランス革命で掲げら
れた評語は、自由、平等、友愛である。道徳の意味はこれに尽きる」[*65]と述べ
た。彼は、これらの道徳観念は封建的道徳の倫理や三綱五常と相反するもので
あるが、中国の伝統的な道徳教育の精神とは矛盾しないものと考えた。例えば、
孔子の言う「匹夫も志を奪うべからざるなり」や、孟子の言う「富貴も淫する
能はず、貧賤も移す能はず、威武も屈する能はず」という大丈夫の精神は、蔡
元培からすれば「自由」の精神について述べているにほかならない。また、孔
子の言う「己の欲せざる所は人に施すことなかれ」や「礼記・大学」で言う
「前に悪む所をもって後ろに先立つなかれ。後ろに悪む所をもって前に従うな
かれ。右に悪む所をもって左に交わるなかれ、左に悪む所もって右に交わるな
かれ」を、蔡元培は「平等」の精神について述べていると考えた。そして孟子
の言う「鰥寡孤独、此の四者は天下の窮民にして告ぐる無き者なり」や、張載
の言う「凡そ天下の疲癃残疾、惸獨鰥寡は、皆吾が兄弟の顛連して告ぐる無
き者なり」については、蔡元培は「友愛」の精神に関する記述と考えた。彼は、
古代の義、恕、仁に新たな意味を付与し、人々がブルジョア階級の道徳概念を
理解しやすく、自らのものとしやすいようにしたのである。

世界観教育と称するものについて、蔡元培は次のように説明する。世界観教
育とは哲理の教育であり、人々の科学的世界観を育て、遠大なる視野と深い洞
察を持てるようになることを目標とする。「控えめな目標としては、現象世界
に対する嫌悪感や執着心を消すことである。より積極的な目標としては、実体
世界を深く愛慕し、徐々に悟りの世界に至ることである。思想の自由と言論の
自由の原則に従い、一流派の哲学や一宗門の教義に心を囚われることなく、た
だ常に実体がなく終始のない世界観を身に付けることを目標とする。このよう
な教育をどのように定義すべきか分からないので、とりあえず世界観教育と名

---

*64　蔡元培「対於教育方針之意見（教育方針に対する意見）」陣学恂『中国近代教育文選』、
　　322〜323頁。
*65　蔡元培「対於教育方針之意見（教育方針に対する意見）」陣学恂『中国近代教育文選』、
　　322〜323頁。

第3章　近代中国の維新教育思想

付ける」[*66] と彼は説明した。

　世界観教育は、中国近代教育思想史上において、蔡元培が最初に打ち出したが、それはカントの哲学の教育への応用であった。彼は、世界を現象世界と実体世界に分け、その違いについて次のように述べた。現象世界は相対的なもので、因果律の制約を受け、時間と空間から自由になることはできず、経験できるもので、現世における幸福の実現を目標とする。一方、実体世界は、絶対的なもので、因果律の制約を受けず、時間や空間から自由になり、経験を離れて完全に直感に従い、現世の幸福から超越することを目標とする。そのため、教育の根本的な役割は、現象世界と実体世界をつなぐことであり、「現象世界に身を置きながらも、実体世界とも関わりを持つ」[*67] ことである。つまり、物質生活と現世の幸福に溺れぬように人々を教育し、実体世界の高みに登り現象世界の価値判断をすることによって、思想や意志が自由で、すべてを包容する「理想の王国」を真に実現することができる。言い換えれば、「私利を求めず、他者と自己とを分け隔てることなく」、他人に幸福をもたらす人材を養成するべきである。

　美育は美感教育とも呼ばれ、「美学の理論を教育に応用し、学生の感情を陶冶することを目標とする」[*68] 教育活動である。美育は蔡元培が特に力を入れていたものであり、近代教育思想史において美感教育の考え方は彼によって始まった。蔡元培が美育に傾注した理由は、美感教育は世界観教育を完成させるための最善の道であり、現象世界から実体世界への懸け橋となり得ると考えたからである。蔡元培が言うように、「世界観教育は日々騒々しく行うものではない。また、世界観教育と現象世界との関係は、言い古された単純な言葉で教えて理解できるものではない。そのために効果的な方法は、美感教育である。美感は、美しさと尊厳を合わせた概念であり、現象世界と実体世界の間に介在し、その懸け橋となる」[*69] のである。美育がこの目的を達成することができる

---

*66　蔡元培「対於教育方針之意見（教育方針に対する意見）」陣学恂『中国近代教育文選』、322〜323頁。

*67　蔡元培「対於教育方針之意見（教育方針に対する意見）」陣学恂『中国近代教育文選』、324頁。

*68　蔡元培「美育」高平叔『蔡元培教育文選』人民教育出版社 1980年、195頁。

*69　蔡元培「対於教育方針之意見（教育方針に対する意見）」陣学恂『中国近代教育文選』、326頁。

101

のは、人々はいったん美の世界に入ると雑念がなくなり、現象世界に対する「嫌悪感も執着心もなくなり」、造形物と友になる「一体となった美感」を形成するからである。

　1917年、蔡元培は北京神州学会にて「美育を以て宗教に代える」という有名な演説を行い、美育をさらなる境地へと高めた。彼は次のように述べている。宗教は精神上の三つの役割、すなわち知識、意志、感情によって生まれたものである。社会が未開の時代にあったとき、原始社会の人々は自然に対する知識が不十分であったがため、多くの事が理解不可能であった。「そこで宗教家がそうした疑問に対して強引に答えを与えた。例えば、キリスト教は神に根源を求め、インドの古代宗教は梵天にし、中国の神話は盤古にすべての原因を帰した」。そして、宗教は特別な社会的勢力となった。しかし、社会の進歩と科学の発展によって、人々は科学的知識を有するようになると、生活上の様々な問題が解決され、宗教的な知識を必要としなくなった。道徳的法則も、古代の人々は天命や神示に託してきたが、現代社会においては、道徳的慣習は随時変化し、道徳的意思も宗教から自由になった。そのため、宗教に残された唯一の役割、感情の代わりを担うもの、それが美感である。蔡元培は、宗教が称える美しい山河や草花、厳かな塔や聖堂、精美な壁画や塑像、精妙な音楽や歌謡、そのすべてが美術の範疇であると考えた。しかし、宗教がこうした美術の役割を道具とし、人々の感情を刺激し、思考を束縛しようとしてきたため、歴史の進化に伴い、美術も宗教から離脱しようとする動きが出てきた。彼は、「感情を刺激する宗教の弊害を戒めとし、感情を陶冶する部分のみを重視するには、美術を宗教から分離させ、純粋に美育にした方が良い。純粋な美育であれば、我々の感情を陶冶し、それによって高尚で純潔な習慣を身につけ、他者への偏見や人を害し己を利する考えを徐々に捨てることができる」[70]と述べた。

　蔡元培はまた、家庭教育から学校教育や社会教育へと、全面的な美育実践の構想を打ち出した。美育は胎教から始める必要があるため、国は景観の優れた場所に胎教院を設け、妊婦を都会の喧噪と汚れから引き離す。その後、幼児は公共の育嬰院に入るが、院内の設備は優雅さを備え、大人たちの言葉や動作

---

[70]　蔡元培「以美育代宗教説（美育を以て宗教に代える説）」陣学恂『中国近代教育文選』、338〜339頁。

は美の要求に応える必要がある。そして、幼児は3歳で幼稚園に入り、舞踊、歌謡、図工、図画などの教育を受ける。学校教育では音楽、美術などの美育課程を置くだけでなく、各科目の授業に美育の内容を含ませるようにするとともに、演奏会や展覧会、各種特別講演会を開いて美育を実施する。社会的取り組みとしては、美術館、劇場、映画館、博物館、動物園など美育に関する機関を設けるとともに、建築物、公園、道路、古跡なども美育の推進に利用すべきとした。

　蔡元培は、新教育趣旨におけるこの五育は有機的な統一された総体であるとした。心的活動の視点から見れば、軍国民主義は意志、実利主義は知識、美育は情感であり、徳育は意志と情感を含み、世界観はこの三者を一つにまとめるものである。蔡元培は人体の諸機能の役割を例え、五育はどれも疎かにできないと述べた。「人の身体に例えると、軍国民主義は筋骨で、自衛の役割をする。実利主義は胃腸で、栄養吸収の役割を果たす。徳育は呼吸器と循環器で、身にくまなく回る。美育は神経系で、伝達の役割をする。世界観は心理作用で、神経系に関わりを持つが、実体のないものである。これがすなわち五者のどれも疎かにできない理由である」[*71]。実際の教育において、この五育は密接につながると彼は述べる。例えば、歴史と地理は実利主義教育に属するが、「歴史の英雄、地理の複雑さや戦績を理解する」ことは軍国民教育に属する。そして、「芸術家や芸術の成り立ちを記し、各地の景観と美術品について記録する」ことは美育に属するが、「聖人や賢人を記し、その地の風俗を論述する」ことは徳育に属する。また、「歴史は時間的制約下に存在するが、過去と未来を行き来することができる。地理は空間的制約下で成立するが、無限大の世界に拡張することができる。また、烈士、哲人、宗教家の物語や遺跡」は、「すべての人々の世界観を作り上げる道標となり得る」[*72]とし、五育が背後では密接につながっていることを強調するとともに、一つの教育課程が複数の教育的役割を有することは客観的に見ても正しいことだとした。その一方で、教育全体で見た場合、軍国民主義教育は10％、実利主義教育は40％、徳育は20％、美育

＊71　蔡元培「対於教育方針之意見（教育方針に対する意見）」陣学恂『中国近代教育文選』、327頁。
＊72　蔡元培「対於教育方針之意見（教育方針に対する意見）」陣学恂『中国近代教育文選』、327頁。

は 25％、世界観教育は 5％を占めるようにすべきであると主張したが、この点はあまりに形式的であろう。

3. 革命派の高等教育観

　中国で最初に設立された大学は、厳密に言うと北京大学であるが、名実ともに近代的高等教育機関として整えられたのは、1917 年 1 月 4 日に蔡元培が校長に就任してからである。中国の近現代教育思想史において革命派に属する蔡元培は、高等教育の実践の場に長い間身を置き、高等教育理論を体系的に展開した最初の思想家であり、その功績において後にも彼の右に出る者はいない。

　革命派の高等教育観は、まず高等教育の本質に対する理解が特徴的であった。蔡元培は北京大学学長の就任演説で、「大学は学問を研究する機関である」[73]と明確に定義しつつ、学生に「学問の探究に努め」、「学術研究を天職とし、大学を出世して金をもうけるための階段にしてはならない」と述べた。これは、名誉や利益の追求を目的とした過去の学校運営の指導体系を根本的に変え、官位に就くために学問をしてきた数千年の慣習をひっくり返すものであり、大学教育と科学研究をともに発展させることを高等教育の目標とした。蔡元培は、大学の教師は学生に知識を教え込むだけでなく、自らが研究に深い関心を持ち、学生に学問への興味を喚起させるようにしなければならないとした。一方、大学生は講義を丸暗記するのではなく、教師の指導の下で自由に学問を研究しなければならないとした。そのため蔡元培は、大学内に研究所を併設すべきとしながら、それは教師や卒業生、高学年生に三つの良い点があると述べた。その一つとして、「大学に研究所がないと、教員は講義内容を板書するばかりで向上心を失う。科学に関わる研究、資料の収集、機器や参考図書の整備は個人の力ではできない。もし大学にそうした備えがなければ、1、2 名の優秀な教員以外は古いしきたりを固守し、学問の探究を怠り、または複数の大学を兼務するようになり、週 30 時間も授業を担当する教員も出るようになる。学生の模範となるべき教員がこの様では、学風がどうなるかは言うに及ばずである」。第 2 として、「研究所を設立すれば、学問を探究する志がある卒業生は、母校

＊73　蔡元培「就任北京大学校長之演説（北京大学校長就任演説）」陣学恂『中国近代教育文選』、333 頁。

に残るか他の学校に移るかという選択肢を持ち、専攻を発展させることができる。優秀な成績を収め、好運にも重要な研究課題を見出し、それが外国の大学の研究所で検証が必要になった場合には、短期間の留学を許す。そうした過程をとることで、成果は顕著に現れ、経費も少なくて済む一方で、4000年の文化を自負する中国も、外国依存を少しは減らせるだろう」。第3として、「研究所を設置した後、高学年生の中で学問に強い興味を持つ一方で学位取得といった名誉に関心の小さな学生に対しては、研究所の指導教官が厳しい試験を前提とはするが研究所への採用の道を開く。これも学生たちを励ます一つの方法である」[74]。1917年末、北京大学には文、理、法からなる三つの研究所が設置されたが、これは中国の大学が初めて作った研究所である。

　蔡元培は学校運営の原則については、「思想の自由」と「兼容併包（諸説を受け入れる）」方針を打ち出した。「北京大学月刊発刊詞」の中で、彼は「大学とは、権威のある著作を数多く有し、様々な学説を網羅する学府である」と定義し、これは『中庸』の「万物並び育して相い害わず、道並び行われて相い悖らず」という考えに合致するとした。「思想の自由」と「兼容併包」による学校運営の原則は、主に各々の学説への対応と教師たちに対する指導方法の面で表れた。学説に関しては、蔡元培は自由な討論を主張し、学派にとらわれた偏見に反対し、「自分の学説で他人を縛ろうとしてはならない。また、他人の学説に縛られてはならない」[75]と述べた。彼は、「学説については、世界の各大学の通例に倣って、"思想の自由"の原則に従うとともに、"兼容併包"の考えを採る……いかなる学派であろうと、発言が理にかない、見解や主張にも根拠があり、まだ自然淘汰の運命に至っていないものであれば、互いに対立するものであっても、その自由な発展にまかせる」[76]と述べた。彼は、学術の自由は大学が「大」なるが所以であるとした。一方、教師に対しては、学識を重んじ、その活動に干渉しない主義を取った。彼は、「教員については、学識を重視する。学内の講義は、第一種の主張に反しないことだけを条件とする。学外での

---

[74]　蔡元培「論大学応設各科研究所之理由」高平叔『蔡元培教育文選』、230～231頁。

[75]　蔡元培「在南開学校（敬業励学演説三会）聯合講演会上的演説詞」『敬業学報』1917年第6期。

[76]　蔡元培「致『公言報』函並答林琴南函（『公言報』に呈し、林琴南に答える書簡）」『蔡元培全集（第三巻）』中華書局1984年、271頁。

中国教育史　近現代篇

言動は自由とし、本校は干渉せず、またその責任も負わない」[77] とした。人材は大学の命脈で、もしすべてにおいて咎めると、「学校は成り立たなくなる」[78] と彼は考えたのである。

蔡元培が「思想の自由」と「兼容併包」による運営方針を堅持したので、北京大学は当時多くの学術的エリートを集めたが、中には李大釗、陳独秀、魯迅、胡適、銭玄同、劉半農、沈尹黙、楊懐中など進歩的思想を持つ著名人や、黄侃、劉師培、黄節、陣介石、陣漢章など中国固有の伝統的学問に通じるが思想は保守的さらには反動的な学者も含まれた。また、文科系や法科系には、馬叙倫、陣垣、馬裕藻、朱希祖、馬寅初、陶孟和、周覧、陣啓修ら、理科系には、李四光、顔任光、何杰、翁文灝、鐘観光、李書華、夏元ら国内外で有名な教授たちがいた。

この他にも、学科の設置においては、文系と理系の交流、「科」（学科）を廃止し「系」（学系）の設置を主張し、教育制度においては選科制を提唱し、行政管理においては教授たちによる学校運営という考えを主張した。こうした教育思想は画期的であり、開拓者的意義を持つ。

4、維新教育思想の全体像

中国近代の維新教育思想、すなわちブルジョア教育思想は、その誕生から発展まで三つの歴史的段階を経た。まず早期改良派の時代は、近代ブルジョア教育思想の萌芽段階で、王韜、馬建忠、薛福成、鄭観応、陣熾らが代表的人物である。次にブルジョア改良派の時代は、近代ブルジョア教育思想の形成段階で、康有為、梁啓超、厳復らが代表的人物である。そしてブルジョア革命派の時代は、近代ブルジョア教育思想の発展段階で、孫文、章太炎、蔡元培らが代表的人物である。それぞれの歴史的段階において、ブルジョア教育思想は異なる社会的矛盾に直面し、各々違った歴史的特徴を持っていたが、「維新」という考えでは一致していた。すなわち、ブルジョア的思想によって形作られた新たな

＊77　蔡元培「致『公言報』函並答林琴南函（『公言報』に呈し、林琴南に答える書簡）」『蔡元培全集（第三巻）』中華書局 1984 年、271 頁。

＊78　蔡元培「致『公言報』函並答林琴南函（『公言報』に呈し、林琴南に答える書簡）」『蔡元培全集（第三巻）』中華書局 1984 年、271 頁。

第 3 章　近代中国の維新教育思想

教育制度を中国に築き上げることであった。

1）維新教育思想は、封建的教育制度を真っ向から否定するとともに、洋務教育思想の「中学を体と為し、西学を用と為す」という限界を超え、根本から教育制度の改革を進めていった。

　もし洋務教育思想は封建的教育にほんの少し西学的教育課程を取り込んだだけ、よく見積もっても西側の教育組織を形だけ取り入れただけのものとするならば、維新派はこうした状況を不満とした。早期改良派は、封建的教育制度の根本的な問題点を見破り、学校制度を広めるためにはまず科挙を廃止する必要があると主張した。一方、ブルジョア改良派は、民権平等論を武器に、封建的教育の階級史観と教育の不平等現象を鋭く批判するとともに、「開民智」、「鼓民力」、「新民徳」を教育の新しいスローガンとした。そしてブルジョア革命派は、封建的教育の「忠君」、「尊孔」の趣旨を完全に否定するとともに、封建的教育の本質を理論的に糾弾することで、その制度に引導を渡した。清朝政府が仕方なく公布した「癸卯学制」は、依然として半封建的、半植民地的性質を持つとすれば、辛亥革命期に臨時教育会議が発布した「壬子癸丑学制」は封建的教育の残余を一掃した。教育における男女不平等の廃止、小中学校における儒家経典学習の廃止、大学の経学科の廃止、そして修業年限の短縮、自然科学と実業教育の強化など、すべてが教育史上重要な前進であった。封建教育はその趣旨から内容、形式に至るまで完全に瓦解したのである。長い歴史の中で影響を及ぼしてきた封建的教育思想はまだ何らかの形で世の中に残ってはいたが、もはや往時の面影はなかった。

2）維新教育思想は理想の教育ビジョンを積極的に描き、封建的教育制度の墓標を立てると同時に、真の意味でのブルジョアによる教育思想体系と教育制度を形成し、国の近代化プロセスを加速させた。

　もし洋務教育思想が西洋教育を学ぶにあたって受動的かつ非自発的であり、常に「体」と「用」の限界の中にとどまっていたとすれば、維新教育思想は主動的かつ自覚的な性質を持つ。早期改良派とブルジョア改良派は、西洋の教育思想と教育制度に対し、ある程度の距離を保ってはいたが、基本的には羨望の目を向けていた。何啓、胡礼垣、鄭観応から、康有為、梁啓超、厳復に至るま

で、誰もが理想の教育制度を夢見て、魅惑的な教育ビジョンを描いた。しかし精査して見ると、それらの原型となるものは、そのほとんどが西洋や日本の教育制度を模倣したものであるか、若干中国的なものを加えただけに終わっていた。

維新教育思想は、ブルジョアによる新教育体制が形成される過程で土台の基礎工事と建築家作業の両方を進めた。ブルジョアの新教育体制は、維新派数世代にわたる教育家の努力の下で作り上げられたのである。彼らは新教育制度の理論を人々に知らしめるため奔走しただけでなく、自らの情熱と命さえも捧げた。1902年、初の教育学会である中国教育会が上海に設立され、1912年にはブルジョアが管理する教育初の最高行政機構、中華民国南京臨時政府教育部が設立された。同年、蔡元培が策定した中国初のブルジョアによる新教育趣旨が誕生し、ブルジョアによる初の学校システム「壬子癸丑学制」が発布された。半世紀にわたる戦いを経て、ついにブルジョアの教育制度は封建的制度に取って代わり、中国の教育は新たな発展段階へと入った。

3）**維新教育思想はブルジョアの旗下で、早期改良派、改良派、革命派によって推し進められた複雑な思想体系であり、絶えず超越と発展を繰り返したが、どうしても克服することができない問題も内包していた。**

維新教育思想は萌芽期、形成期、発展期といった三つの段階を経ており、洋務教育思想のような上っ面の改革には満足せず、中国教育の根本からの再建を図ったが、それぞれの段階の教育改革における理論的力強さは異なる。早期改良派は洋務派から分化したため、封建的旧学に対する名残惜しさと妥協を見せた。一方、康有為、梁啓超ら改良派は、教育による救国や西側に学ぶ必要性を主張しながらも、旧学や科挙自体は完全に否定しなかった。その脆弱な思想は、徐々に彼らを保守、落後から反動へと走らせ、最終的には「尊孔読経」といった封建的制度自体そのものへと後退させた。そして、革命派は辛亥革命成功後には次第に勢いを失い、「教育による救国」や「教育の独立」を主張しながらも、西側資本主義の教育制度を形式的に取り入れることばかりを重視し、心理面での改造はないがしろにし、西側のものを丸呑みにするなどした。このように、維新教育思想には限界があったが、その思想の発展は時代の潮流を反映したものであり、特定の歴史において時代の進歩を促す役割を果たした。例えば、

社会における教育の役割や地位に対する認識は、過去の諸流派や同時代の思想家たちより高いものである。維新教育思想家たちは海外視察を行ったり、西洋の書籍に数多く触れたり、西洋人や宣教師たちと親密な交流があったため、西洋の強みを誰よりもよく知っていた。だからこそ、彼らは教育を「鼓民力」、「開民智」、「新民徳」の面で強化しようと努めたのである。当時の社会条件下においては、マルクス主義の思想がまだ伝わって来ていなかったため、維新思想の主張はその時代の彼らなりの覚悟と国を憂うる気持ちが表れたものであった。

第4章
現代中国の個性重視の教育思想

　辛亥革命は袁世凱が政権を横取りしたことで挫折し、一時、帝政派の復権が噂され、復古的な「尊孔読経」に逆戻りするかのような状況となった。こうした中、日本の帝国主義は、第1次世界大戦中に西欧列強が東に注意を向ける余裕がない機会を利用し、再び侵略の手を中国に伸ばした。一部の先進的な知識人は再び暗中模索で国と国民を救う方法を捜したが、彼らは洋務派やブルジョア革命派の思想を乗り越え、国民の精神文化的素養を高めることによって中国の活路を見出そうとした。雑誌『新青年』が起こした思想解放運動は1919年の五四運動と合流し、壮大な五四新文化運動へと発展していった。

　五四運動の先駆者たちは個性重視の旗を掲げ、封建主義や伝統文化を批判し、民主主義や科学、文学革命の必要性を叫びながら、中国学術界に旋風を巻き起こした。「個性主義」と「個性の発展」を前面に掲げた個性重視の教育も教育界の基本的観点となった。こうして1920年代まで、多くの教育家たちが個性重視の教育を主張するようになったのである。

1、新文化運動と個性の解放

　1915年9月、社会が重苦しい空気に包まれていた中国に新しいスターが表れた。陳独秀が上海で『青年雑誌』を創刊したのである。創刊号において彼は「青年に告ぐ」と題し、次のように書いた。

> 　青年は早春の如く、朝日の如く、芽吹く草々の如く、研ぎ出した刃物の如く、人生において最も貴重な時期にある。社会にとって青年は、人体において新鮮で活発な細胞の如きものである。新陳代謝の如く、老い朽ち果てるものはやがて自然淘汰の途を辿り、新鮮活発なるものに空間的位置や時間的生命を譲ることになる。

111

中国教育史　近現代篇

　彼は、新陳代謝は社会発展の普遍的な法則であり、人の健康や社会の隆盛における根本的原因であると考えた。そのため、「奴隷的ではなく自主的であれ、保守的ではなく進歩的であれ、隠遁的ではなく進取的であれ、鎖国的ではなく世界的であれ、虚飾的ではなく実利的であれ、空想的ではなく科学的であれ」[1] と青年たちに呼びかけた。この段階ではまだ個性について明確に主張したわけではないが、すでに民主と科学の問題には触れている。

　1916 年夏、李大釗が日本から帰国したときは、ちょうど『青年雑誌』が『新青年』に改名した頃であった。彼は『新青年』の編集に参加し、新文化運動に積極的に身を投じた。李大釗は、「青春」という有名な文章の中で、「過去の歴史の網を突き破り、陳腐な学説の牢獄を破壊しよう」と青年たちに封建的な礼儀と道徳の束縛から解放されるよう喚起した。そして世界の文明と人類の幸福のために、「青春の我を以て、青春の家庭を、青春の国家を、青春の民族を、青春の人類を、青春の地球を、青春の宇宙を創造することに自分の生涯を捧げよう」[2] と呼びかけた。実際のところ、陳独秀と李大釗の青年への呼びかけは、全国民への呼びかけでもあった。

　時代に逆行する「尊孔読経」の勢力に対し、『新青年』はひるまず立ち向かった。陳独秀は、「儒家の三綱の説は、一切の道徳政治の根本とされてきた。君は臣の綱となり、すなわち民は君の付属物となり、自主独立した人格がない。父は子の綱となり、すなわち子は父の付属物となり、自主独立した人格がない。夫は妻の綱となり、すなわち妻は夫の付属物となり、自主独立した人格がない。こうして天下のすべての男女は臣となり、子となり、妻となり、自主独立した人間はこの世に一人としていない。これが三綱の説であり、この結果生まれた道徳的世界を忠、孝、節と呼び金科玉条としてきた。これらは自らの心に問うて他人に及ぼす主体的道徳ではなく、自己を他人に従属させる隷属的道徳である」[3] と儒家の三綱五常を糾弾した。一方、李大釗も「孔子と憲法」、「自然の倫理観と孔子」などの中で、孔子を代表とする封建主義の旧思想、旧道徳、旧教育を非難した。彼は、「専制政治の魂」の象徴である孔子を神として国民

───────────

*1　『青年雑誌』第 1 巻第 1 号。
*2　『新青年』第 2 巻第 1 号。
*3　『青年雑誌』第 1 巻第 5 号。

に崇めさせ、「国民教育における修身の根本」とすれば、人の個性は抑圧され、人の能力は萎縮させられ、生存競争の中で自然淘汰され、ついには「早晩消滅することは必至である」[*4]と指摘した。新文学運動の旗手である魯迅も、『新青年』に処女作「狂人日記」を発表し、封建的礼儀と道徳が人を食らい飲み込むという本質を暴露するとともに、数千年にわたる封建社会の歴史は食人の歴史であり、封建社会の人間関係は食うか食われるかの関係だと指摘した。彼は小説の中の「狂人」の口を借りて次のように述べた。

　　歴史を紐解いて見ると、その歴史には年代が記されておらず、どのページも歪んで見えて「仁義道徳」という文字ばかりが書かれていた。私はどうにも眠れず、一晩中目を皿のようにして見ていると、文字の間からようやく別の文字を確認できた。そこら中に書かれていたのは「食人」の二文字であった！[*5]

ここに新文化運動の提唱者たちは、人の個性を飲み込む封建教育の本質に気付き、「独立自主の人格」を新社会道徳構築における基準とした。

この時期、26歳の胡適も留学先のアメリカから『新青年』に「文学改良芻議」と題する文章を寄稿し、文学改革に向けて八つの主張を掲げた。「①内容のあることを言う。②古人の模倣をしない。③文法にかなう文章を書く。④病人でもないのにうめき声をあげない。⑤陳腐な決まり文句を用いない。⑥典故を用いない。⑦対句を重んじない。⑧俗語俗字の使用を排除しない」。一見ありきたりに見えるこの八つの提案が、五四運動期における白話文運動の始まりとなった。これは歴史的偶然ではなく、旧文学の形式が人々の精神を束縛するという本質を胡適がよく理解していたこと、そして個性の解放を人々が強く求めていたこととが重なった必然であった。1919年、胡適は白話文運動の成功要因をまとめた「談新詩」の中で次のように語っている。「新しい文学の言語は白話文であり、新しい文学の文体は自由で、形式にとらわれないものである。最初に見たとき、それらは"文の形式"の問題でしかない、重要とは言えないことのように思えるが、実は形式と内容とは深い関係がある。形式上で束縛されては、精神は自由に発展されず、優れた内容も十分に表現できない。新しい

＊4　『甲寅』日刊1917年2月。

＊5　『新青年』第4巻第5号。

113

内容や新しい精神的発露を望むのであれば、まず精神を束縛する足枷を破壊しなければならない」。表面的には文学や白話文の問題に見えるが、実際のところは、個性の解放や精神の自由を望む心中深くにある感情が白話文運動を成功させたのである。

　新文化運動で儒教を打倒するために（打倒孔家店）、陳独秀らは徳先生（民主）と賽先生（科学）の力を借りなければならないとし、「このお二人だけが、政治、道徳、学術、思想におけるすべての闇から中国を救うことができるのである」[6]と主張した。陳独秀は、「西洋式の新しい国家を建設し、西洋式の新しい社会を組織し、時代に即した生存戦略を求めようとするならば、第一に取り組むべきは、西洋式の社会・国家の基礎を輸入することである。いわゆる平等と人権の考えに基づく新しい信仰は、新社会・新国家・新信条と相容れない儒教に対して、断固たる覚悟と勇猛なる決意をもって臨まなければならない。古いものや誤ったものを除去してこそ、新しいものや正しいものを創ることができるのである」[7]と述べた。彼は、西洋の民主と科学の精神を用いてこそ、封建的な旧思想、旧文化、旧道徳を瓦解させることができると考えたのである。ここでいう民主と科学は、平等と人権に基づく新しい信仰であり、迷信や個人崇拝を打破し、人間の平等や独立した人格と自由な思想の境地に至る重要性を主張しているが、結局はすべてが個性の解放につながるものである。

　新文化運動は、個性解放の交響楽を演奏することそのものである。そこでは、教育界は特に重要な楽器、バイオリンを担当している。

　辛亥革命の失敗と中国の立ち後れについて、文化や教育面から反省をするとき、蒋夢麟は、「我が国の文化が先進国と比べると見劣りがする」主な原因は、個性主義が発展しないことにある[8]と鋭く指摘した。一方、羅家倫は、「中国人は政治において奴隷根性があるだけでなく、学問においても強い奴隷根性がある」[9]と述べた。さらに王光祈は、辛亥革命の失敗は国民の素養に原因があるとし、次のように述べた。「"辛亥革命以前、革命家は三民主義を声高く叫ぶ

---

[6]　陳独秀「罪案之答弁書(犯罪の答弁書)」『新青年』第 6 巻 1 号。
[7]　陳独秀「憲法与孔教(憲法と儒教)」『新青年』第 2 巻 3 号。
[8]　蒋夢麟「個性主義と個人主義」『教育雑誌』第 11 巻 2 号。
[9]　「羅家倫答張継(羅家倫が張継に答える)」張允候他『五四時期的社団(五四時期の社団)』(2)三聯書店 1979 年、90 頁。

ことしか知らず、民主主義国家の国民に必要な諸々の作法を身につける訓練を行っていない"、国民はその無知と怠惰な性格によって、積極的に革命に参加しようとせず、傍観する消極的な態度を取った」。したがって、「一つの主義（あるいは制度）を声高く叫ぶばかりではなく、まず一般人を訓練して、自分たちの暮らしにある主義の必要性を感じさせ、自ら立ち上がってそれを勝ち取る習慣を身につけさせないことには、成功するわけがない」[10] と彼は指摘した。惲代英も「民治の教育」の中で、「中華民国は成立したが、教育は昔のままで、人々の頭の中も古い観念のままで、自分が中華民国の主人公であるという意識もなく、自分自身が主宰者であり、自らが自治を行い、民衆のために働かなければならないということを理解していない」、そして「今日の中華民国がめちゃくちゃなのは、多くの民衆が自分の役割を果たさないからである」[11] と指摘した。国民に政治への参加意識があり、自分の民主的権利を行使してこそ、健全な民主主義社会をつくることができるということである。一方、西洋が強大である原因をより深い側面から探った蒋梦麟は、近代西洋の文明国家は個人が結合してできた社会であり、あなた、私、彼といった各個人が合わさって一つの群となっているが、その最も重要な基礎は「強い個人」にある[12]、と指摘した。つまり、個性の解放、個性主義の発達は、西洋が強大である根本的な原因であるとした。文明論の視点から分析すると、洋務運動が西洋文明を物質に帰し、辛亥革命が西洋文明を制度に帰したとすれば、五四運動期は西洋文明を人に、人間性に、個性に帰したのである。中国近代史の展開過程は、西洋文明に対する認識の歴史的展開過程でもあった。

　以上の反省と認識の結果、教育改革が実行され、個性解放の教育が提唱された。蒋梦麟は、「教育は、各人の個性に基づいてそれを発展させ、より高みへと育てていくことである」[13] と明確に述べ、教育を通じて各人の個性を十分に発展させ、人間の価値と能力を高める必要があると主張した。彼は、文化教育の基本的な方法は「個性主義」にあるとした。一方、蔡元培は、新教育と旧

＊10　王光祈「少年中国学会之精神及進行計画（少年中国学会の精神および進行計画）」張允候他『五四時期的社団（五四時期の社団）』(1)、311 頁。

＊11　惲代英「民治的教育（民治の教育）」『惲代英文集（上）』人民出版社 1984 年、581 頁。

＊12　蒋梦麟「個人之価値与教育之関係（個人の価値と教育の関係）」『教育雑誌』第 10 巻 4 期。

＊13　蒋梦麟「個人之価値与教育之関係（個人の価値と教育の関係）」『教育雑誌』第 10 巻 4 期。

教育の根本的な違いは、個性を発展できるかどうかにあるとした。「新教育が旧教育と異なる重要な点は一つだけある。すなわち、教育者は児童を教育するのではなく、児童から教わるという立場にある点である」。新教育は、「数冊の教科書を牢守し、すべての学生にそれを押しつける」詰め込み式教育に反対し、「児童の心身における発達の過程を理解したうえで、適切な方法を用いて助ける」[*14] ことを主張する。要するに、新教育は、既成の方法を固守するより状況に応じた取り組みを重視し、一律を求めるより個性の発展を重視する。こうした個性解放の原則の下で、蔡元培は、北京大学で大胆な教育改革を進めた。学術の自由と「兼容併包（諸説を受け入れる）」、学生による自治組織の設立を奨励し、自ら刊行物を発行することを提唱し、北京大学を新文化運動の中心に育て上げた。「本校の特徴は、誰もが個性主義を有していることにある」と、蔣梦麟が語ったのも自然なことである。

　教育界が提唱する個性解放の教育思想は、政府の教育制度に対しても大きな影響力を持つようになった。1917 年 5 月、新文化運動が力を増す中、憲法審議会は儒教を国教とする提案を否決するとともに、1913 年の憲法草案で定められた「国民教育において孔子の教えを修身の大本と為す」とした条文を破棄した。そして 1919 年 4 月、范源濂、蔡元培、陣宝泉、蔣梦麟ら 19 人による教育調査会は、「健全なる人格を育成し、共和精神を発展させる」ことを教育趣旨として掲げるとともに、いわゆる健全な人格には次の 4 項目が含まれると定めた。すなわち、①私徳を立身の基本とし、公徳を社会や国家に服する際の基本とする。②人生に必要な知識や技能を身につける。③強く健やかなる肉体を持つ。④美しく愛情豊かな感情を持つ。また、いわゆる共和精神には次の 2 項目が含まれるとした。すなわち、①平民主義を発揮し、民治が国家の基本であることを誰もが知るようにする。②公民に自治の習慣を身につけさせ、誰もが国家や社会的責任を負うことができるようにする。この趣旨はその年には採択されなかったが、1922 年に教育部が公布した「学校系統改革案」では、改革の基準として以下の 7 項目が定められた。すなわち、社会の進化に適応すること、平民教育の精神を発揮すること、個性の発展をはかること、国民の

＊14　蔡元培「新教育与旧教育之岐点（新教育と旧教育の分岐点）」高平叔『蔡元培教育文選』、48 頁。

経済力を重視すること、生活教育を重視すること、教育普及を容易にすること、地方に伸縮の余地を多く残すことである。こうしたことは、個性解放の教育がすでに五四運動期の主流派を形成していたことを意味する。

2、科玄論争と人生観の追求

1914年、新文化運動が始まる前、アメリカ留学経験者たちを中心とした「科学社」が正式に旗揚げした。「科学社」は自らの機関誌『科学雑誌』を通じ、科学と科学教育を広める活動を行った。任鴻隽は、同誌に発表した「科学と教育」と題する論文の中で、「教育において科学の重要なことは、物質的な知識にあるのではなく、事象を研究する方法にある。さらに事象を研究する方法より、科学的精神を育成することにある。科学的方法とは、まず対象間の類似性を識別し、次にその関係性を明確にすることで、一般法則を発見することである」と述べながら、科学的教育を行い、科学的方法で困難な問題を解決すべきと主張した。こうした流れの中、五四運動期に招いた賽先生（科学）は、迷信を打ち破り、思想解放の意味を持つ科学を高く位置付け、新文化運動を戦い抜くための鋭利な武器となった。新文化運動の提唱者たちは、西洋の近代科学を基本的精神、基本的態度、基本的方法として、「中国人を改造し、中華民族の文化と精神の中に注入しようとした」[*15]のである。

科玄論争はこうした背景の下で発生した。1923年2月、北京大学の教授張君勱が清華大学で「人生観」と題する講演を行い、科学は人生観の問題を解決できないと述べた。なぜなら、人生観は「皆、我を中心とし」ており、「東西万国、古今において、未だ完全に解決されたことがない」からである。彼は、科学と人生観が対立する五つの異なる特徴を示した。第1に、科学は客観的で、人生観は主観的である。第2に、科学は論理的方法に支配されるが、人生観は直感によって生まれる。第3に、科学は分析方法から着手することができるが、人生観は総合的である。第4に、科学は因果律に支配されるが、人生観は自由意志による。第5に、科学は対象の相同現象から発生するが、人生

＊15　李沢厚『中国現代思想史論』東方出版社 1987年、51頁。

観は人格の単一性から発生する[*16]。最後に彼は、「人生観は客観的基準を持たず、自己に問うしかない」という結論を導き出した。

　同年4月12日、地質学者丁文江が『努力週報』に「玄学と科学」という論文を発表し、張君勱に挑戦状を出し、科玄論争の幕が開いた。彼は、科学と人生観を分離することは、張君勱が玄学の亡霊に取り憑かれているからだと皮肉った。人生観は科学と切り離すことはできず、科学的方法を人生の問題に応用するべきだと主張しながら、次のように述べた。「科学は外界の問題を分析するだけでなく、教育と修養のための最高の道具である。なぜなら、日々真理を求め、常に先入観を捨てようとすると、科学を学ぶ者は真理を求める能力だけでなく、真理を愛する心をも持つことができるからである。いかなることがあっても、落ち着いて分析・研究し、複雑の中から単純なものを探し、混沌の中から秩序を求め、論理で想像力を訓練し……宇宙や生物や心理の様々な関係がはっきり分かってこそ、人生の楽しみを本当に知ることができるのである」[*17]。

　科玄論争が始まると、学界の重鎮梁啓超、胡適、呉稚暉、張東蓀、そして范寿康、唐鉞、陸志韋ら教育学者や心理学者が次々論文を発表し論争に加わった。梁啓超は、最初の段階では場外の中立的存在と称しながら、自分が示した「戦時国際公法」に双方が従うよう求めたが、やがては論争の渦中に巻き込まれていった。彼は、双方の主張には等しく偏りがあるとし、「人生の多くの問題は科学的方法によって解決できるし、科学的方法で解決すべきである。ただしごく一部、というか最も重要な部分は科学を超えた領域である」と指摘した。彼は公正な立場にあるような振る舞いをしたあと、「人生観の統一は不可能ではないが、そうする必要はない。否、必要がないどころか、それは有害である」としながら玄学の側に加担した主張を行った。梁啓超は、理性的に暮らす生活は人間の生活のすべてを占めるものではなく、生きるという「原動力」の源である情感、特にその中でも最も神秘的な「愛」や「美」という感情は、「絶対的に超科学的なものである」[*18]と述べた。張君勱も「人生観と科学を再考し丁

＊16　張君勱、丁文江他『科学与人生観(科学と人生観)』山東人民出版社1997年、33〜37頁。

＊17　丁文江「玄学与科学(玄学と科学)」張君勱、丁文江他『科学与人生観(科学と人生観)』、53〜54頁。

＊18　梁啓超「人生観与科学(人生観と科学)」張君勱、丁文江他『科学与人生観(科学と人生観)』、139〜145頁。

在君に応える」という長編の返答論文を投稿し、身体、心、社会、歴史分野における科学性を否定し、論理学で人生観を証明する可能性をも否定した。この「最も玄妙であり、予測不可能な」人生観は、心と性を語る新宋学を用いてこそ、解決することができるとした。

これに対し、丁文江、唐鉞、王星拱、胡適らは、科学的態度、科学的方法、科学的精神の重要性を強調しながら、人生は科学と切り離すことができないと主張した。王星拱は、「科学と人生観」という論文の中で、「科学は、因果性（Causality）と斉一性（Uniformity）の二つの原理で構成されている。人生の諸問題は生命の観念あるいは生活の態度に関わらず、この二つの原理の範囲を超えることができない。すなわち、科学は人生の諸問題を解決することができる」[19]と述べた。1923年11月、上海亜東図書館は、論争に関する30篇の重要な論文を収録、陳独秀と胡適が序文を記し、『科学と人生観』という本を出版した。胡適はそこで、科学とは何か、あるいは因果律などの科学の概念を持ち出すことはせず、科学の中国における意義について強調した。彼は、「科学と人生観を離して語る者（彼は"反動的な哲学者"と呼んだ）は、普段は科学の恩恵に浴しながら、その一方で科学に文句をつける。これは金持ちが魚や肉に飽きたときの振る舞いと全く同じで、驚くに当たらない」と辛辣な批判を行っている。科学が根付いているヨーロッパでは、「玄学の亡霊からの攻撃を恐れない」のは当然である。しかし中国は異なっており、中国人の人生観がまだ科学としっかり対峙していない段階、あるいは中国人がまだ十分に「科学からの恩恵を賜る」ことができていない段階で、科学がもたらした災禍について語ることはできない、とも述べている。胡適は、「試しに目を開けて見てみよ。至るところにある神壇や寺院、巷に氾濫する仙術や霊魂の絵、発達していない交通、そして発展途上の産業、こうした現実を前にして我々に科学を排斥する資格があるのだろうか？」[20]と指摘した。

科玄論争になかなか決着がつかず、一方はベルクソンを後ろ盾にし、もう一方はマッハを引き合いにしながら双方それぞれが自分の主張をし、科学哲学上

---

[19]　王星拱「科学与人生観（科学と人生観）」張君勱、丁文江他『科学与人生観（科学と人生観）』、285〜286頁。

[20]　胡適「科学与人生観（科学と人生観）序」張君勱、丁文江他『科学与人生観（科学と人生観）』、13頁。

の概念論争を続けている中、マルクス主義の唯物史観を学んだ陳独秀、瞿秋白、鄧中夏らもこの論争に注目し始め、より高次から科学と玄学の問題を認識しようとした。陳独秀は、文化が立ち後れた中国でようやくこの問題が議論されるようになったのは、一つの大きな進歩であると述べた。しかしこの論争は、科学派が「どうして科学が人生観を支配できるか」を満足に説明できなかったため、玄学派に対する批判は「五十歩百歩」の域を脱しなかったとした。彼は、人それぞれの人生観は、各々が生活する客観的な環境によって作られるもので、天から降ってくるような主観的な意志によるものではないと指摘し、「生まれ持ったものとか、良心とか、直観とか、自由意志とかはすべて異なる時代、民族それぞれが作り上げた社会からの暗示によって出来上がったものである！」と述べた。例えば、もしインドでバラモンの家に生まれれば人を殺そうとしないのは当然であり、アフリカの酋長の家に生まれれば多くの敵を殺すことがこれ以上ない栄誉となる。一人の女性がもし中国で名門の家に生まれれば貞節を守ることが当然で、イタリアに生まれればより多くの魅力的な男性と交際することが自慢となる。中国人男性が女性の前で肌脱ぎになっているのを見て西洋人は驚くし、一方西洋人が古新聞紙で尻をふくのを見て中国人は驚く。匈奴の君主は父親の死後に母親を妻に迎え、満州族は中国を支配したばかりの頃は漢族の礼儀を知らず、皇太后が夫の弟と再婚してもこれを恥とは思わなかった。中国人は親を手厚く葬ることを孝とするが、蛮族は親の亡骸を山野に放置して鳥獣に食べさせることを良しとする。ヨーロッパの女性は大勢の人の集まりでキスすることで親しみを表現するが、人の妾になることはこの上もない恥辱と考える。一方、中国の女性は身分の高い人の妾になることを光栄と思うが、人前でキスすることは娼妓でも恥と考えるのである。最後に彼は、「私たちの意思から独立した物質的生産諸力こそ、社会を変化させ、歴史を説明でき、人生観を支配できると信じる。これが唯物論的歴史観である」[*21] と結論した。一方、鄧中夏は、張君勱ら「玄学派」を東方文化派と総括しながら、それが代表するのは農業と手工業が中心であった時代の封建思想や宗法思想であるとした。また、丁文江ら「科学派」を科学的方法派と総括しながら、それが代表するのは

---

*21　陳独秀「科学与人生観(科学と人生観)序」張君勱、丁文江他『科学与人生観(科学と人生観)』、7頁。

機械制工業時代のブルジョア思想だとした。一方、唯物史観派が代表するのは、機械制工業時代のプロレタリア思想だとした。彼は、「労資二つの階級は協力して封建階級を打倒する必要がある。つまり、労資二つの階級思想を代表する科学的方法派と唯物史観派が手を携え、封建思想を代表する東方文化派を攻撃する必要がある」[*22] と述べた。

科玄論争は最後に「玄学の亡霊」が劣勢に立たされ終わりを告げた。論争を通じて、科学はさらに人々の心に根差し、マルクス主義の唯物史観も青年たちに受け入れられるようになった。しかしこれだけのことでは、科玄論争は教育思想史とは無関係の出来事で終わっていたはずである。実際、科玄論争は多くの教育家たちに注目されただけでなく、それは真剣に議論すべき教育課題であり、「教育と啓蒙活動によって」いかに良き人生観を作り上げるかの解答を提示するものであった。人生観とは、個性の一部を構成するものであるから、それはどのような個性を作るかという問題でもある。科玄論争は、個性の束縛と解放という当時の葛藤と無関係でおられず、どのような人生観が国家の富強や社会の安定に役立つかという葛藤とも関係した。

まさに「項荘の剣舞のねらいは、劉邦を討たんとするにあり」のように、論争の目的は双方とも明確であった。科学派は、自分たちが科学的人生観を提唱したのは、青年たちが張君勱に拐かされることを心配したためと主張した。「宗教、社会、政治、道徳のあらゆる問題に対し、論理的思考の支配を受けずに、全く是非や真偽の区別がなく、いわゆる主観的な、総合的な、自由意志による人生観で解決できるという。本当にそうなら、我々の社会はどのような社会になるのだろうか？」[*23]。一方、玄学派は、自分たちが科学的人生観に反対したのは、「学生の頭の中が科学的思考にのみ埋め尽くされ、自分の身体が因果の綱に搦め捕られ、人生が宇宙の何ものにも縛られずに存在するという価値を忘れる」[*24] ことを心配したためと主張した。張君勱は、「私が言いたいのは、科学自体の問題ではなく、科学の結果である。西ヨーロッパの物質文明は、科

＊22　鄧中夏「中国現在的思想界（中国現在の思想界）」『中国青年』1923 年第 6 期。

＊23　丁文江「玄学与科学（玄学と科学）」張君勱、丁文江他『科学与人生観（科学と人生観）』、52 頁。

＊24　張君勱「再論人生観与科学並答丁在君（人生観と科学を再論し、丁在君に答える）」『張君勱集』群言出版社 1993 年、154 頁。

学による最大の成果である。……物質は限りがあるが、人間の欲望には限りがない。これが国の安寧、人類の幸福のための策とは信じがたい」[*25] と率直に述べた。双方の関心は、青年や学生、そして中国の未来と社会の安定にあったことがわかる。すなわち、科玄論争は実際のところ、どのような人生観で青年の個性を形作るかという問題であり、当時の知識人が理性的に信ずるべき信仰を追求し、それを以て青年たちの人生と実践活動を指導しようとしていたことがわかる。

3、社会の改造と個性の形成

ある学者が指摘したように、新文化運動の自己認識は、政治的なものではなく文化的なものだとしても、「その目的は、国民性を改造することにあり、古い伝統を破壊することにあった。新文化運動は、社会進歩の基礎をイデオロギー思想の改造に置き、民主的啓蒙運動を展開した。しかしそこには、最初から政治的要素が含まれていたか、あるいは隠されていた」[*26]。五四運動期およびそれ以降、マルクス主義の洗礼を受けた教育家や知識人たちは、もはや個性解放や個性の自由、個性教育といった問題を語るだけでは満足せず、学生の個性的発展と中国社会の根本的な改造を結びつけ、社会と人類の解放を個性解放の前提とし、教育と社会の改造を個性形成のための必要条件とした。以下において、主に李大釗、惲代英、楊賢江、魯迅の、この問題に関する論調について見てみよう。

1. 李大釗が論ずる社会改造と青年教育

李大釗は中国共産主義運動の先駆者であり、大学でいち早くマルクス主義を教えた教授であり、中国のマルクス主義教育理論の基礎を確立した人物の一人でもある。

李大釗は、民衆を覚醒させ、国民の精神を再構築し、社会の改造を推進す

---

*25　張君勱「科学之評価(科学の評価)」張君勱、丁文江他『科学与人生観(科学と人生観)』、225頁。
*26　李沢厚『中国現代思想史論』東方出版社 1987年、11頁。

るにあたり、教育が果たす役割の重要性を肯定した。さらに彼は一歩踏み出し、唯物史観の視点から社会や経済が人々の生活に与える決定的役割について論述した。中国の問題解決を根本から行うため、教育に頼るだけでは足りず、「根本的問題の解決があってこそ、一つ一つの具体的な問題にも対処できるようになる」が、そのためには「経済問題の解決」が不可欠である[27]、と彼は指摘した。

　さらに李大釗は、教育改造と社会改造、すなわち人間精神の改造と経済組織の改造の弁証法的関係を論述した。「経済組織を改造せず、人間の精神だけを改造しようとしても、効果はない。人間の精神を改造せず、経済組織だけを改造しようとしても、成功は望めないだろう」[28] とし、社会改造における教育改造の決定的役割を強調すると同時に、その逆方向の役割も正しく評価した。また、人生における知識の意義について、「知識は人生を光明と真理の境地へと導く灯りであり、愚昧はその境地へ至る過程の障害となる。つまり愚昧は人生の発展過程における障害である」[29] と述べている。すなわち、知識を伝授し人材を育成する場所として、学校は人生の発展と社会の改造における重要な基地であるとしている。

　李大釗は社会改造の重責を青年に託し、青年を育成する重責を教育改造に託した結果、教育改造と社会改造の関係において、青年が重要な要となった。彼は、青年は「国の魂」であり、中華民族の命運は青年に委ねられているとしながら、青年教育に情熱を燃やし、青年の個性創造を教育の最重点事項と考えた。

　李大釗は、青年に強い信念と遠大な理想を持つよう求めた。「青年はまず目標を定めなければならない。さもないと、風に漂い、目標に辿り着くことができない」。また、青年は目の前の利益で満足したり、独りよがりになったりしてはならず、もっと大志を抱くべきだとした。「古い時代の青年は教養を重んじ、かつ"先憂後楽"の精神を持ったとすれば、新しい時代の青年は"協調精神に欠け、独りよがりになり"、"自分のことだけ考える"。これでは人としての責任を全うしたと言えるのだろうか？」[30] と述べている。

　李大釗は、強い信念と遠大な理想とは、足が地に着いたような堅実さと結び

＊27　『李大釗文集（下）』人民出版社 1984 年、37 頁。
＊28　『李大釗文集（下）』人民出版社 1984 年、68 頁。
＊29　『李大釗文集（下）』人民出版社 1984 年、8 頁。
＊30　『李大釗文集（上）』人民出版社 1984 年、666 頁。

ついていることが必要で、今日をしっかり生きてこそ、すばらしい明日を創ることができるとした。そして青年たちに、「"今"を嫌って、"昔"を回想したり、"将来"を夢みたりして、"現在"を無駄にしてはならない。また、"今"の状況に満足して、"将来"の発展に向けた"現在"の努力を惜しんではならない。"今"に最善を尽くし、"将来"を創造すべきである」と説いた。つまり、現在に立脚点を置き、実際に努力をしてこそ、すばらしい将来を迎えることができるとしている。

今という時に軸足を置く際に大切なことは、生活上の困難を正しく処理するとともに、困難を恐れず、それを克服する勇気と気力を持つことである。李大釗は、こうした勇気と気力も個性形成のための重要な内容とし、青年たちが知勇・荘重・剛毅・勇敢の精神を育て、強靱かつ不屈の気概を磨くよう励ました。彼は、「青年の辞書には"困難"という文字はなく、青年の発する言葉には"障害"という言葉はない。ただ前進あるのみ、飛躍あるのみ、自身の自由な精神のみを知り、斬新な発想、鋭敏な直観、躍動する生命によって、環境を創造し、歴史を制覇するのだ」[31]と述べている。

李大釗は、青年の個性創造は社会生活や生産活動の実践と離れることができないと考えた。そのため初期の段階では、青年知識人と労農運動を結びつけることを、個性教育推進の重要な条件とした。「現代の新しい文明を根本から社会に浸透させるためには、知識階級と労働者階級を一体にしなければならない。私は中国の青年たちがこの道理をはっきり認識することを望む」[32]。さらに「青年と農村」という論文の中では、青年たちに「農村へ行け」と呼びかけた。中国は農業国家であり、労働者階級の多くは農民であり、農民の解放こそが中国人民の解放であるとしながら、次のように書いている。「都会で彷徨う青年たちよ！君たちは知らなければならない。都会には数多くの罪悪があり、農村には数多くの幸福がある。都会の生活は暗黒の部分が多く、農村の生活は光の部分が多い。都会の生活はそのほとんどが亡霊の生活であり、農村の活動はすべて人の活動である。都会の空気は汚れており、農村の空気はきれいである。君たちはなぜ旅支度をしないのか？借金をすべて返済し、急いで故郷へ帰らない

---

*31 『李大釗文集(上)』人民出版社 1984 年、179、146、149 頁。
*32 『李大釗文集(上)』人民出版社 1984 年、146 頁。

のか？」*33。李大釗の考えは、ロシアのナロードニキの影響を多少受けてはいるものの、農村と農民の生活を重視し、青年と労農のつながりを重視した点で、歴史的意義が大きい。

2. 惲代英が論ずる国の主人公育成

現代教育思想史において、驚くほどよく似た二人の教育家がいた。彼らの生沒年はともに1895～1931年であり、同時に少年中国学会に加入し、その2年後には中国共産党員になった。また、1925年9月には二人とも中国済難会準備委員会委員に就任し、協力して宣伝活動を推し進めており、二人とも青年問題や教育理論に関心を持ち、進歩的な出版物の編集に従事した。深い友情の絆で結ばれたこの二人こそ、マルクス主義教育家である惲代英と楊賢江である。若くしてこの世を去った二人は、教育思想において貴重な精神的財産を後代に残している。

惲代英は、社会改造と教育改造との関係性を非常に重視した。彼は、「教育は社会改造の有力な道具である」*34 としながら、社会を改造するにはまず教育の改造を行わなければならず、教育を改造するにあたって、まず教育者の人生観を改造しなければならないと考えた。一方、社会を改造するための道具である教育は、社会からの制約を受けることも理解していた。「社会環境が整っていなければ、良い教育ができない」ため、「教育家は同時に社会改造家にならざるを得ない」*35 と指摘している。惲代英は教育を重視するとともに、環境と国民性を改造する教育の役割を強調したが、その一方で、その役割を過大に評価することには反対した。そのため、「経済的圧迫を排除することから着手せず、教育そして中国文化と歴史認識を展開するだけの」*36 国家主義派のやり方を鋭く批判している。すなわち、彼は弁証法的に教育改造と社会改造との関係を整理したのである。

教育における社会改造の機能を発揮させるためには、学生を社会に役立つ人

＊33 『李大釗文集(上)』人民出版社1984年、149頁。

＊34 惲代英「革命運動中的教育問題(革命運動中の教育問題)」『新建設』1924年、第1巻第3期。

＊35 惲代英「致劉仁静(劉仁静へ)」『少年中国』第2巻第9期。

＊36 惲代英「評醒獅派(醒獅派を評する)」『中国青年』第76期。

間に育てることが鍵だ、と惲代英は指摘した。「教育改造と社会改造」という論文の中で、彼はこうした人を「劣悪な社会」の中にしっかり立ちながら、未来に向け、その社会を改造できる人間だと定義した。1924年に発表した「民治の教育」では、さらにその目標を「国の主人公」を育成することに定めた。「国の主人公は皇帝」という認識から、「主人公は民衆である」に変える必要があり、教育によって、自分の地位と責任を認識する「主人公」を育成する必要があると指摘した。そして、「国の主人公」であるために最も重要なことは、独立精神や創造精神、自尊心と自信を有することだとした。教育において自主・自治の精神に基づいてこそ、こうした人材を育成することができる。そのため、彼は伝統的教育には八つの弊害があると指摘した。①授業では教師が苦労し、学生は楽をする。②学生はやることがなく、頭脳が退化し、活動能力が落ちる。③1時間における教材の進度は早くしてはいけないので、教師はあまり重要ではない解釈や参考資料の説明をすることになり、無駄が多い。④学生は教師に頼り切りで、漠然と学んでいる。⑤書物があり、講義もあり、繰り返し学ぶため、学習への積極性や集中力が失われ、授業は無駄になりやすく、学生も居眠りするようになる。⑥一人の教師が一つの教室の全学生を相手に授業を行うので、一人一人の個性に気を配ることができず、成績上位者に対しても下位者に対しても同じ教授法を採らざるを得ない。⑦学生は宿題をきちんと理解するように求められ、放課後も自習しなければならないので、宿題に多くの時間を費やされ、その他の課外活動をする余裕がない。⑧学生は教師を絶対視するあまり、自分で探究し思考する習慣を身につけられなくなる[37]。要するに、伝統的教育は学生の個性を束縛し、創造的精神を殺し、主体的学習意欲を妨害してきたのである。さらに惲代英は、教師がいかに自主と自治精神に基づく教育を行うべきかについて論じた。

　　教師の職務は、子供たちが大きな過ちを犯したり、間違った道を歩んだりしないよう、彼らを助け導くことであって、決して抑圧したり、阻止したりすることではなく、ましては子供の身代わりになることでもない。教師は常に子供たちを見守りながら、能力が及ばないときは手を差し伸べ、

＊37　惲代英「編輯中学教科書的先決問題（中学教科書の編集における先決問題）」『中華教育界』1920年、第10巻第3期。

過ちを犯したときはそれを指摘して、彼らが困難を恐れず、大きな過ちを
犯さず、間違った道に進まないようにする。それ以外においては、余計な
口出しをすべきではない[38]。

つまり、教師は指導者であり、協力者であり、相談者であり、かつ監督者で
あるべきで、出しゃばった対応をしたり、過度に干渉したりしてはならない。
そうすることによって、子供たちは個性を十分に発展させたうえ、自主と自治
の精神を培い、最終的には「国の主人公」になることができる。

惲代英は、「国の主人公」になるには、自主と自治の精神を基本とした個性
を形成するほか、個人を集団や社会と有機的に統合する必要があるとし、「大
衆の幸福は、一人一人の努力によるものである。しかし、その努力は社会全体
の福利を目指すべきであり、個人の福利を目標とすべきではない。それは、国
家の福利を目指すべきではないことと同じである」[39]と指摘した。そして現代
の青年に最も欠けているのは、一つは個別的活動の素養、つまり仕事の能力、
もう一つは集団的協調の素養、つまり大衆と一緒に仕事を成し遂げる能力であ
る、と述べた。

惲代英は次のような指摘も行っている。個別的活動の素養と集団的協調の素
養も一致したもので、個性の構造における個体性と集団性の一致である。集団
的訓練と集団的教育を重視して、青年たちの集団的協調性および大衆観点が形
成されてこそ、国民の素養を全体的に向上させることができる。

3. 楊賢江が論ずる「全人生指導」

36歳の若さでこの世を去った楊賢江は、我々の精神に多くの財産を残し
てくれた。完全な集計結果とは言えないが、教育関連の著作や翻訳本は8冊、
論文や翻訳論文は約370篇、青年たちとやりとりした手紙は100通以上、雑
誌の質問欄への回答は1,400回以上の業績があったとされる。その中で『教育
史ABC』(1929年)と『新教育大綱』(1930年)は、中国で最も早くマルク
ス主義の原理を用い、教育史を体系的に述べるとともに教育理論を研究した著
作である。この画期的意義を持つ2冊の本の中で、彼は中国で流行っていた

---

[38] 『惲代英文集』(上)、576頁。
[39] 『惲代英文集』(上)、252頁。

教育神聖説、教育孤高説、教育公平説、教育独立説、教育万能説、教育救国論など諸学説について分析と論評を行いつつ、教育は人類が生きていくための必要性から生まれ、社会の上部構造に位置し、政治や経済から一定の影響を受けるが、同時にそれらに影響を及ぼすといった見解を示した。彼は、中国プロレタリア教育理論のための将来像を描いただけでなく、中国現代の教育理論と教育史の体系化に先駆的な貢献をしたのである。

　教育思想における楊賢江のもう一つの貢献は、「全人生指導」の理論である。1921 年初、楊賢江は朱元善の推薦を受け、上海商務印書館の『学生雑誌』の編集者に任命された。6 年間の在任中、彼は誌面の改革を積極的に行い、「読者通信」や「質問」などの欄を設け、学生との交流を密にした。それにより、雑誌は学生たちの良き師、良き友となり、「学生向けの定期刊行物の中で、思想が最も高尚で、最も純潔で、最も適切で、最も緻密で、最も普遍的で、かつ革新的精神を有する雑誌」*40 と称えられた。雑誌の編集は、楊賢江にとっても青年教育経験を豊かなものにし、「全人生指導」理論形成に向けた条件を整えてくれた。

　1925 年に教育界では、中学の訓育問題に関して議論が行われたことがある。楊賢江は「中学訓育問題の研究」という論文を発表し、教育理論界と実行部門が「全体の人生を分割」したこと、徳育、知育、体育を分離させたこと、および学生の立場になって考えず、社会環境を考慮しない欠陥を批判しながら、「全人生を指導する」という教育観念がないため、「いびつな教育または粗悪な教育」が横行すると批判した*41。彼は次のように記している。

　　　従来の学校教育は、そのほとんどが知識の伝授に偏り、良き習慣の養成や青年問題の探求などに考えを巡らしたことがない。言い換えると、一人の人生全体を通した指導ができておらず、書物と教室での授業以外は、どのようにして日常生活を過ごし、どのようにして友と交わり、どのようにして休日を過ごし、どのようにして世間と交わり、どのようにして自分自身の問題を発見・解決し、どのようにして学生向けの活動の充足・発展を

＊40　高爾松、高爾柏「我們対於学生雑誌的貢献（学生雑誌に対する我々の貢献）」『学生雑誌』第 10 巻第 1 期。

＊41　中央教育科学研究所、厦門大学『楊賢江教育文集』教育科学出版社 1982 年、222～223 頁。

第4章　現代中国の個性重視の教育思想

図っていくかについて、いっさい問題にしてこなかった。このような教育
では、人生を指導するという役目をどうして担っていけると言えるのだろ
うか？[42]

　それでは、「全人生指導」とはいったい何なのか。それは学生の理想、道徳、
身体、知識、芸術、結婚、就職、交友、生活習慣などすべてを考慮に入れつつ、
彼らが充実した生活を送り、円熟した個性を形成し、一個の人間として豊かな
人生を送れるよう指導することである、と楊賢江は定義した。「全人生指導」
の本質は、一人の人間の個性を創り上げる総合的な取り組みであることがわか
る。

　楊賢江は、人それぞれの生活の内容は複雑かつ多様であるものの、大きく健
康生活、労働生活、公民生活、文化生活という四つに分けることができるため、
「全人生指導」もこの四つの局面において指導するものと考えた。彼は次のよ
うに指摘している。「健康生活は個人の活動にとって資本であり、生活すべて
にわたる源泉である。もし健康生活に十分な配慮がされなければ、社会にとっ
て役に立たない人間になってしまうかもしれない。健康生活は、仕事や社会奉
仕、研究などの諸活動に応える体力を用意し、かつ心身ともに充実した日々を
保証してくれる。健康生活に対する指導は、主に体育が担うが、競技や体格、
体力の充実などの指導に限定するのではなく、学生に"日常生活における個人
衛生および公共衛生に関する応用知識、特に性知識を学ばせ、清潔、節制、運
動の習慣や、公共衛生事業に奉仕する習慣を身につけさせる。また、個人の健
康と公共健康を強く追い求め、熱望するとともに、健康と身体の発達に関心を
持つように指導するべきである"[43]」と述べている。これは、健康を大局的視
点からとらえた教育観であり、現代でもその意義は大きい。

　労働生活は職業生活と言っても良い。それは生命を維持し、文明を促進する
要素である。人々は労働の中で自分の力量を示すだけでなく、欲求を充足させ
ることもできるので、労働を軽蔑する人は自分を軽視することに等しい。労働
生活は社会に出て生計を立てる必要が生じてから初めてあるのではなく、学校
教育の中で労働習慣を育て身体を鍛えるために、労働作業をさせることもでき

＊42　中央教育科学研究所、厦門大学『楊賢江教育文集』教育科学出版社 1982 年、226 頁。

＊43　中央教育科学研究所、厦門大学『楊賢江教育文集』教育科学出版社 1982 年、254 頁。

129

る。例えば、室内の掃除、農場での栽培や飼育、木工や金属加工といった製造や修理、舗装、植林、販売部の運営などは、ただ作業・運営の技法を学ぶだけでなく、教育的価値もある。楊賢江は、「私たちはこうした生活の中で、仕事に対する知識と特殊な職業に関する知識を獲得し、仕事の中で得た生活習慣を重視するとともに、労働を普遍化する理想と労働価値を理解する態度を養成しなければならない」[*44] と指摘した。実際のところは、これも労働教育を道徳教育や職業教育と結びつけ、労働を大局的視点から捉えた教育観である。

公民生活は社会生活と言っても良い。それは人々の暮らしを有意義なものとし、人間関係を円滑にする基礎である。楊賢江は、人は社会に属し、社会から離れることができない存在であるから、もし健全な社会生活がなければ、「社会から余計者として扱われるだけでなく、自分の利益のために他人に損害を与える愚を犯しかねない」[*45] と指摘した。公民生活を指導する場合は、学生を各種の団体活動に参加させ、活動の中で社会科学の知識を習得させるとともに時事問題をよく理解させ、社会への貢献と大衆指導の理想を育てるとともに、社会問題への関心と好ましくない社会生活状況を憎む感情を高めさせる。また、学校の中では、調和のとれた人間関係を作り、「その集団に属する人々、つまり校長、教師、学生、用務員などと気持ちを通じ交わせ、互いに近づき、家族のような関係を形成する」[*46] よう指導するとした。さらに、学生会、学生自治会、朝の読書会、平民教育社など「小規模から大規模までの団体を意識的に組織する」ことの必要性も説いた。また、団体生活の様々な訓練、例えば、「構成員は議決案に参加、投票、服従する義務がある。構成員はどのように会議を行い、どのように秩序を維持するかの知識と技能を身につける必要がある。構成員は会議を発展させる精神を持つべきである」[*47] とし、学生に団体を愛する心を育て、学業に打ち込み、集団生活を楽しむ態度や習慣を身につけるようにすべきとした。

文化生活は学芸生活と言っても良い。それには文芸、科学、言語、レジャーなどが含まれ、人生を豊かにするとともに社会を進歩させる効果があるので、

[*44] 中央教育科学研究所、厦門大学『楊賢江教育文集』教育科学出版社 1982 年、255 頁。

[*45] 中央教育科学研究所、厦門大学『楊賢江教育文集』教育科学出版社 1982 年、242 頁。

[*46] 中央教育科学研究所、厦門大学『楊賢江教育文集』教育科学出版社 1982 年、229 頁。

[*47] 中央教育科学研究所、厦門大学『楊賢江教育文集』教育科学出版社 1982 年、229 頁。

第4章 現代中国の個性重視の教育思想

「もし生活面でこうした活動を重視しなければ、人生は愛も希望もないものとなってしまう」[48]。楊賢江は、勉強して物の道理をわきまえることはもちろん大事だが、社交の場を広げ、余暇を楽しむことも欠かせないことだと指摘した。そのため、学生は新しい知識を吸収し、新しい文化をよく知ることで好奇心や視野を広げるだけでなく、遊戯、戯曲、音楽、芸術、文学、およびその他心身に有益な趣味的知識を持ち、人に優しく接し、会話や余暇を楽しむ能力を身につけることが必要だとした。また、研究会、討論会、演説会、同好会、および旅行や展覧会など組織的な取り組みを進めることで、情操を高め、社交性を促進し、余暇を楽しむことを奨励した。さらに、食堂や寮、校内や校外をきれいにして、美感を育てるとともに関心を高めさせることも重要とした[49]。

すなわち、「意義ある生活を送るためには、丈夫な身体と精神、仕事に関する知識と技能、大衆に奉仕する理想と才能、生活を豊かにする趣味と習慣を身につけるべき」[50] であるが、「全人生指導」によると、中国の学生生活は以下の点を改善する必要があるとした。

第1、全体的に意義ある人生活動を持つべきである。

第2、学校の授業は、学生の心身の要求および社会環境に適するものであるべきである。

第3、教える側と学ぶ側は、共通の目標に足並みを揃え進むべきである。

第4、授業と課外活動の区別を打ち払うべきである。

第5、校内と校外の境界を取り除くべきである。[51]

「全人生指導」は、学校、学生そして教師が一体となって取り組む必要があるが、個性が作られる鍵となるのは個々人自らの修養にあり、「自覚、自発、自己保全」によって意義ある生活を送る必要がある、と楊賢江は指摘した。教師による指導は、学生自らが「全人生指導」を追い求めるための環境を用意するだけで、そこに至る道筋は学生自らが発見すべきものである[52]。したがって、全人生の真の指導者、意義ある生活の真の創造者、完全な個性の創造主は、学

＊48 中央教育科学研究所、厦門大学『楊賢江教育文集』教育科学出版社 1982年、242頁。

＊49 中央教育科学研究所、厦門大学『楊賢江教育文集』教育科学出版社 1982年、255頁。

＊50 中央教育科学研究所、厦門大学『楊賢江教育文集』教育科学出版社 1982年、242頁。

＊51 中央教育科学研究所、厦門大学『楊賢江教育文集』教育科学出版社 1982年、247頁。

＊52 金立人、賀世友『楊賢江伝記』江蘇教育出版社 1990年、155頁。

生自身であり、その個人である。これこそが個性の創造の核心であり、その意義の中心をなすべき所である。

4. 魯迅が論ずる完全なる児童解放

魯迅は文学面において優れた功績を残しており、それにより人々は彼の教育面における貢献を忘れがちである。しかし、魯迅は教育理論において、特に児童の個性教育の面で鋭い見解が多い。

魯迅は、児童教育は民族の将来と国家の命運に関わるため、親は合理的かつ時期に応じた適切な教育を行う必要があるが、それは「健全に生み、教育に力を尽くし、一人の独立した人間として完全に解放すること」[53]だとした。彼は、子供を生むだけで教育を行わない伝統について、「中国では、子供は生みさえすれば良いので、その質の善し悪しはどうでも良く、ただ多く生みさえすれば良いので、才能があろうがなかろうがどうでも良い。子供を生んだ親は、彼を教育する責任を負わない。"人口が多い"ということは、盲目的に自慢はできるが、しかしこの多い人口は、ただ埃にまみれて地べたに転げ回っているだけで、子供のときは人間らしく扱われないため、大人になっても人間らしい振る舞いができないのだ。」[54]と鋭く批判した。子供に対するこうした無責任な態度により、親はただ「子供」の親でしかなく、本当の「人間」の親にはなれず、結果「人間」を育て上げるという親としての最も重要な機能が失われてしまったと彼は指摘した。

その他にも、子供を甘やかし放題にする家庭、あるいは子供に乱暴を振るって支配する家庭があるが、この二つの極端なやり方も子供の個性の発展を踏みにじんでいる。魯迅はこの2種類の教育姿勢の弊害を次のように指摘している。

中国の中流家庭の教育方針は、大方2種類しかない。その1は、甘やかし放題で何らしつけもせず、他人を罵るのはもとより可、殴っても止めるでもなく、家の中と門前では暴君、覇王だが、外に出ると網を失った蜘蛛のように何もできなくなる。その2は、一日中冷遇され叱られ、しま

---

*53　中央教育科学研究所『魯迅論教育(魯迅が教育を論じる)』教育科学出版社 1986 年、18 頁。

*54　中央教育科学研究所『魯迅論教育(魯迅が教育を論じる)』教育科学出版社 1986 年、7 頁。

いには殴られもし、何事にも委縮してしまい、さながら奴隷か操り人形のようになる。しかし親は"聞き分けの良い子"という美名を与え、うまく教育できたと考えている。しかし外に出ると、鳥かごから出された小鳥のように、飛んだり鳴いたりすることはもちろん、跳ねることさえできないのである[55]。

魯迅は、この2種類の教育方法では心身ともに健康な子供を育てることはできず、子供の個性を偏ったものにしてしまう恐れがあるとした。子供を愚劣な非行に走らせ、「横暴かつ無知な輩、ひどければやくざ者にさえしてしまう」可能性がある。あるいは、子供を厳しくしつけると、木製の鶏のように固まって、全く生気が見られず、「老いずして身体が衰え、20歳にもなっていないのに年寄りのように見える」[56]とした。

魯迅は、人は教育を通じてこそ真の人間になるとし、たとえ天才であっても、生まれて最初に発する声は普通の子供と同じ泣き声であって、決して素晴らしい詩ではないとした。そして、「我々は今日どのように父親となるか」という文の中で、親としての天性の愛を「さらに拡張し、さらに純化する。無償の愛を以て、自己を後から生まれてくる新しい人の犠牲とする」[57]ことを求めた。こうしてこそ、子供を「完全なる人」に育て上げることができるとした。

こうした「新しい人」や「完全なる人」は、どのような素質または個性を持つべきなのか? 魯迅は次のように述べている。第1に、健康な身体を持つことが必要である。「労働に耐えられる体力を身につける」ことで、良好な個性の形成に必要な物質的基礎を築くことができる。身体が痩せて弱々しく、意気消沈しているような子供には「将来完全なる"人"となるための萌芽」は決して期待できない。第2に、生き生きとした活発な精神が必要である。すなわち、抑圧され「頭がぼうっとしたり」、臆病で萎縮したり、唯々諾々な心理状態になっているようではいけない。「穏やかなようであるが、あまり話したり笑っ

---

[55] 中央教育科学研究所『魯迅論教育(魯迅が教育を論じる)』教育科学出版社 1986 年、111 頁。

[56] 中央教育科学研究所『魯迅論教育(魯迅が教育を論じる)』教育科学出版社 1986 年、19 頁。

[57] 中央教育科学研究所『魯迅論教育(魯迅が教育を論じる)』教育科学出版社 1986 年、17 頁。

たりせず、あまり身体を動かさないような」子供も、健全な個性を持った子供とは言えない。第3に、粘り強い性格が必要である。魯迅は「従孩子的照相説起（子供を撮影しての雑感）」の中で、中国人の価値観は「静」を尊ぶ傾向があり、おとなしく従順な子供ばかりが「良い子」と見なされ、「活発、健康、頑強、積極的など、"動"に属する性格に対しては、疑問符を付けられかねない」*58 と述べている。要するに、魯迅の言っている「新しい人」とは、「労働に耐えられる体力、純潔高尚な道徳、博識かつ自由な発想を持ち、新しい潮流を受け入れられる精神を持つ」人である。こうした人の個性は外界に解放され、「世界の新しい潮流に泳ぎだしても溺れない力」を有する*59。

　どのように「完全なる人」を養成し、子供を完全に解放し、優れた個性を創造することができるのか？魯迅は、「理解」、「指導」、「解放」の3原則を打ち出している。

　まずは「理解」である。子供を教育する際、最初に子供を理解することから始め、子供の心身発達の段階に応じた教育を行うべきで、子供を「大人の予備軍」と見なしても、「大人の縮小版」と見なしてもならない。魯迅は、「かつてヨーロッパの人々は子供を大人の予備軍と誤解し、中国の人々は子供を大人の縮小版と誤解してきた。しかし近年、多くの学者たちの研究によって、子供の世界は大人とまったく異なることがわかってきた。まず理解しようとせず、強引なやり方を強行すると、子供の発達を大きく阻害することになる」*60 と指摘した。魯迅は「看図識字」の中で、児童向け読み物の編集方法について論じ、編集者は子供の世界を深く知らなければならないと主張した。彼は次のように述べている。「子供は敬服に値する存在である。常に月や星を越えた境界に、地面の下の様子に、草花の用途に、昆虫の言葉に思いを馳せている。また、空に飛び上がることや蟻の穴に潜り込むことを考えている。したがって、子供に読ませる書物の内容は慎重に選び、子供に対し完全な理解がなければならな

---

*58　中央教育科学研究所『魯迅論教育（魯迅が教育を論じる）』教育科学出版社 1986 年、137 頁。

*59　中央教育科学研究所『魯迅論教育（魯迅が教育を論じる）』教育科学出版社 1986 年、18 頁。

*60　中央教育科学研究所『魯迅論教育（魯迅が教育を論じる）』教育科学出版社 1986 年、17 ～18 頁。

い」。

　次は「指導」である。子供を教育する者は、「指導者」または「相談者」であるべきで、「命令者」であってはならない[61]。子供を指導するときは、一歩一歩丁寧に教え導くこと、そして子供と正面から向き合う教育姿勢を堅持し、子供には思うことを自由に述べさせ、大人ばかりが「勝手にしゃべって、子供の発言を禁止してはならない」。子供の指導は、時と相手に応じて適切に対応し、「同じ方法で無理やりはめ込むようなやり方は決して採らない」ようにする。

　最後は「解放」である。子供は父母にとって「私であって私ではない」存在であるが、すでに分かれて存在する以上、人類の中の一人、すなわち独立した人間である。「私である存在だから、教育的義務を尽くして、彼らに自立する能力を与えねばならない。私ではない存在だから、同時に解放し、すべてを彼ら自身にまかせ、一人の独立した人間にしてやらねばならない」[62]のである。

　「完全なる人」を育てるために、魯迅は、現実の児童教育の研究と改革を重視するだけでなく、児童教育の歴史を総括することも重要であると主張した。「もし誰かが歴史を整理し、これまでの児童教育の方法やそこで用いられた教科書について、明確な記録を行い、古代から我々の世代に至るまで、どのような教育的洗礼を受けてきたかがわかるようにすれば、その功績は禹（実在の人物かどうかはわからないが）にも劣らないだろう」[63]。ここから、「完全なる人」または「新しい人」を育成するにあたって、教育史の中から経験と教訓をくみ取るべきこと、そして個性の発展自体も一つの歴史的過程であることがわかる。

　「完全なる人」を育成するために、魯迅は、社会を根本的に改造することも主張していた。「今日の教育というものは、世界のどの国も、実際のところ、環境に適した様々な機械を製造する方法にすぎない。適切な教育を施して、各児童の個性を発展させようとするのは、時期尚早と言える。将来もその時期が

＊61　中央教育科学研究所『魯迅論教育（魯迅が教育を論じる）』教育科学出版社 1986 年、18頁。

＊62　中央教育科学研究所『魯迅論教育（魯迅が教育を論じる）』教育科学出版社 1986 年、18頁。

＊63　中央教育科学研究所『魯迅論教育（魯迅が教育を論じる）』教育科学出版社 1986 年、113、201 頁。

来るのかどうかはわからない」*64 と彼は述べている。未来の教育に対してあまり希望を持っていないようではあるが、魯迅は、個性の発展は社会環境とその改造から切り離すことができないという重要な事実を発見した。そのため、学生を消極的に社会に適応させるのではなく、積極的に社会改革に従事するよう教育すべきだと主張した。彼は『死せる魂』の第2部第1章の訳後記において、「第1章のはじめの部分……教師が明確な理由を持たず、ただ学生に無理やり詰め込むというやり方に異を唱える場面は悪くはないが、社会環境の改革には言及せず、そこに適応させることばかり考えているのはいかがなものか。これは、十数年前に中国の一部の教育家たちが、学校では銀貨の偽物判別の授業をすべし、学校では上申書の作成法の授業をすべし、学校では対聯作りの授業をすべし、とした意見とさして変わるものではない」と記している。魯迅は、個性の創造、教育の改革、社会の改造を一つとして捉え、教育問題を解決するためには社会改造が不可欠であるという革命的結論を導き出したのである。

4、青年毛沢東と人格主義教育

毛沢東の青年時代における教育思想は、1949年以降のそれほどに輝かしいものではないが、彼の教育理論体系において重要な部分を占めている。毛沢東の教育思想の形成と発展は、それ自体が歴史的、論理的な展開過程である。

青年時代から毛沢東は教育を重視していた。1912年6月、長沙の中学校に通っていた19歳の毛沢東は、「商鞅の徙木立信を論ず」と題する作文を書いている。「商鞅の法は……それまで我が国になかった偉大な政策であったが、国民はどうして信用しようとしなかったのか。大木を移動させた者に金を支払うことによって、ようやく国民に法をしっかりと執行することを信用させたという話から、私は為政者の苦労を知り、我が国民の愚かさを知り、数千年間にわたり、民智が暗愚で国が何度も滅亡した悲惨な状況には理由があることを知った」。彼は、中華民族の不幸は、民智が暗愚なことに根本的な原因があるとしながら、社会を改造し、国を救うためには、教育を通じて人々の心を改造

---

*64　中央教育科学研究所『魯迅論教育(魯迅が教育を論じる)』教育科学出版社 1986年、201頁。

第 4 章　現代中国の個性重視の教育思想

する必要があるとした。

　毛沢東は、「民の質を変え」、「人心道徳」を改造することを「根源」と見なしたが、それは蔡元培らが提唱した「共和国国民の健全なる人格の育成」と通じるものがある。すなわち、毛沢東が理解した「根源」とは、本質的には「人格」である。毛沢東が人心の根源を探し求めた直接的な目的は、民族の新しい人格を再び形作るためであった。ここで彼の中で、救国の理想と人格育成の理想とが一体になっている。

　毛沢東の人格主義教育思想は、個性を圧殺し、人格の健全な発展を妨げてきた旧学校制度に対する反省と認識の上に構築されたものである。1915 年 11 月 9 日、毛沢東は黎錦熙への手紙の中で、旧教育の下で個性と人格がねじ曲げられ、踏みにじられる苦しみを述べている。「私は学校で、兄が教えた通りに孜々として逆らうことはしなかった。しかし、自らの性格は抑え続けることが難しく、ついにここは勉学の地ではないと結論を出した。自由意志はなく、教育水準は最低、仲間は最悪で、有用な身が次第に衰え、貴重な時間が失われ、非常に悲しい」。また、「湖南自修大学創立宣言」の中では、学校教育が学生の「個性を消耗させ、精神を滅ぼす」三つの弊害を指摘した。すなわち、一つ目は教師と学生の間に感情の交流がない。教師は「金銭主義」に、学生は「学歴主義」に傾き、「交易して退き、各々其の所を得たり」することで、教える側も教わる側も商業的行為に貫かれている。二つ目は、「一律に機械的な教授法と管理法を用いて、人間性を害している」ことである。三つ目は、時限が多く、課程が繁雑なため、学生の一日は授業に費やされ、授業以外の世界を知らずして、しばしば「精神がぼんやりして、自発的に研究に打ち込む姿勢が見られない」。以上、これら 3 点はすべて学生の個性の解放にとって不利であり、人格の発達を妨げるものであるとした。

　毛沢東が主張する人格主義教育では、徳、智、体の調和のとれた全面的発展を重視したが、特に身体、勇気、意志の強化に力を入れた。『「倫理学原理」批注』において、毛沢東は「動」を「豪傑の士」の「人格の源」としている。「豪傑の士は、天から授かった本性を発展させるとともに、本性に備わった最も偉大な力を広げ、それによって豪傑となった。本性以外の外部から加えられる力、例えば　制裁や束縛などは、本性の中の大きな動の力によって排除される。こうした動の力は、最も堅固で確実な実体であり、その人格を形成する源

137

である」。ここでいう「動の力」とは、第一に身体における動の力である。毛沢東は「体育の研究」の中で、「精神を文明化するには、まず身体を鍛練する必要がある。身体を鍛えれば、文明的な精神は後からついてくる」としながら、身体と勇気を人格形成の最も重要な前提とした。彼は、身体は道徳と学問の基本であり、「身体が強健であって初めて、学問や道徳の進歩に勢いがつき、効果も大きくなる」とした。徳・智・体の三者の関係については、「身体は知識を積み、道徳が宿るものである。それは、知識を積んだ車のようであり、道徳が宿った家のようである」と述べている。毛沢東は、体育は「筋骨を強くし」、「知識を増やし」、「感情を調節する」だけでなく、意志を強くして人生の大事を成し遂げる際にも、無視できない役割を持つとした。毛沢東から見れば、「体育の目的は武勇である。武勇の意味するところは、猛烈なこと、恐れないこと、敢為なこと、辛抱強いことである。これらはすべて意志に関わる」のである。具体的には、「力は山を抜き取るほど強く、気は世を圧倒するほど盛ん、これは猛烈ということである。楼蘭を打ち破らないかぎり故国へは帰らない、これは恐れないということである。家族愛を愛国心へと昇華する、これは敢為ということである。禹が治水のため、8年間家に帰らず、3回ほど家の前を通りながらも入らなかった、これは辛抱強いということである。……意志は人生の大事をするにあたって最初に必要なものである」。このように、体育は身体を鍛えるだけでなく、意志を鍛え、人格を形成する意義も持つ。こうした意義のもとで、毛沢東は、労働と勉学を結びつける「工読並行」思想を提唱するようになり、その思想は、彼がその後強調することになる、知識人は「五七道路（農村に入って労働に従事する道）」を歩き、学生は「上山下郷（農村に居住させるために送り込む政策）」して現場で農業と工業を学ぶなどの思想に直接影響を及ぼした。

　毛沢東の人格主義教育の核心が、「動」における身体の鍛え方だとすれば、健全な人格を養成する最も効果的方法は、いわゆる自己実現を目標として生きることである。毛沢東は『「倫理学原理」批注』の中で、「人間の生きる目的は自己実現にある。自己実現をした者は、自分の身体と精神の力を十分に発展させ、その極みに達した状態と言えるだろう」と書いている。彼は、自己実現を人生最大の目標と見なしたが、それは外からの圧力から自由になった状態を言うのではなく、個人の道徳や自律によって実現されるものであることを強調し

ている。毛沢東は、「私たちは自己に対してのみ義務を負うのであって、他人に対してのそれはない。私の考えが及んだものに対しては、すべて実行する義務がある。つまり私が知っているものに対してはすべて行う義務があり、この義務が私の精神の中で自然に発生したもの、例えば、借金を返すことや約束を果たすこと、そして盗まないことや人を欺かないことは、他者と関係することであるが、私自身がそうしたいと望むことでもある。いわゆる自己に対する義務とは、一言で言えば、自分の身体と精神の能力を十分に発展させることである」と述べている。要するに、彼からすれば、あらゆる場面において自己実現を自らに課し行動して初めて、自らの人格を完成させることができるということである。すなわち、英雄豪傑が英雄豪傑たる要因は、彼らが本性の中から最も偉大な力を解放したからだと考えたのである。「そもそも英雄豪傑の行動は自らの内より発する。その行動力により、奮起して敵陣に攻め込み、困難を恐れず勇猛に前に進む。その強さは長い谷を抜ける大風の如く、色好みが欲情して女性を探すが如きである。それらを阻止できようか、いや、阻止できるものが決してあろうはずがない」。そのため、彼は自ら決めた道徳の掟を非常に重視した。そして、教育は学生のこうした品性を養成して、学生に自らを磨くことを学ばせ、心を制して、自己実現のために勇往邁進するよう導くべしと強く訴えた。

　毛沢東は自己実現と個人の人格養成を訴える際に、教育の社会的目標および社会全体の人格形成の必要性を否定しなかった。この点において、彼は恩師楊昌済の思想を受け継いでいる。楊昌済は、「教育は、ときには自分の利益を犠牲にする精神を育てなければならない。一方、確信や主張を持つ人間や、公共心のある個人主義者を養成する必要もある」[65]と述べている。毛沢東は『「倫理学原理」批注』の中で、この「公共心のある個人主義」を「精神の個人主義」と解釈し、利己と利他の弁証法論的関係について、「人間は利己性を主とするが、それだけではなく、利他の精神も持っており、これも一つの性格で、利他は自利のためである。自利とは主に自己の精神を利することであり、身体の利益とは無関係である」と述べている。毛沢東は「利己性」を強調しているものの、「利他」も否定しなかった。「利己性」を主に精神的なものとしている

＊65　『王興国、楊昌済文集』湖南教育出版社 1983 年、124 頁。

が、彼が述べた「自己の精神を利する」とは、個人の道徳修養における自覚を指すのであろう。「自分の精神を利するとは、情と意を利することである。例えば、愛する人を私の感情は忘れられず、私の意志は救おうとする。そこで、私は力を奮って救おうとするが、状況があまりに厳しくなったときは、自分は死んでも、愛する人を助けようとする。こうして、私の感情は満たされ、私の意志は滞りがないのである」。ここから、毛沢東による精神の個人主義には、利他的な要素が多く含まれていることがわかる。

　毛沢東による人格主義教育の思想は、「湖南自修大学の創立宣言」（1921 年）において、さらなる発展を遂げた。そこでは、彼はすでに個人の人格形成と社会改造を結びつけ、他者と自己、個人と社会との関係をともに重視した。「自修大学の学生は学問を修めるだけでなく、向上心を高く持ち、健全なる人格を身につけ、良からぬ習慣を捨て、社会革新のための準備をしなければならない」と述べている。このように、「社会の個人発展に対する役割」という一方向性を打ち破り、個人の社会に対する能動的役割を掘り起こしたのである。また、社会を自己実現の道具としか見なかった自らの偏った見方を改めると同時に、個人を社会への「犠牲品」や道具としか見なかった一部の間違った観点をも正した[66]。そして、個人の自己実現を社会の自己実現と結びつけ、個人の人格形成を強調しただけでなく、社会全体の人格形成も重視した。彼は、「湖南人には大きな任務が背負わされた。どのような任務なのか？それは、各個人および社会全体の特別な個性と人格を自ら完成させ、自らを発展させ、自らを創造することである」[67] と述べている。このように、個人の自己実現と社会全体の人格形成は、歩調を合わせて進められていくことになった。その後、革命と社会建設が進められるにつれ、毛沢東は教育の社会的役割をより重視するようになったものの、個人の独立した人格を重視し個性の抑圧・束縛に反対する思想、および個人の全面的な発展を重視する思想は、彼の教育思想体系において依然として重要な地位を占めた。

＊66　王興国「青年毛沢東の人格主義教育思想」蒋偉杰、万喜生『学習和研究毛沢東教育思想（毛沢東教育思想を学び研究する）』湖南教育出版社 1991 年、163～172 頁。

＊67　『湖南自修大学および湘江中学』中国人民大学出版社 1988 年、37 頁。

5、個性教育思想の透視

　個性教育思想は、五四運動期における中国教育思想の重要な構成要素であった。この時期の教育家たちは誰もが「個性主義」、「個性の解放」、「個性の発展」を論じていた。それは、知識人や学生の覚醒および伝統への抵抗という意味からだけでなく、人間の問題が中国革命にとっての核心的問題となっていたことを示す。すなわち、人間の個性を掘り起こし、人間の尊厳を回復し、人間の地位を高め、人間の価値を認める個性教育は、教育家たちの共通認識となったのである。

1）個性教育思想は人間の主体的地位を重視し、学生の個性を発展させることを強調したが、それによって、個性は封建的倫理道徳の重圧から完全に解放され、教育対象の地位はこれまでになく高められた。

　五四新文化運動は、中国伝統の文化教育的価値を激しく非難したが、その中心的内容は、人間性の破壊や個性を消耗するやり方と完全に決別することであった。そのため、多くの有識者は「個人の発見」を五四運動の最大の功績と見なした。例えば、茅盾は「創作に関して」という文章の中で、「人間の発見とは、個性を発展させることであり、個人主義である。それは五四運動期における新文学運動の主な目標となり、当時の文芸批評や創作は意識的にまたは無意識的にこの目標に向かっていた」と記している。これは文学の視点から書かれているが、教育においても同様のことが言える。蒋梦麟は、五四新文化運動は「文化教育にとっての個性主義である」[*68]と明確に述べている。例えば、惲代英は、教育実践の中で、学生に自分で自分を管理するよう求める一方、学校の学監制を廃止し、学生による自治会を成立させた。一方、魯迅は、自立能力のある独立した子供を育成するために、役に立つ童謡を集めたり、外国の優れた児童文学作品や科学小説を翻訳したりした。

　「個性の解放」や「個性の教育」の思想の下で、学生の主体的地位は重視され始め、「教授方法」は「教学方法」へと名称変更され、「学ぶ」ことの役割が

＊68　蒋梦麟「個性主義と個人主義」『教育雑誌』第 11 巻 2 期。

強調されるとともに、学生の独学、自習、そして自発的な研究と自治が提唱された。教師側には、啓発的指導法、そして生活教育と天才教育が重視されると同時に、詰め込み式、注入式、教訓式、閉鎖的、格一的といった指導法が反対された。こうして「個性の発展をはかる」ことが、教育界の共通認識になっていったのである。教育家たちが学生の個性発展の問題を議論し研究する中で、青年知識人や学生たちも自らの価値を認識し始め、個性の自己発展、自己改善、自己実現を重視するようになった。その結果、「伝統的人格を現代的人格へと変え、個性と活力に満ちた大勢の学生たちが世に現れ、中国現代の政治、経済、文化、教育、各方面における改革者あるいは優秀な人材となり、中国社会を前へと導いた」[69]のである。しかしここで指摘すべきことは、五四運動期における個性教育思想が封建的教育思想に加えた攻撃は徹底したものではなかったという点である。それは台風のように、封建的教育という社会に深く根をはった大木を激しく揺り動かしたが、しかし根元から引き倒すことはできなかった。そのため、封建的教育の遺物は、今日においても様々な形で影響を及ぼし続けている。

2) 個性教育思想は、西洋流の個性主義と個性発展における負の側面を自ら揚棄し、個人は集団や社会と引き離せない存在であることを強調するとともに、個性の形成と社会の改造との調和を重視しつつ、中国ならではの特徴を有する教育観を形成した。

個性教育思想は、異なる階級、異なる階層、異なる学派、異なる信仰を持つ教育家たちによって提唱された教育思潮で、主題を同じくしても、その中身は必ずしも同じものではなかった。例えば、マルクス主義を受け入れた青年教育家や知識人にとっては、個性の発展は社会の発展と切り離すことはできず、社会の改造は個性形成の前提である一方で、個性の形成も社会に無視できない影響を及ぼすものとされた。彼らは、学生に勉強に励みながら、自分の個性を発展させるだけでなく、個人的な事情を犠牲にしても社会改革に役立つ事業に取り組むよう求めた。例えば、楊賢江は、「学生活動を禁止し個性を束縛する専

---

*69　劉琪「個性・群性・社会 - 五四時期教育理論探索の中心問題」「華東師範大学学報（教育科学版）」1989 年第 2 期。

制主義的教育」に反対しただけでなく、「因循姑息で、学生の好き勝手に任せた放任主義教育」にも反対した[*70]。

　平和的改革を主張する教育家や自由主義者たちも、個性主義と個性教育を重視したものの、それを常に一定の範囲内に制限しようとし、「個性主義が行き過ぎる」ことによって引き起こされる社会動乱や流血を伴う革命に反対した。例えば、胡適や蒋夢麟らは、学生に破壊的な攻撃ではなく、建設的な方法で学校や社会の改善を促進し、正当な方法で自らの主張をぶつけることによって極悪勢力と闘うよう必死に言い聞かせた。彼らの主張には現実社会にそぐわない部分もあるものの、李大釗や惲代英、楊賢江、さらには青年時代の毛沢東との共通点もあった。すなわち、中国社会と教育の改造において、個性の形成と個性の発展が重要な役割を占めていることを否定しなかったこと、西洋流の個性主義（個人主義）教育に対し程度の差こそあれ満足しなかったこと、個性と社会性、個人と社会、個性形成と教育・社会改造との関係においては、協調と調和を重視したことなどである。

3）**個性教育思想は個性的な教育理論を生み出し、さながら教育思想界における百花斉放、百家争鳴の状況を作り出し、西洋の様々な教育理論、学派、思潮や方法が次々と輸入され、中国ならではの特徴ある様々な教育思想ができあがっていった。**

　五四運動期に、思想の解放と個性主義という大きな潮流の下で、教育界は、学生に対し個性教育を推し進めることだけでなく、教育理論自体の個性化を進めることも強く主張した。例えば、陳独秀は、理論研究分野を神聖化するのではなく学術化し、自由な個性が存在してしかるべきだと主張した。「牽強付会や迷信を排除した上で言えば、世界には万世の手本として崇められる聖人、万世に通じる制度、万病を治す学説、この三つは存在しない。ある理想を鼓吹するとき、こうした妄想や迷信は大きな力を発揮し、大きな価値がある。しかし、学術思想の進歩において、社会問題の議論においては、大きな障害となる」[*71]。一方、胡適もいかなる学説も「各個人の置かれた時勢、才能や性格、受けた教

─────────────

＊70　中央教育科学研究所、厦門大学『楊賢江教育文集』、226頁。
＊71　三聯書店『陳独秀文章選編(上)』三聯書店 1984年、498頁。

育がそれぞれ異なるので、彼らの学説は個性の違いが現れ、個性による制約が加わる。そのため、全世界にあまねく適用できるわけではないし、万世に悖らないということもない」[72] と述べた。そのため、中国の新しい教育は一つの個性により作られた理論や一つの主義に固執するのではなく、あらゆる新しい主張から生まれた教育理論を生かすようにするべきであるとした。

　以上の思想の影響下で、中国の教育界は海外の教育理論や思潮を積極的に導入しながら、その一方では中国の実情に合った新しい教育理論や思潮を作り上げ、教育理論界はこれまでになく活性化された。五四運動期に大きな影響を持った教育思潮には、平民教育思潮、工読教育思潮、自由主義教育思潮、美感教育思潮、職業教育思潮、プラグマティズム教育思潮などがあり、1920 年 9 月から翌年の 8 月までの 1 年間だけでも、『教育雑誌』に海外の教育理論を紹介する記事が 36 篇掲載された。

　この時期の教育思想は、洋務教育や維新教育期の教育思想とは重要な違いがあるが、それは、個性教育思想においては様々な理論が提出され、さながら大合唱のようであったということである。それは、中国教育自らの発展の中で閉鎖的または孤立的に生まれた教育思想ではなく、様々な学派の教育理論が海外から紹介される中で、教育家たちが主体的に選択し創造した産物であり、これまでにない豊かな土壌の上に展開された教育思想であった。

　実際のところ、歴史的源流を遡れば、伝統的な旧教育への批判はこの時期に始まったことではなく、すでに北宋時代に、王安石や胡瑗らが正統派とされた儒学の弊害を公にし、その変革を試みた。個性主義による教育思想が五四運動期に爆発的に展開したのも、全く脈絡もなく登場したわけではなく、当時の社会や政治情勢に押し出されるようにして生まれたものである。そのため、この時期の教育家たちは教育問題を議論するとき、教育というより政治の角度から問題に切り込み、教育上の論争は政治闘争の付属品または装飾品のようになった。彼らは、個性を踏みにじる旧教育を批判し、教育の「あるべき姿」を提唱し、新しい教育の未来図を構想する際に、そこで達した境地と覚醒具合の限界により、往々にして結果が偏ったり準備不足を露呈したりした。例えば、伝統

＊72　胡適『西洋哲学史大綱・序論』、再引用『李大釗全集』第二巻、「強力と自由政治」注釈
　　　人民出版社 2006 年、208 頁。

的教育を根底から全面否定する傾向が見られたことなどである。

　個性主義による教育思想が、中国の現代教育ひいては今日の教育に及ぼした影響は大きかった。しかし今日、我々は「素質教育」を推進するにあたり、未だに教育における個性重視と社会性重視の間で葛藤しており、今後さらなる思考と探求が必要である。

第**5**章
現代中国の職業教育思想

　　まず労働して食べることができる。ああ！これは我々人間の天職である。この天職を全うするために、様々な職業から自分に適したものを選択することができる。先に悟った者が後に続く者を啓発できなかったことを恥じるが、我々の弟子を見捨てた責任は誰が負うのか？心を一つにして我が社を興して、進むべき道の隆盛を願う。研究実験して実行に移し、行動の一つ一つ見る。我が民の憔悴を救うことができれば、最終的には我が国と民族の強さを見通すことができる。手旗を高く上げよ！私はどこへ向かうのか？比楽の堂へ！職なき者に職を、職ある者に楽しみを。ああ！ああ！私の願いはいつ叶うのだろうか？天が私に与えた時間は長い！[*1]

これは黄炎培が作詞した「中華職業教育社社歌」である。歌詞には、黄炎培の「職なき者に職を、職ある者に楽しみを」という職業教育の理想、および職業教育を通じて国の富強と民族の繁栄を目指す中華職業教育社の同志たちの心意気がよく表れている。現代中国の職業教育思想は、黄炎培と彼が率いる中華職業教育社による実践の中で形成され発展していった。

1、職業教育思想の形成と発展

　1878 年、「中学を体と為し、西学を用と為す」の旗下で、洋務派が産業や学校を興すことに心血を注いでいた頃、黄炎培は江蘇省川沙県（現在は上海市に属する）の私塾教師の家庭に生まれた。黄炎培が少年時代を終える頃、洋務運動の失敗を象徴する日清戦争が勃発し、その翌年には屈辱的な「下関条約（馬

---

*1　中華職業教育社『黄炎培教育文選』上海教育出版社 1985 年、334 頁。

関条約）」が締結され、中国人民の心、そしてこの若者の心にも刃物が突き立てられるような感情を残した。1901 年、黄炎培は南洋公学の特科班に入学し、著名な教育家蔡元培の下で外交を専攻した。南洋公学で学んだのはわずか 1 年間であったが、黄炎培の人生に大きな影響を及ぼし、特に蔡元培の愛国主義精神と教育救国の思想は、彼の人生選択に重要な役割を果たすことになる[*2]。黄炎培はこの時期を出発点として、教育思想家としての道を歩み出したのである。

1. 職業教育思想の懐胎期

1903 年から 1913 年までが職業教育思想の懐胎期とされる。

1902 年の秋、南洋公学で学生の集団退学事件が起きると、黄炎培は蔡元培の指示に従い、故郷に帰って新型教育の研究に身を投じた。そして、翌年に川沙県小学堂が設立されると、彼は教育と固い絆で結ばれた。黄炎培は川沙小学堂の「総理」（校長）に選出され、無報酬で働きながら、学校という陣地を利用して革命思想を宣伝したが、その結果、皇帝を誹謗したという罪名で逮捕される。幸い「即刻処刑せよ」という督撫（地方長官）の電命が到着する 30 分前に救い出され、日本に亡命することになった。

事件のほとぼりがさめた 1904 年、黄炎培は上海に戻り、前後して広明小学校、広明師範講習所、浦東中学校を設立するとともに、愛国学社、城東女学校、麗沢書院などで教壇に立ちながら、教育経験と教育関係の資料を蓄積していった。そして 1905 年には、蔡元培の紹介で中国同盟会に加入し、江蘇学務総会の主要メンバーとなった。江蘇学務総会は、江蘇省唯一の江南と江北を統一する機関で、当時の教育界でもその名が知られていた。黄炎培は同会の常任調査幹事として、各地の教育現場での紛争解決を担当し、1909 年には江蘇諮議局常駐議員に選ばれた。

1911 年に武昌蜂起が勃発し、ほどなく江蘇省も独立を宣言すると、黄炎培は江蘇省民政司総務科長兼教育科長に就任した。1912 年 1 月に南京臨時政府

＊2　黄炎培は、蔡元培から受けた影響を次のように追憶している。「この時我が師の教えは……千言万語、愛国に帰する」。「"中国国民は極度の苦しみに遭いながらも、苦しみの原因を知らないため、立ち上がり、団結して、自力で苦しみを取り除くことができない。君たちは卒業したら、学校を興して民衆を呼び覚まさなければならない"。蔡先生のこれらの話を、私は永遠に忘れることはない」。（『国訊』第 230〜231 期）。

が成立、蔡元培が中華民国初代教育総長に就任すると、黄炎培は彼に頼まれ、中華民国の臨時教育法令を起草した。そして蘇州に帰ってからは、江蘇省教育司長に昇進して地方の教育事業に取り組んだ。十数年の教育人生の中で、教育が置かれた状況を完全に掌握し、教育が現実問題から大きく遊離している問題を目の当たりにした黄炎培は、旧教育の改革のために一連の構想を打ち出すとともに、職業教育思想の芽を育んだ。

1913 年、黄炎培は江蘇省教育会の副会長に選出されたが、この年は彼の教育理論が世に登場する時期でもあった。彼は「江蘇教育 5 年計画書」を制定し、「教育の前途に横たわる危険な事象」および「学校教育へのプラグマティズム導入に関する議論」などの論文を発表して、職業教育思想構築のために理論面からの準備を行った。

「江蘇教育 5 年計画書」は、江蘇省の教育発展のために作った計画で、小学校から中学校、農業学校、工業学校、商業学校、師範学校、そして生活教育、社会教育、高等教育までの発展計画を策定するとともに、教育と社会生活とが密接に結びついた内容となっていた。黄炎培は、教育における重要な責任の一つは、「この世に必要とされる人材を育成し輩出していく」[3] ことだとした。彼は工業教育について、「工業が発展するにつれ、鉄の需要は高まるので、製鉄に詳しい人材を早急に育成するため、冶金科を増設する必要がある。中華民国になってから、印刷業は一日千里の勢いで発展している。自らの力で解決し、利益を外へ流さないために、製版科を増設する必要もある。社会からの必要性が急速に増大するものは、すべて押し広める」[4] と述べている。これは、現実社会と人々の生活を重視し、実効性を重視する彼の教育思想の特徴を示している。

「教育の前途に横たわる危険な事象」の中で、黄炎培は法政教育のいびつな発展を批判し、それに代えて国の経済と人民の生活に役立つ各種の実業学校を創るよう提唱した。彼は次のように述べている。「今の中国を論じる者は誰もが、利益の分配を受ける人が多く、利益を生み出す人が少ないことこそ、国の衰退をもたらしている主たる原因だと嘆いている。法政を学んだ者がなす仕事

---

[3]　中華職業教育社『黄炎培教育文選』、4 頁。

[4]　中華職業教育社『黄炎培教育文選』、5 頁。

は利益の分配であるが、この分野を学ぶ人が多くなる傾向がある。一方、農業と工業は利益を生む産業であるが、この仕事から離れる人は多い傾向がある」[*5]。「私はこうしたことを恐れて、学問に励む青年たちに、青年たちの保護者に、そして青年たちを教育する責任者に、断固告げなければならない。私は、法政は学ぶに足りぬと言っているわけではないが、法政学科は廃止しても良いとさえ考えている。学ぶ側はこの世に必要な学問を学び、教える側はこの世に必要な人材を育てなければならない。だとすれば、何を捨て、何をとるべきか？」[*6]。彼は、「この世が必要とする学問」を学び、「この世に必要とされる人材」を育てるべきと強く主張したのである。

「学校教育のプラグマティズム導入に関する議論」は、黄炎培の職業教育思想において前を奏でる論文である。民国元年の教育界に熱い議論を巻き起こしたこの論文は、黄炎培初期の教育思想の全貌が示されている。彼は、教育の根本的な目的は「人生の処世術として最低限必要なものを身につけさせる」ことにあり、「自己に対しては自立の能力を身につけ、他人に対しては柔軟な対応ができる」ようにすることだとした。具体的に言うと、徳育は「実践に移しやすいこと」、体育は「日常に取り入れやすいこと」、智育は「生活に必要な一般的知識や技能を得ること」[*7]が教える内容の中心となる。彼は、当時の教育が生活現場から乖離した問題点を次のように批判した。

> 今の学生を見ると、学校教育を受けた時間が長い者ほど、家庭を嫌い社会を軽蔑する傾向が強く、互いに相容れない状況が深まっている。学校で得たいわゆる道徳・技能・知識などを実際の家庭や社会の中で活用するのを見たことがない。例えば、知識で言えば、論説を書くことには慣れているが、日常の書簡が書けない。ナポレオンやワシントンの名前は挙げられるが、親友間の呼称を書くことができない。算数などを学んでも、はかりと定規が前にあっても使えない。理科を学び植物の科名を若干知っていても、庭の草の種類が分からず、家具が何の木からできているかが分からない。これら明らかな現状を、教育を職業とする者は隠すことができない。

---

*5　中華職業教育社『黄炎培教育文選』、12頁。
*6　中華職業教育社『黄炎培教育文選』、13頁。
*7　中華職業教育社『黄炎培教育文選』、14頁。

第5章　現代中国の職業教育思想

では、学んだものはいったいどこに使うのか？いわゆる生活に必要な知識は、ここにはないかもしれない[8]。

黄炎培は、以上の問題に対し、教育はプラグマティズムを用いなければならないと主張した。すなわち、こうしたプラグマティズム教育は、学校教育と実生活との距離を縮め、文字の教育を実物の教育に変え、平面的な教育を立体的な教育に改めることである。この理念に基づき、彼は小学校の各科の教育改革に対し、職業界の実用的な知識と経験を伝授すること、および学んだものを実際に応用できる精神と習慣を身につけさせることが重要とする提案を行った。

教育で国を救うこと、教育で民族を強くすること、そしてプラグマティズム教育思想を提唱したことは、黄炎培の職業教育思想の形成過程における重要な部分である。彼の思想とプラグマティズムは、封建的旧教育に反対するという点においては共通していた。経世致用を提唱し、教育と生活を結びつけるという主張においても、通じるところがあった。そのため、プラグマティズム教育の提唱は、職業教育思想に理論と実践の両方で条件を整えたと言える。

2. 職業教育思想の形成期

1914年から1917年までは職業教育思想の形成期である。この時期に、黄炎培はプラグマティズム教育から職業教育への転換を最終的に実現した。

1914年、時流に逆行する袁世凱に反抗し、恭順しない態度を示すために、黄炎培は江蘇省教育司司長の職を辞した。そして同年4月からは、上海『申報』館記者および遊美実業団編集者として、国内外の教育について幅広い考察を行った。彼は、教育家ならではの鋭い目で東西教育の相違を比較しながら、「自国教育の考察ノート」、「皖浙贛教育状況考察の報告」、「京津通俗教育の見聞録」、「黄炎培の米国職業教育調査報告」などの教育視察報告書を発表した。

黄炎培が国内各地で考察の旅をしていた時期は、まさに民族ブルジョア階級発展における黄金期であった。民族資本主義の急速な発展によって、教育界は厳しい対応を迫られることとなった。すなわち、一方では、民族ブルジョア階級が人材不足問題の解決を切に望み、各分野の技術者と管理者を補充し実業発展のニーズを満たすよう求めた。その一方では、大量の小中学校の卒業生、さ

---

[8]　中華職業教育社『黄炎培教育文選』、14頁。

151

らには甲類、乙類の実業学校や大学の卒業生が、実業界で活かせる特技が何も
ないため失業者の列に放り込まれた。学校教育と社会的需要との間の隔たりが
非常に大きかったのである。黄炎培は、教育と職業の乖離、学校と社会それぞ
れが目指すものの食い違いは、教育が社会に後れをとるという問題を発生させ、
教育が産業発展のニーズに応えられない根本的な要因になったとしながら、そ
の解決の道筋として職業教育をあげた。教育と職業を融合した新しい教育の構
想が、初歩的段階ではあったがここに作り上げられたのである。

　1915年4月、黄炎培は、パナマ太平洋万国博覧会を見に行く遊美実業団に
随行して渡米し、アメリカ25都市の学校52校を視察しながら職業教育問題
を中心に情報収集を行った。彼は、アメリカの職業文化、職業学校、職業訓
練、職業指導から中学校の選科、分科などの問題まで全面的に把握するとと
もに、中国の教育問題についてアメリカ人の意見を聴いた。例えば、「教育と
生計の問題は、中国が急ぎ解決すべき問題となっているが、アメリカはいかが
か？」。「中学校の卒業生は生計を立てられるのか？」、「小学校の教育課程にお
いて、就職を容易にすべき取り組みがなされたことがあったか？」など。結果、
黄炎培は次のような結論を導き出した。すなわち、「アメリカの職業教育の成
果を観ると、我が国の教育は至急改革すべきである」[9]、「職業教育は、学説上
新しい概念であるが、社会においては重要な問題であり、教育の現場において
は最新の最も優れた制度である」[10]などである。

　帰国後、黄炎培は自らが得た結論をもとに具体的実践の段階に移り、中国で
職業教育を立ち上げるため、同志と連絡を取ったり、資金を募ったり、調査や
研究を積極的に進めていった。1916年9月、江蘇省教育会付属の職業教育研
究会が設立されたが、これは中国初の職業教育に関する研究機関であった。黄
炎培は蔡元培、張元済、宋漢章、厳修など、教育界、実業界の関係者48名と
連絡を取って、上海で中華職業教育社を設立し、1917年7月に『東方雑誌』
と『教育雑誌』に、「中華職業教育社宣言書」を発表した。そこにはこう記さ
れていた。「今日、我が国で最も重要で最も困難な問題は、生計問題である。
生計問題を根本的に解決するには、教育しかない。しかし現在、我が国の教育

---

*9　黄大能「懐念吾父黄炎培（父黄炎培をしのぶ）」『人民日報』1981年3月6日。

*10　黄炎培「抱一日記」『教育雑誌』第8期第10巻。

では、生計問題が解決できる希望はない。今日の教育は、生計問題を解決できないばかりか、生計問題の解決にとって大きな障害にしかなっていない」。簡単に言えば、「教育が職業と呼応していないため、各業種の発展は望めない！」のである。そのため黄炎培は、中国の生計問題を解決するには、まず教育問題を解決する必要があり、教育問題を解決するには、まず職業教育を実施すべきだと考えた。そして職業教育を実施するために、「職業教育を普及させること、職業教育を改良すること、普通教育を改良して職業適応の準備をすること」[*11]といった3方向から着手する必要があると指摘した。一方で、彼は職業教育の施設、内容、方法についての指導的意見を出した。「その実施方法とは何なのか？それは、調査、研究、指導、指示、講演、出版、表彰、質疑応答である。注意すべき点は、政府、学校、社会でそれぞれの役割を明確にすることである。しかし、まずは施設が必要であり、都市型あるいは農村型の男子、女子職業学校や、昼間部、夜間部あるいは週単位課程による職業補習学校を適切な場所に設立する。また、普通教育の改良に向けた準備が必要で、教育博物館を創立する。こうした取り組みへの影響が広がり、効果が現れれば、職業紹介部門も設置する。これが調査、布告、指導に当たる」[*12]。

　「中華職業教育社宣言書」は、職業教育思想形成の宣言でもある。それは、中国教育の現状と問題を全面的に分析しただけでなく、これらの問題解決に向けた道筋と方法を提案している。また、この「宣言書」は、中華職業教育社に行動綱領を提供しただけでなく、現代中国における職業教育思想が産声をあげ、その姿を正式に世に示したことも意味する。

3. 職業教育思想の発展期

　1917年以降は、職業教育思想が成熟に向かって発展を続けた時期である。

　中華職業教育社の設立によって、職業教育は世の注目を集めるとともに、社会的影響力を持つ教育思潮を形成した。教育界や実業界の著名人が執筆、講演、募金活動を行うなど、世論形成と経済の両面から職業教育事業を支援した。例えば、蔡元培は、北京、天津、南洋の各地で講演しながら、職業教育支援のた

---

*11　中華職業教育社『黄炎培教育文選』、52〜56頁。
*12　中華職業教育社『黄炎培教育文選』、52〜56頁。

めに声をあげた。「今日の学生は、国政の影響により、家族の妨害により、その多くは志を成し遂げられず、生計を得る道を歩んでいる。この実態は職業教育が至急対応すべき問題と考える」[13]と彼は述べ、自ら中華職業教育社の評議会主席を務めた。キリスト教徒である教育家馬相伯も、実業を「救国の根本」とし、道徳を「実業の根本」とすべきことを提唱した。彼は、職業教育において知力は重要であるが、より重要なのは「道徳を拠り所とする」ことだと考えた。一方、陶行知も「利益を生み出す職業教育」という文章の中で、教育界に職業教育を積極的に導入するよう呼びかけた。経済的側面からは、実業界も惜しみなく財政的支援を行った。1917年から1919年までの間、約39の企業または個人から、中華職業教育社に69,730元の寄付が行われており、上海金融界を率いる宋漢章や南洋華僑を率いる陳嘉庚からも援助の手が差し伸べられた。

　黄炎培の指導の下、中華職業教育社は精力的に様々な活動を展開した。社会調査を幅広く行い、各地の職業教育の現状を総合的に把握するとともに、『教育と職業』という雑誌を創刊し、数百種類の職業教育叢書や職業指導叢書、職業教育の教科書を編集、翻訳、出版した。また、中華職業学校を設立するとともに、各地に中等職業学校、職業教習所、小中学校附設職業科と職業予備科、大学および専門学校の職業専修科、職業教師養成学校、実業機関、軍所属の職業学校などの設立を指導した。さらに、職業指導委員会や上海職業指導所を設け、職業相談、職業調査、職業講演、進学指導、職業紹介、職業選択指導、転職指導などの活動を展開し、職業教育が社会に認知されるよう努めた。1925年、石占元は『教育雑誌』に文章を発表し、さらに職業教育のための世論作りに貢献した。

　　　鉄道政策は一発の号砲だけに終わり、工兵政策は一夜の夢で終わった。ここに至って、中国を豊かにし強くするのに、なぜ武力を論じたり、文化を論じたりしているのか。食料問題！労働者問題！教育問題！これらは中国現在の三大難問であり、その対応によって中国の命運は決定する！この三つを統一し、一気に解決に導くのは、おそらく職業教育が唯一の選択肢であろう[14]。

＊13　蔡元培「南開学校の全校歓迎会での演説詞」高平叔『蔡元培教育文選』、26頁。
＊14　石占元「大戦後の米国職業教育運動」『教育雑誌』第17期（1）。

第５章　現代中国の職業教育思想

　この論説は思い入れが強すぎるきらいはあるものの、職業教育が及ぼした幅広い影響を一つの視点から説明したものと言える。

　この時期、黄炎培は職業教育を活動の中心に据える一方、職業教育の理論についても新たな展開を目指しながら、職業教育の思想的内容を成熟させていった。中華職業教育社に寄せた年次総会の言葉の中で、黄炎培は、職業教育が生活教育として定義されている誤解を批判しながら、職業教育の目的は、個人の生計のため、個人の社会貢献のため、国家および世界全体の生産力増強のための準備であると明確に述べた[15]。また、「学生自治号」（「教育と職業」の特集）に書いた発行趣旨の中では、職業教育を進める際に犯しやすい二つの過ちについて分析した。一つ目は、学生たちが「自尊」という言葉を誤解しやすいということである。「それでいつのまにか仕事全般を軽く見るようになる。どのような技術を学んでも、貴族の技能になってしまう。決まった作業工程以外はやろうとしない」。二つ目は、教師側が学生たちに職業の技術的側面だけを教え、精神の育成は重視しないことである。その結果、「優れた教育を機械的な教育に変えてしまい、自主的に行動する習慣や共同生活力がない」[16]。このように、教育は「改良された見習い工」を養成するだけで、「善良な公民」を生み出すという使命を全うすることができないと述べている。この頃、黄炎培は、職業教育という枠内の議論を超えて、より高みから俯瞰的に職業教育問題を見つめようと努力していた。1926年、彼は「大職業教育主義を打ち出し同志の意見を求める」という論文の中で、「大職業教育」という概念を打ち出した。教育は常に決められた社会環境の中でしか発展できないため、社会を離れて教育を語り、職業教育を語ることは、木によりて魚を求むことに等しいとし、意見を３点提出した。「１点目は、職業学校内の工夫だけでは、職業教育を発展させることができない。２点目は、教育界内の工夫だけでは、職業教育を発展させることができない。３点目は、農・工・商の業界内の工夫だけでは、職業教育を発展させることができない」[17]。こうした認識に基づき、彼は閉鎖的状況下で教育を議論することに反対しながら、職業教育の事業に従事する者は、「一

───────────────

[15]　中華職業教育社『黄炎培教育文選』、68頁。

[16]　中華職業教育社『黄炎培教育文選』、84頁。

[17]　中華職業教育社『黄炎培教育文選』、154〜155頁。

部の力を割いて社会全体の活動に参加し」[18]、社会生活に積極的に参加するよう求めた。

「大職業教育」の考えを打ち出したことは、黄炎培の職業教育思想が新しい発展段階に入ったことを示す。この時期を契機に、黄炎培は職業教育の活動の中心を、学校から社会へ、都市から農村へと徐々に拡大していくとともに、救国抗日の闘争に自らの力を集中し、職業教育に新たな意義を付与した。

1949 年 10 月 15 日、黄炎培は『人民日報』に「中華職業教育社が 32 年間の闘争を経て発見した新たな生命」と題した長編の文を発表し、彼と中華職業教育社の 30 年以上にわたる闘争過程を全面的に回顧、総括、反省するとともに、中華職業教育社が運営する各種の教育事業を無条件に人民に譲渡すると述べた。彼は、「社会主義と共産主義が実現して初めて、人類の職業問題を現実的に円満解決し、"職なき者に職を、職ある者に楽しみを"という使命を最も偉大な形で完成することができる」[19]と明確に記している。その後、中華職業教育社は教育部の指導の下で、北京函授（通信）師範学校と中華函授（通信）学校を設立し、新中国の成人教育と職業教育事業のために引き続き新たな貢献を続けている。

2、職業教育思想の主な内容

現代中国の職業教育思想は、そこに内在する意味内容は豊富で、理論体系としても比較的整っている。以下に職業教育の目的論、運営方針論、課程論、教育原則論、道徳規範論の諸方面から職業教育思想について論評する。

1. 職業教育の目的論

黄炎培は「中華職業教育社宣言書」の中で、「職業教育の目的として、一方には人の計があり、それは青年たちの生計を立てる急務に応えるためである。もう一方には事の計があり、それは社会の分業のために必要だからである」[20]

---

*18　中華職業教育社『黄炎培教育文選』、154～155 頁。

*19　中華職業教育社『黄炎培教育文選』、332 頁。

*20　中華職業教育社『黄炎培教育文選』、54 頁。

と述べている。すなわち、一方では人が職に適するよう育成し、青年たちの生計問題を解決すること、もう一方では職が適切な人材を獲得し、社会の需要を解決することである。1年後、彼は職業教育の目的を、個人の生計のための準備、個人の社会貢献のための準備、国家および世界全体の生産力増強のための準備、という三つの内容に発展させた。1920年代以降は、さらに「個性の発展をはかるため」を職業教育の目的の一つとして加え、「職なき者に職を、職ある者に楽しみを」として要約した。このように職業教育の目的論は、個人と社会の両方の意義から述べられている。すなわち、個人にとっては、生活手段と自己発展という意義を持ち、社会にとっては、国家に利益をもたらし、国民全体を豊かにするという意義を持つ。

　黄炎培は、まず職業教育が人の生存と発展における重要な意義を肯定した。生存は人類最大の欲求であるが、当時の中国においては「最も重要でありながら、最も解決が難しい問題」であったので、まずは職のない者に職を持たせ、基本的な生計問題を解決できるようにすることが、職業教育思想の出発点であると彼は考えた。職業教育を「喫飯教育（飯を食うための教育）」だと嘲笑する者もいたが、黄炎培は平然として、「我々が社会に存在する目的と天から与えられた責任は、決して個人の生活のためだけにあるのではない。しかし、個人に生活する条件が整えられていなければ、どうやって精神の修養を語り、社会への貢献について語れるというのか？職業教育は、個人の生活を実現させるためだけにあるのではないが、個人が生活の糧を得るようになるのは確かである。職業教育を“飯を食うため”とだけ一言で片付けるのは、あまりに乱暴な意見である。また、職業教育を軽視して、飯を食うという問題も語らないのは、これも不誠実である」[21]と反撃した。人は自分の生活のためだけに、あるいは飯を食うためだけに職を求めるわけではないが、しかし誰もが社会的分業のニーズに従って職業労働に従事し、それによって生活に必要な糧を得なければならないということである。もし職業教育が、労働によって生計を立てる能力を養成できなければ、精神の修養や社会への貢献を語ることができないだろう。

　職業教育は人々の生存欲求を満たすのみならず、「個性の発展」も意図したものでなければならない。当時、職業教育とは技能の伝授であって、人の個性

＊21　中華職業教育社『黄炎培教育文選』、59〜60頁

を発展させることなどできないと言う者もいたが、黄炎培はその考えに同意せず、職業教育そもそもの出発点から説き起こし、個性発展との関係を論じた。「社会生活に分業体制が取り入れられてから、仕事の効率化および人々の天性や天分の認識と発展、さらには仕事との相性を求める動きが発生し、そこに職業教育の必要性が生まれたのである」。ここで言う天性と天分には、個性という意味が含まれている。つまり、職業教育によって人の個性や才能が社会の分業体制に適応しようと努力した結果、仕事の効率が高まり、人の個性や才能もさらに発展させられるということである。

教育を受ける者の個性を総合的に発展させるために、黄炎培は、職業教育の核心部分について次にように述べた。「職業教育は、教育を受ける者が専門技術を習得し、それにより社会の生産部門に従事し、適切な生活が送れるようにする。同時に、共通のより高次の目標も重視する。すなわち、青年たちの自発的に知識を求める能力、強固とした意志、優美な感情を養成し、職業に応用させるだけでなく、社会と国家にも貢献できるようにし、健全で優れた人間に育て上げる」[*22]。そのため彼は、職業教育は「四つの根本的な修養」、つまり高尚で純潔な人格、博愛にして助け合う精神、義理堅く勇敢な気質、質素で苦労にも耐える習慣を重視する必要があると繰り返し強調した。

黄炎培はまた、職業教育が社会の発展に及ぼす意義についても肯定的立場を表明した。彼は、職業教育は個人の生存と発展に対する欲求を満たすと同時に、大衆や社会に奉仕することもできるとし、次のように述べた。「職業教育とは、人々に互いに助け合う行為の素養を与え、人類の共同生活という天職を全うさせることである。最高の情熱をもってすべてを包み込み、最大の度量をもってすべてを受け入れ、協調の精神を発揮して、鍛錬の方向性を作り、教育を受けた者の精神面と知力面が人々の要求を完全に満たすものとなるようにしようではないか」[*23]。職業教育は、人々の助け合いの精神や協調性を養成するだけでなく、社会の生産力の発展にも重要な役割を果たす。第1次世界大戦後における世界各国の教育の発展動向を研究した彼は、「いわゆる戦後教育とは、生産教育である」ことを見抜き、生産力を増強するためには、「地力、物力、人

---

*22 中華職業教育社『黄炎培教育文選』、101頁。

*23 中華職業教育社『黄炎培教育文選』、167頁。

力を集結させることが大事であるが、人力はその中心にある」と考えた。そして、「"地"と"人"と"物"、および生産力増強問題を解決するためには、職業教育以外には他に道があるだろうか？」と指摘した。さらに、「中国は土地がこれだけ広く、人口もこれだけ多い中、至急生産力の増強をはからねば、他国が代わりに策を立てるだろう。故に、我が国の戦後教育は職業教育以外の戦略は選択肢にない」[24]と述べている。ここに、職業教育は「国家および世界全体の生産力増強のための準備」という目的が明確に打ち出されたのである。

2. 職業教育の運営方針論

　黄炎培は職業教育の社会化を重視し、それを活動方向と目標を導く運営方針とした。中華職業教育社が設立された頃、職業学校が規定した方針は以下のようなものであった。

　　①将来の就業のためには、十分な知識を持つ必要がある。そして、その知識は緻密で正確でなければならない。

　　②応用できる知識はあるが熟練した技能がなければ、実践の場で用いるにはまだ不十分である。故に、本校では実習を重視する。生徒に半日は講習を受けさせ、半日は実習を行わせることで、確実に各種技能を身に付けさせる。

　　③応用できる知識と熟達した技能はあるが、品行が善良でなければ、社会的一人前とは言えない。故に、本校では学生による自治を重視し、共同作業を提唱し、協調の心や責任感、勤勉・誠実・克己・公正などの美徳を養成し、善良な公民になれるように育てる。

　　④社会に存在する事業の数には限りがあるが、仕事を求める者は日に日に増える。学校の卒業生を限られた職場の中に全員収容することは不可能である。故に学生は、新しい事業を立ち上げたり、生産力を増強したりする能力がなければ、今日の世界で生き残ることができなくなる。本校ではこうした状況を鑑みて、その能力の養成に特に力を入れる[25]。

---

[24]　孫運「学習黄炎培的職業教育基本理論（黄炎培の職業教育基本理論を学ぶ）」『教育研究』1987年第9期。

[25]　黄炎培「中華職業学校設立の趣旨」『社史資料集』（第3集）、12頁。

以上、黄炎培は学生が一人前になって社会に貢献することを、職業教育の運営方針とすると明確に示した。そして『河車記』の中で、職業教育の社会化という運営方針についてさらに詳しく述べている。「職業教育に取り組むとき、時代の流れと進むべき道に注意し、社会がどのような人材を必要としているかを理解し、それに合う職業学校を作らなければならない」。「職業教育の原則は、社会からの需要に即応することに重点を置く」。1926年、黄炎培は以上の原則を「大職業教育主義」として総括し、1930年には「職業教育機関にとって唯一の生命とは何か」という論文の中で、社会化こそ職業教育の本質であるとした。彼は次のように記している。「ここ数年間の経験とここ数ヵ月の思考の結果、職業学校にとって最も重要な点は何なのかについて結論に至った。人の魂を例えに使って述べて見れば、"得られれば生き、得られなければ死ぬ"ものとはいったい何なのか？その本質から言えば社会性であり、その役割から言えば社会化である。……職業教育機関の本質は社会性に富むものなので、職業教育機関にとって唯一の生命とは何なのか？それは社会化である」[*26]。

黄炎培は、職業教育の社会化という本質を十分に理解し、外界から閉ざされた場所で職業教育を行ってはならないこと、意図的に職業教育を社会生活から遮断してはならないことを堅持しつつ、「理想主義者や象牙の塔の学者」に職業教育を任せてはならないと主張した。こうした影響から、現代中国の職業教育の実践においては、専攻科目の設置、課程の設置、人員の募集、養成基準、そして道徳規範の作成に至るまで、綿密な社会調査を行ったうえで実施に移され、社会の要請と密接につながるようになっている。

3. 職業教育の課程論

黄炎培は、職業教育の科学化についても重視し、科学は社会進歩の基本的な原動力であり、職業教育の発展方向でもあるとした。「科学をもって解決すれば様々な業種が進歩し、科学で解決しなければ進歩は望めない。外国は科学をいち早く取り入れ先行しているが、中国が後れを取っているのは、科学を早く取り入れなかったためである。これは一般の人々でもすでに認識していることである。職業教育は、直接的には様々な業種の進歩を求め、間接的には人民の

＊26　中華職業教育社『黄炎培教育文選』、179〜182頁。

生活と国の経済という大きな問題と関係しており、科学以外に決して新しい解決方法はない」[27]。

　職業教育を科学化するために、黄炎培は科学的態度による実践を求め、職業教育の業務的内容を大きく二つに分類した。一つは物質的な問題で、例えば、農業科、工業科、商業科、家政科、化学科、機械科など各専門課程の設置、教材の編纂、教育訓練規則の策定、実習施設の配置など、すべてを科学的な方法をもって手配する。もう一つは人事的な問題で、科学的管理方法によって職業教育機関の組織を作り上げる。その中で、黄炎培は課程の科学化を特に重視しながら、「社会が日々進歩し、職業が分化する中、職業学校の科目設置および各学科の課程や教材は、特に科学の発展に追いつくようにし、学生が社会情勢や科学に後れを取らないようにする必要がある」[28] と述べている。

　黄炎培はまた、職業教育を職業心理学と社会心理学の基礎の上に打ち立てようと試み、「職業はそれぞれ異なり、人の天性や天分、興味、そして育った環境も人それぞれ異なるので、職業を種類ごとに分け、誰がどの職業に適し、誰がどの職業に不適かといういわゆる職業心理学を創り、職業の選択や紹介における基準とする」[29] とした。1921 年、中華職業教育社はドイツの方法を参考にして、7 種類の職業心理測定器を作り、同社の募集に適用した。これは科学的手法を職業教育に応用した中国初の事例である。

4. 職業教育の教育原則論

　職業教育思想の教育原則論は、「手脳併用、做・学合一（手と脳を同時に動かし、為すことと学ぶことを一つにする）」を基本的特徴としている。黄炎培は、「手と脳の両者間で連携を取りながら訓練する」ことを主張したデューイを「世界の福星」と称しながら、「職業教育の目的は、実践的かつ効果的な生産能力を養成することにあり、これを実現するには、手と脳を同時に動かす必要がある」[30] とした。脳だけ使って手を使わず、「書物の知識だけ重視し、現場の仕事に参加しないのは、知っているが行うことができないことで、真に知

＊27　中華職業教育社『黄炎培教育文選』、169 頁。

＊28　張嗣璽「黄炎培職業教育思想研究討論会概要」『教育研究』1987 年第 7 期。

＊29　中華職業教育社『黄炎培教育文選』、170 頁。

＊30　黄炎培『河車記』黄炎培『断腸集』上海生活書店 1926 年、54 頁。

161

るとは言えない」[31] のである。

「中華職業教育社宣言書」の中で黄炎培は、これまでの実業教育が「理論を重んじ、実習を軽んじた」こと、学生には「学ぶ習慣はあるが労苦に耐える習慣がない」こと、そして農業科では教科書を読むばかりで農場がなく、商業科でも教科書を読むばかりで商品がないことを批判した。「学生は、能力は乏しくとも向上心は強い。実習を重視しなければ、能力は養成できない」のである。そのため、「手脳併用、做・学合一」を強調する教育原則は、職業知識と職業能力のある人材を養成することに役立つ。

黄炎培は、この教育原則を現場に普及させるために、課程設置や教員採用などで次のように応用した。例えば、中華職業学校の校則には、特に実習を重視することが明確に記されている。学生は、半日は授業に出席、半日は実習活動をし、各種技能の習熟を目指す。鉄工、大工、ホーロー、ボタン作成などの各科課程表には、「毎週の授業時間は計約 48 時間とし、うち授業が 24 時間、実習が 24 時間で、必要に応じて休息時間を実習に充てる」と記され、商業科の「実習内容は対応する会社や商店の考えに任せ、各会社や商店が決める」[32] と具体的に書かれていた。教師の雇用面においては、理論と経験をともに有する人材を雇うよう主張しつつ、「職業学校で専門の教師を招聘する際、もし教授経験と職業経験をともに有する人材が得られない場合、職業経験がある方を招聘したほうが良い。学校で知識を学んだだけの者より必ず良い結果を出すだろう」[33] と述べている。これも実践力を重視する職業教育思想の特徴を反映した一面と言える。学生の卒業審査においても、特別な規定があった。すなわち、学生の修業年限が終わると修了証書だけを授与し、企業で 1 年間の実習を経て、その仕事を担当できるという証明が企業から出されて初めて卒業証書を授与した。これも他には例のない創造的な評価方法である。

黄炎培は職業教育の理想を次のように述べている。「手を使って労働ばかりする者には勉強をさせ、勉強ばかりする者には手を使って労働をさせ、学習と労働を一つにする。世界文明は、人類の手と脳が協働して生まれたものである

---

*31　黄炎培『河車記』黄炎培『断腸集』上海生活書店 1926 年、54 頁。

*32　中華職業学校「中華職業学校概況」中華職業学校 1922 年。

*33　中華職業教育社「実施職業教育要覧」中華職業教育社 1922 年。

ことを人々に理解させる。労働によって自分を養うことは、最も高尚で最も希望に満ちた生活である」*34。「手脳併用、做・学合一」の教育原則は、こうした職業教育の理想を実現するためのものであった。

5. 職業教育の道徳規範論

職業教育の道徳規範理論は、職業教育思想の重要な構成部分である。黄炎培は、真の意味での職業教育は、職業技能の訓練、職業知識の伝授、職業道徳の養成といったいわゆる「治業（職を治める）」と「楽業（職を楽しむ）」の二つの面を含んでいなければならないとした。「職業教育を主張する者は、必ず職業道徳も重視しなければならない」*35 と述べ、職業道徳の養成を怠れば、真の意味での職業教育は実現できないとした。

職業教育思想の道徳規範論は、「敬業楽群」の四つの文字に要約することができる。これは中華職業学校の校訓であり、職業道徳教育の基本的規範でもある。「敬業」とは、「専攻する職業を愛し、任じられた職務に責任感を持つ」ことである。一方、「楽群」とは、「豊かな情操と共同協力の精神を持つ」*36 ことである。中華職業教育社は「敬業楽群」を具体化してまとめ上げ、職業道徳教育の基準（訓育基準ともいう）を制定している。その主な内容としては、職業の真の意義は社会のために働くことにあるという認識、責任感や勤勉な習慣、相互協力の精神、理性的服務を美徳とする精神、穏健的な改革精神、自らの職業を楽しむ心、経済観念、科学的態度の養成などに関する事柄が含まれていた。

「敬業」とは、自分が従事する職業を愛することであり、職業には貴賤がないことを教えている。その教えを実行するために、まずは「学問して仕官することを誇り、学問して一般的な仕事に就くことを恥じる」伝統的教育の古い観念を打ち破らなければならない。中華職業教育社で長年仕事を続けた鄒韜奮は、「職業教育の意義」という論文の中で、「我が国は古くから士を重んじ、農・商・工を軽んじた。科挙の害毒によって、長年にわたって蓄積された問題は解決しにくく、誤った考えを改めることができない。そのため、職業教育と

---

*34　中華職業教育社『黄炎培教育文選』、194頁。

*35　黄炎培「職業教育析疑」『教育雑誌』第9巻11期。

*36　潘文安「最近之中華職業学校（最近の中華職業学校）」『新教育評論』第3巻18期。

163

聞いただけで、軽蔑の気持ちが生じる者は少なくない。職業教育をけなす者は、それを啖飯教育（飯を食うための教育）としか見ないのである」と述べている。黄炎培は、特定の職業を卑しいとか苦しいと見る社会的心理を「職業教育にとっての障害」と呼びながら、学生たちには職業に対して「最高の信仰を抱き」、学ぶとき「職の遂行に対する敬意」を払ってこそ、卒業して後、「職を楽しめる毎日」がくると念じさせた。職業道徳の基本的規範について、彼は次のように説明した。

　　諸君は、人生において必ず貢献し、勉強は自己満足のために行うのではないことを知るべきである。受けた教育がいかなるレベルでも、学んだことが社会に応用され人々に幸福をもたらすことを重んじる。社会に応用しようと考えずに勉強だけしても、何の役にも立たない。

　　諸君は、すべての職業は平等であり、上下も貴賤もないことを知るべきである。人々に利をもたらすものは、すべてこの上ないものである。

　　諸君は、学問をすることと仕事を習うことは、別々の事ではないことを知るべきである。現場の仕事を以て学び、科学的方法を以て仕事を習えば、互いに効果が実感できるので、楽しみは尽きない。もし二つを分離してしまえば、仕事を習うだけの役立たず、あるいは知識ばかりの役立たずとなってしまうだろう。

　　諸君は、人間は働かなければならないことを既に知っている。また、どんな職業でも必ず小さいことが積もり積もって大きな仕事となり、軽い仕事から始めて重要な仕事をなすということも知っている。今日この日大任を任される者は、過去に取るに足りない仕事をこなしながらそれを小さい仕事だと考えなかった者であると私は断言できる。また、今日この日に取るに足りない小さな仕事を軽蔑している者は、将来小さな仕事も得られない人であると私は断言できる[37]。

黄炎培は、職業道徳規範を教育の現場で重視しただけでなく、その規範によって学生の行動が影響されるよう注意を払った。例えば、中華職業学校入学時に署名する誓約書の第1条は「労働の尊重」であったし、中華職業教育社のために、黄炎培は「労工神聖」という扁額も書いている。さらに、中華職業

＊37　中華職業教育社『黄炎培教育文選』、115〜116頁。

第5章　現代中国の職業教育思想

学校には用務員を置かず、授業の半分を占める労働以外に、校内の清掃や外部応対などの仕事はすべて学生が担当した。

　職業教育の社会における実践の範囲が広がり、政治情勢が発展するにつれ、黄炎培は職業道徳規範に新たな内容を付け加えた。例えば、1933年の中華職業学校設立15周年を記念する文章の中では、「卒業生、在学生にかかわらず、誰もが国の復興に貢献する新国民となるよう努め、人格と体格が優れていなければならない。さらには、誰もが一つの専門分野を持ち、社会と国のために力を発揮しなければならない」[38]と学生たちを励ました。また1937年、中国の社会と国権がまだ回復していない情況下において、「国家の非常時に必要とされる人材としては、消極的に言うと、第1に、私利私欲をむさぼる者は用いるべきではない。第2に、ずる賢い者は用いるのには適さない。第3に、型にはまった言動しかできない者、または自らの可能性を広げようとしない者は用いるのに足りない。積極的に言うと、第1に、高尚で純潔な人格を有し、第2に、博愛にして助け合う精神を有し、第3に、義理堅く勇敢な気質を有し、第4に、質素で苦労にも耐える習慣を有しなければならない。さらには、強い信念を以て困難かつ危機的状況を打ち負かさなければならない」[39]と述べた。このような職業道徳の薫陶を受けた者は、名声や私利を求めず、国と民族のために全力を尽くすことができる。1939年、黄炎培は昆明での討論会でも、職業教育の根本的な目標を明らかにしたが、それとするところは、困難な時期に学生に職業道徳規範教育を行うという新たな要求であった。彼は次のように述べている。「職業教育の目的はどこにあるのか？当社の目標はどこにあるのか？将来的に言えば、人民が幸福な生活を送れる社会を実現することにある。そのような社会は、“職なき者に職を、職ある者に楽しみを”ということを完全に実現している。すなわち、社会に職のない者はおらず、仕事を楽しんでいない者もいない。そこに職業教育、ひいては当社の任務も完成したと言えるだろう。目下のことで言えば、当社の使命は、全力を傾けて抗戦建国に参加することである。民族解放、民権平等、民生幸福な社会の中でこそ、人々に幸福をもたらすという職業教育の理想を実現することができると確信する。逆に言え

───────────

*38　中華職業教育社『黄炎培教育文選』、202頁。

*39　中華職業教育社『黄炎培教育文選』、253頁。

ば、職業教育を懸命に推し進めてこそ、民族解放、民権平等、民生幸福という社会をより早く実現させることができるのである」[*40]。以上、職業教育思想の道徳規範論は、絶えず発展していったが、時代が下るにつれ愛国主義的色彩が濃くなっていることが分かる。

3、職業教育思想の意義

現代教育思想史において様々な教育関係団体や教育思潮が登場したが、その多くは瞬く間に消え去っていった。そうした中、衰退することなく絶えず発展を続けた職業教育思想は、奇跡的存在と言えるだろう。その中でも特に黄炎培自身、そして彼が設立した中華職業教育社は、職業教育思想の普及と発展に重要な役割を果たした。その思想は重要な歴史的価値を有するだけでなく、現実問題に応えようとする明確な意図も有しており、現代中国の職業教育を発展させる場面においても、参考とすべき点が数多く含まれている。

1）現代職業教育思想の提唱者黄炎培と彼が率いる中華職業教育社の粘り強さと献身的な精神に支えられた活動は、現代職業教育の求心力を大幅に強め、社会に幅広い影響力を持つに至った。

黄炎培、江恒源、楊衛玉、孫起孟らは「従困勉中得来（困難と勤勉の中奮起して得られるもの）」という文の中で次のように述べている。「職業教育が国の経済と人民の生活に利益をもたらすと固く信じたからこそ、"私たちはこの事業、この団体に深い愛情を注いだのである。この愛情は、いかなる情況下においても、私たちをこの事業、この団体と引き離すことができず、私たちのような平凡な者たちの力の源泉となった」[*41]。この深い愛情があったからこそ、黄炎培は北京での公務を手伝ってほしいという蔡元培の要請を謝絶し、北洋政府が2回も委任した教育総長の職務を断ったのである。中華職業教育社が設立された当初こそ、「落ちぶれ集団」、「穀潰し集団」などと罵られ、職業学校も「罰あたり学校」と馬鹿にされたが、彼らは自分たちの信念を曲げるこ

＊40　中華職業教育社『黄炎培教育文選』、284〜285頁。
＊41　中華職業教育社『黄炎培教育文選』、280頁。

となく、栄辱や毀誉を眼中にしなかった。彼らは、「中国は土地が広大で人口も多く、歴史も長いので、問題は複雑であるが、1点だけをしっかりと掴んで現実に向き合い、時代の流れに沿って綿密に進めていけば、必ずや成果を収めることができる」と信じていたのである。黄炎培と中華職業教育社の同志たちは、「倦むことなく、根気強く行った」が、その情熱と粘り強さは教育界や実業界、報道界の有名人たちを感化した。例えば、上海金融界の指導的人物である宋漢章、銭新之、陳光甫、上海総商会の朱葆三、申新繊維会社と小麦粉工場の創設者栄宗敬、栄徳生、新生紡績業の会長穆藕初、穆恕再、大中華、華豊紡績会社の社長聶雲台、溥益紡績会社の社長徐静仁、機械製造業の劉柏生、『申報』社長の史量才、および南洋愛国華僑のリーダー陣嘉庚らは、職業教育事業への支援を精神的にも物質的にも惜しまなかった。各界有力者からの共感と支援があったからこそ、黄炎培が率いる中華職業教育社は様々な困難を乗り越え、絶えず発展することができたのである。新中国が成立する前には、すでに社員は3万人以上を有するようになり、出版した書籍は約120種類、設立した職業学校は10校、職業補習学校は49校、職業指導機関は25ヵ所もあった。

2）**職業教育思想は中国が置かれた情勢を正しく把握し、その力点を社会の中下層の平民に向けることを堅持し、中国ならではの特徴ある職業教育を推進した。**

黄炎培は、海外の教育システムの単純な模倣に異を唱え、国情を把握した上で、「自尊自立の精神と取捨選択の能力の向上が必要である」と主張した。彼は、中国の教育界が20世紀以降外国の教育理論を学んできた状況を次のように総括している。「15年前、第1次世界大戦中期に、アメリカから帰国した留学生たちが国防について声高に叫んでいたのはなぜか？それはアメリカが国防を提唱したからである。25年前、日本から帰国した留学生たちが軍国民教育について熱く語ったのはなぜか？それは日本がちょうど軍国民教育を提唱していたからである。しかしほどなく、その声は静かになった。……蜂の前にあるのは花であるが、収穫されるのは花ではなく蜜である。蚕の食べているものは桑の葉であるが、口から吐き出されるのは桑ではなく糸である。それというのも、蜂と蚕はそれぞれ自らの特性を知っており、自らの能力を最大限に発揮

し、決して他者を模倣しないことをよしとしているからである」*42。1915 年に
アメリカの職業教育を考察していたとき、彼はすでに「私を主体とする」態度
を持っており、中国の国情から出発して外国の教育経験を吸収するべきだと考
えるようになっていた。「教育に対する私の考察からすれば、勤勉な者は "私"
という存在を忘れてはならない。考察するのは私であって、他人ではない。私
が考察するのは、私のためであって他人のためではない。故に、足跡が至る
ところで、見聞きしたものがあれば、まず考えるべきは "私と比べてどうなの
か" であり、次に考えるべきは "私の比較は間違っていないか" である」*43 と
述べている。

　このような「自尊自立」の精神により、現代中国の職業教育思想は欧米の職
業教育とは異なる道を歩んだ。すなわち、職業選択の問題を重点としたのでは
なく、就職問題を最重要課題とし、国の経済と人民の生活の解決を職業教育の
出発点とした。黄炎培は「職業教育を行う際には、大多数の平民に着目しなけ
ればその教育は役に立たない」、「職業教育を行う際には、大多数の平民を幸せ
にすることを心に決めなければならない」と繰り返し述べた。中華職業教育社
が行う数多くの事業では、学校の設立場所から、科目の設置、課程の修正、新
入生の募集範囲の選択に至るまで、中下層の人、途中退学した学生、失業した
人に機会が及ぶよう最大限の努力をした。まず「職なき者に職を持たせて」か
ら、「職ある者に楽しみを」ということが論じられるのである。

　中華職業教育社が展開した数多くの活動を欧米諸国のそれと比較して見ると、
前者の内容がより幅広く、地域化と創造性に富んでいたことが分かる。例えば、
中華職業教育社は、様々な職業学校や職業補習学校を設置し、柔軟で多様な科
目や課程を用意しただけでなく、表面的には職業教育とは一見関係のないよう
な事業も数多く行った。例えば、農業教育研究会、農村改善試験区、業余図書
館、講演会、そして国貨指導所、新農具普及所、玩具展示会などである*44。ま
た、被災者、負傷兵、軍縮減後退役軍人に対する職業教育、さらには清朝皇室
関係者への職業教育なども検討されていた。こうした活動に対しては、職業教

---

*42　黄炎培「籠統」(漠然)『中華教育界』第 22 巻 9 期。

*43　中華職業教育社『黄炎培教育文選』、29 頁。

*44　毛礼鋭、沈灌群『中国教育通史(第五巻)』山東教育出版社 1988 年、546 頁。

育の「空疎化」を招いたと批判する者もいたが、彼らは新たな試みと努力を止めなかった。それは彼らが、中国の国情に合った取り組みこそが、生命力のある職業教育だと信じて疑わなかったからである。

　職業教育を中国の国情に適合させるために、黄炎培と中華職業教育社の同僚たちは、実態調査や現場の問題から出発することを重視した。黄炎培は江蘇省教育会調査幹事の職にあった頃、全省60県の3分の2以上を駆け回りながら調査報告を書いていた。その後、職業教育の広報と普及のために、一層考察と調査に力を入れたが、当時全国28省のうち24省に黄炎培の足跡が残されていたといわれる。彼は調査資料に基づき、江蘇省、安徽省、河南省、山西省、江西省、雲南省等のために、省独自の職業教育発展計画を提案するとともに、江陰、南通、蘇州、徐州、汕頭、上海など多くの都市の職業教育のために、自らの調査結果に基づく意見書を提出し、「調査は職業教育を発展させるための基礎である」とする方針を実践した。

　しかし中華職業教育社は、初期には教育の役割を過大に評価し、現実から遊離するという問題点もあった。その後、絶えず修正を加えながら、社会運動と農村経済改革の重要性を強調したものの、歴史や階級を超えることができず、現状維持の政治経済体制下で農村の生産や生活を改善したにとどまり、社会問題の根本には触れずじまいであった。

第6章
現代中国の平民教育思想

1943年5月24日、コペルニクス死後400周年を記念する全米大会において、中国の平民教育運動指導者である晏陽初が「現代における革命的貢献を成した世界的偉人」に選出され、アインシュタイン、デューイ、フォード、ライト、ローレンス、ウォルト・ディズニー、スタンリー、シコールスキイらとともに特別の栄誉に輝いた。晏陽初に授与された賞状には、「傑出した発明者であり、中国の数千個の文字を簡略化し読みやすくすることで、字が読めない多くの人々が書物からの知識を得られるようにした。また偉大な人民の指導者であり、科学的方法を用いて水田や畑を肥沃化することで、粒粒辛苦の収穫を増やした」[*1] と記されていた。これは晏陽初個人に対する褒め言葉であるだけでなく、現代中国の平民教育運動に対する高い評価でもあった。

1、平民教育の趣旨と使命

平民教育は五四運動期における中国教育思潮の主流であった。蔣夢麟が「平和と教育」と題した論文の中で述べたように、「今次の世界大戦の結果、平民主義が優勢を占め、世界の潮流は平民主義に傾いている。平民主義が発展するほど、平和の基礎は固まる。故に、平和な教育を語るなら、まず平民主義の教育を語り、平民主義の教育を語るなら、まず活動的な個人を養成することから始めなければならない」[*2] のである。デューイが中国で「平民主義と教育」と題する講演を行ったことも、平民教育の運動をさらに活気づけることになった。例えば、北京大学は「平民教育講演団」を設立し、北京高等師範学校は「平

---

*1　毛礼鋭、沈灌群『中国教育通史(第五巻)』山東教育出版社 1988年、556頁。
*2　蔣夢麟「平和と教育」『教育雑誌』第11巻1期。

民教育社」を発足するとともに、雑誌『平民教育』を発行した。そうした中で、最も長く活動し、影響力も大きかったのは、朱其慧、陶行知、晏陽初らが設立した「中華平民教育促進会」であった。

　中華平民教育促進会（以下「平教会」と略す）は1923年に設立されたが、その思想形成と実践活動は五四運動前後にまで遡る。1918年6月、アメリカのイェール大学を卒業したばかりの晏陽初は、フランス行きの募集に応じ、後方部隊として働いていた10万人の中国人労働者を支援する仕事をした。中国人労働者の多くは北方農村出身の貧しい農民たちで、小さい頃から教育を受ける機会がなかったため、英・米・仏などの将校らに賤民扱いを受け、「クーリー（苦力）」と侮辱的な呼称で呼ばれていた。晏陽初は、最初は翻訳や通訳、物品の代理購入、手紙の代筆や代読といった仕事をしていたが、毎日数百人が彼の助けを求めてやって来た。中国人労働者の字が読めない苦しみを目の当たりにした彼は、識字教室を開くことにした。第1期は40人の労働者が毎日1時間の授業を経て、4ヵ月後には35人が手紙を書けるまでに進歩した。この結果に晏陽初は大いに喜び、労働者たちも励まされた。その後、彼はすでに字が読める労働者を教師として育て上げ、教育を受けられる範囲を拡大していった。さらに、「中国人労働者の知識を開き、彼らの道徳を補完し、彼らの感情を一つにまとめる」ために、『華工週報』を創刊した。晏陽初の識字教育運動は中国人労働者に大きな影響を与え、わずか1年余りで多くの者が文盲から脱け出した。

　フランスでのこの経験は、晏陽初の平民教育思想の形成に大きな影響を与えた。彼は、中国人、特に中国の一般平民は無限の知恵と能力を秘めているが、ただ環境条件が整えられず、自らの光と熱を発することができないことを理解したのである。すなわち、晏陽初は、「彼らは頭が悪いとか、教えてもしょうがないとかいうのではなく、教えてくれる人がいないだけなのだ」として、蔑称として呼ばれた「クーリー（苦力）」を苦と力とに分けて、苦しみとともにそこには大いなる潜在力が秘められているのだと公言した。彼らが最も必要としているのは、救済でも同情でもなく、自分たちの潜在力を花開かせるための手助けなのである。なぜなら、彼らには「言葉にならないほどの苦しみ」があるが、それ以上に「他と比ぶべくもないほどの力」があるからである。1985年9月、晏陽初はある講話の中で次のように語っている。「50年前私が中国に

第6章　現代中国の平民教育思想

帰ってきた頃、商売人なら誰でも金鉱や銀鉱を採掘することの重要性を知っていたが、"脳鉱"の重要性を知る者は一人もいなかった。世界で最も大きい"脳鉱"は中国にある。中国の一般の知識人はこの点を理解しておらず、士大夫は無関心である。数億の中国農民が貧しいのはなぜだろう？なぜ貧しく食事にすら困っているのか？それは"苦力"の力、すなわち彼らの潜在力を発見できず、彼らの力を埋もれたままにしてしまったからである。中国のリンカーン、エジソン、デューイのような人材が数多く埋もれている。考古学者が発見した北京原人は数万年前の死人であったが、我々が発見したのは生きた人間であり、これは世界史上の大発見である。世界の3分の2が"苦力"であり、アフリカ、中南米、アジアでは人口の90％以上が"苦力"である。中国には悠久の伝統文化があり、中国の農民は機械に頼らず世界で最も先進的な農業技術を開発していたが、数千年の間我々はそれに無関心であった。これは最も悲しく、中国史上最も痛ましいことである。当時、私は"苦力"の秘めたる力を発見してからというもの、帰国すると金儲けも出世もしないと決めた。というのも、私は"脳鉱"という大鉱脈を発見したからである」[3]。「脳鉱」という豊富な資源をどのように開発すればよいのか。晏陽初は、平民教育こそが最も有効な方法だと考えた。

1920年、フランスから帰国した晏陽初は、平民教育の実践活動を開始した。彼は1年以上の時間をかけて19省で平民の生活や教育状況を調査し、長沙、煙台、嘉興、杭州、武漢などで平民教育を広めるとともに、都市部平民の識字率向上運動の試みを大々的に実施した。また、平民教育を全国へ広め、国民全体の識字率向上運動を展開するために、東奔西走しながら全国的「中華平民教育促進会」を設立した。

平教会の設立は、平民教育思想を推進する新たな原動力となり、平民教育運動をより深化させた。平教会は「文盲をなくし、新民を作る」を根本的な趣旨にすると宣言したが、晏陽初はそれについて次のように解説している。「我々は内側からは我が国固有の文化に教化され、外側からは世界共通の新潮の教訓を受けている。修斉治平（修身、斉家、治国、平天下）の責任を全うするため

＊3　晏陽初「成都校友歓迎会での講話」『詹一之、晏陽初文集』四川教育出版社 1990年、301〜302頁。

には、"文盲をなくし、新民を作る"という趣旨を抱き、平民教育事業に取り組むほか根本的な良策はない」[*4]。簡単に言うと、平民教育はすべての中国人に平等な教育機会を与え、人々に質の高い教育を受けさせ、最終的には天下太平の理想という目標を実現することである[*5]。ここで、「文盲をなくす」というのが基本であり、「新民を作る」は目標である。晏陽初は、「新民」とは知識力、生産力、強健力、団結力を有する「完全なる人」でなければならないと述べた。このような人を作ることは、本質的には「人を改造する」教育であり、それは平民教育の趣旨と使命であるとともに、「中国全体の社会問題を解決するための鍵でもある」[*6]。

　平教会の設立以降、晏陽初は、中国は農業立国で85％以上の人口が農村に居住しており、平民の大多数は農民であることを認識し始めた。もし平民教育が農村と農民から離れれば、総合的な平民教育、あるいは真の意味での平民教育とは呼べなくなる。そのため1924年から、平民教育運動の中心を都市部から農村部へと移行させた。晏陽初と平教会農村教育部主任の傅葆は直隷（今の河北省）保定へ赴き、20県で平民学校を設立するとともに、教員訓練班のために「平民千字課」の教授法を伝授した。そしてわずか1年の間に、5万人が平民学校に入り、うち3,000人が卒業するという成果をあげた。1926年8月、平教会は河北省定県を実験研究の中心とし、農民教育だけでなく、農村改革にも着手した。この頃、平民教育運動は真の意味での農村運動、すなわち農村建設運動の段階に入ったのである。

　この新たな段階において、健全なる平民教育運動の発展を指導するために、晏陽初は問題を総括し、「農村運動の使命およびその実現方法と手順」という長編の論文を書いた。彼は論文の中で、農村運動を「農村救済」と見なす一部の誤った認識を批判しながら、これは農村運動の悠久性と根本性を抹殺しかねないと指摘した。また、農村運動を「模範村を作る」と見なす一部の単純な見方も批判しながら、これは農村運動の普遍性と遠大性を無視しかねないとした。彼は、平民教育に従事する者は農村運動が持つ真の意義と使命、つまり「たく

＊4　晏陽初「平民教育の宗旨目的と最終使命」「中華平民教育促進総会檔案資料」。宋恩栄『晏陽初文集』北京教育科学出版社1989年、20頁。

＊5　詹一之『晏陽初文集』、13頁、260頁。

＊6　詹一之『晏陽初文集』、260頁。

ましい両肩をそびやかして、民族再生を担うという使命」を認識しなければならないと述べた[7]。

晏陽初は、中国の根本的な問題はほかでもなく、民族の没落、民族の堕落、民族の弛緩であるが、その核心は人の問題であり、農村運動はこの問題を解決するための根本的な道であるとした。彼は、「農村運動はこの問題に応じて生まれたものである」と述べ、民族の「没落」、「堕落」、「弛緩」に対し、民族の「新しい生命」、「新しい人格」、「新しい団結と新しい組織」を作り上げるよう求めた[8]。その意味で、農村運動は「民族再生」の使命を担ったのである。

晏陽初は、中国の人口4億人のうち8割以上が農村で暮らしていることから、量的面から、民族再生の主たる担い手は農村にいると考えたが、それだけではなく「田舎に暮らす者」の生活には、都市部よりも中華民族の美徳が多く残されていることも民族再生の担い手になり得ると考えた。さらに、「古来より大成功を収め、大業を成し遂げた英雄豪傑は、そのほとんどが田舎から出てきた者であることから、質的面からも、民族再生の対象は農村を重視すべきである」[9]とした。そして、約3億人の農民のうち、より重要なのは約8,000万の青年であるとした。なぜなら、「年寄りは民族再生の目的を果たすことが難しく、幼い子供たちには差し迫った国家の危機という重荷を背負えない」からである。一方、青年たちは先人の事業を受け継ぎ、将来の発展に道を開きながら、中国を救う新鋭部隊、中国を改造する挺身隊になり得る存在なのである。もし集中的に8,000万の農村青年を改造すれば、「いかなる困難も克服でき、いかなる国辱もそそぐことができる。そしてすべての建設は、安定した地盤と強固なる基礎を持つことができる」[10]とした。

それでは、「民族再生」の使命はどのように実現されるのであろうか？晏陽初は、最も有効な方法は教育だと考えた。ただ、その教育は中国式の「骨董教育」ではない。というのも、「骨董教育」と民族の生活は何ら関係がなく、せいぜい田舎の物知りを作り出すだけのものであるからだ。また、その教育は西洋式の「舶来教育」でもない。というのも、「舶来教育」も民族の生活と何ら

---

[7]　詹一之『晏陽初文集』、178〜179頁。
[8]　詹一之『晏陽初文集』、178〜179頁。
[9]　詹一之『晏陽初文集』、178〜179頁。
[10]　詹一之『晏陽初文集』、178〜179頁。

関係がなく、せいぜい外国製品好きの消費者を作り出すだけのものであるからだ。「民族の生活を実験的手法のもと改造する教育」こそ、「有為で創造力のある民族」を作り上げることができるのである。こうした教育の目標は、民族の新しい生命を誕生させ、民族の新しい人格を形作り、民族の新しい団結と組織作りを加速する。こうした教育の内容には、現実生活に適応し、生活を改善し、生活を創造することなどが含まれる。簡単に言えば、このような教育は、「教育は生命」、「教育は生活」という2点に集約することができる。前者は、自らの心身を改造し、民族精神を発揚することを指す。一方、後者は、自らの生活を改造し、民族の生存に適応することを指す。

2、平民教育の内容と方法

晏陽初は、平民教育は中国社会が生み出した独創的教育体系であり、他にはない特徴ある内容と方法を有していると述べている。すなわち、それは粥を施すような慈善事業的な貧民教育ではなく、欧米などのような補習式の成人教育でもない。外国式のやり方で中国人を教育することは脇道を進むようなものであるから、中国の平民教育は東西いかなる国の方法も踏襲したりはしていない。中国の平民教育は創造的な教育体系であり、「中国の薬で中国の病気を治す」教育を目指すものであるため、その内容と方法も中国ならではの特徴を有するのである。

1. 調査統計

晏陽初は、中国の平民教育は盲目的に他者を真似してはならず、自尊自立と自ら創造する道を目指さなければならないと考えた。そのためには、「最低限中国の現状を明らかにする」必要があるが、中国の現状を明らかにするといっても、北京、南京、上海、天津などの大都市ではなく、必ず農村に深く入り込み、全人口の8割以上を占める農村で「調査統計を実施してこそ、民間の実況と苦しみを知ることができる」[11] とした。そのため、河北省の定県実験における最初の仕事は、社会調査と統計作業であった。

---

*11　詹一之『晏陽初文集』、205頁。

第6章　現代中国の平民教育思想

　定県で調査統計の実務を行った責任者は、社会学者の李景漢であった。晏陽初はこの仕事の意義について、次のように彼に伝えた。「体系的な科学的方法を以て、定県全体の社会状況を調査しなければならない。それによって平教会は、農民の生活や農村社会の一般的および特殊な事例と問題について十分な理解と明確な認識を持ち、各方面の仕事に対して事実に基づいた方法を設定することができるのだ」。晏陽初の話に感銘を受けた李景漢は、小鳥の解剖を行うように定県を調査し、定県という対象の詳細を理解すれば、華北農村の全体状況も大まかに理解できると考えた[*12]。李景漢は二十数名の調査員を率いて、約7年の間に「定県社会概況調査」、「定県土地調査」、「定県農村経済状況」、「定県農村貸借調査」などの調査統計報告書や資料を次々と発表した。

　膨大な調査結果に基づき、晏陽初は、中国の農村部には「愚」、「貧」、「弱」、「私」の四つの病が存在すると指摘した。中国の大多数の農民は知識力が乏しいが、それは適切な知識を持たないだけでなく、自国の文字が読めないため、知識を取得したり文化を享受したりすることができないのであり、これがいわゆる「愚」である。大多数の農村は生産力が低く、経済的に貧しく、その生活は最低水準以下で、生産の増加や経済組織を改善する余力がないが、これがいわゆる「貧」である。多くの人々は身体が衰弱しても、科学的治療を受けられず、公衆衛生も不足しているため「病人大国」が出現しているが、これがいわゆる「弱」である。多くの人々は団結や協力ができず、道徳の陶冶や公民としての鍛錬を欠いているが、これがいわゆる「私」である。そして、この四つの病を治す方法は、教育であると指摘した。1929年7月、平教会本部が定県に移転することになると、晏陽初は家族ともども移り住み、学者や専門家たちと一緒に仕事に没頭した。一方、学者や専門家たちも官職を捨てたり、静かな学究生活と別れを告げたりして定県に移住した者たちで、県全体をあげて全面的な農村建設を目指す教育実験運動に参加した。平民教育運動は、平民の識字教育の枠を大きく超え、教育で社会問題を解決し、民族再生の問題を解決しようと動き出したのである。

---

*12　李景漢「回憶定県実験区的社会調査(定県実験区での社会調査を追憶する)」『河北文史資料』1983年第11期。

177

2. 四大教育

晏陽初は、「愚、貧、弱、私」こそが人民生活の基本的欠点であり、平民教育は「文盲をなくし、新民を作る」という目標の下、人々に最低限の文字教育を受けさせた上で、四大教育を実施することだとした。すなわち、文芸教育によって愚を救い、生計教育によって貧を救い、衛生教育によって弱を救い、公民教育によって私を救い、知識力、生産力、強健力、団結力を持つ新民を作るということである。

1）文芸教育

文芸教育を行う意義は、平民に知識を伝える道具を運用できるようにし、平民の文化生活を促進し、自然環境や社会生活を理解し楽しめるようにすることにある。「教材や読み物を作り、様々な芸術を用いて学習効率や鑑賞能力を高めることで、平民の知識力を養成し、複雑な現代生活に適応させる」[*13] のである。そこで文字の面では、通用字表（3,420字）、基本字表（1,320字）、詞表（平民言葉と新民言葉を含む）を制定するとともに、略字の普及にも力を尽くした。平民文学研究の面では、ヤンコ踊り、鼓詞、歌謡、歇後語、なぞなぞ、諺、物語、神話などの民間文芸を収集して、『定県ヤンコ踊り選』などの本を出版した。教科書の編集においては、市民、農民、兵士向けの3種類の『千字課』教材や自習本を編集・出版するとともに、『市民高級文芸教科書』と『農民高級文芸教科書』を編纂したが、これらの教科書は約1,000万部販売された。平民向けの読み物については、数百種類を出版するとともに、『農民週報』を編集し、農民に知識だけでなく自分の意見を述べる場も提供した。科学教育の面では、読み物の科学的内容を充実させ、平民学校や小学校の教師に対して科学の教授法の訓練などを行い、芸術教育の面では、民間絵画を大量に収集して、様々な絵の模様や図案を編集するとともに、イラストやポスター、スライドなどを制作した。また、音楽やラジオ、農村演劇においても様々な取り組みが行われたことで、定県農民の文化生活は豊富になり、知識欲は日に日に高まっていった。

---

*13　詹一之『晏陽初文集』、38頁。

第6章　現代中国の平民教育思想

2）生計教育

　生計教育の意義は、科学的知識と技術を普及し、平民の生計組織を改善することで、彼らの経済生活水準を向上させることにある。晏陽初は、中国経済の最大の困難は、生産力が低く、生産技能が立ち後れているうえ、経済面で一致団結する組織力を持たないことにあるとした。そのため、「科学知識を普及させつつ、一方では各種産業の合作組織への参加を指導する必要がある。確かな証拠を示しながら、科学的方法の優れた点および合作組織による効率化を平民たちに理解させる。このような取り組みの下、生産性を向上させ、生計問題を解決し、逼迫した経済に対応することができる」[14]のである。その実現に向け、平教会は次のような四つの取り組みをした。一つ目は、農民の生計指導訓練である。主な活動として、生計巡回訓練実験学校（作物生産、家畜生産、農村経済、家庭内工芸など、季節ごとに異なる指導訓練を実施した）の開講、モデル農家の設置、普及訓練の推進などがあった。二つ目は、県単位の合作組織制度の推進である。そうした組織には、自助社、合作社、合作社連合会などがあり、農民の購買、運送、信用、生産などの効率化が組織的に進められた。三つ目は、作物生産の改良である。育種では、綿花、小麦、アワ、コウリャン、トウモロコシの新品種育成に向け試験が行われ、園芸では、白菜の品種改良、梨の剪定法、ブドウ栽培などの研究が行われた。四つ目は、家畜生産の改良である。例えば、豚の品種改良、華北各地で飼育されている豚品種の比較試験、鶏の品種改良などが行われた。生計教育は、農業知識と技術を伝授するだけにとどまらず、農民の経済組織化についても重視し、生産性向上に重要な役割を果たした。

3）衛生教育

　衛生教育の意義は、衛生知識を普及させ、衛生習慣を訓練させ、公共の力で衛生事業を推進することによって、健康的な生活を目指し、強健な国民を育成することにある。晏陽初は、衛生教育の鍵は、平民に「健康の重要性を理解させ、健康維持の知識と習慣を身につけさせることで、強健な身体を育成する。衛生面では予防を重視するが、治療も排除しない」[15]ことだと考えた。平

---

*14　詹一之『晏陽初文集』、38頁。

*15　詹一之『晏陽初文集』、38頁。

教会は、農村の現状に基づき、衛生教育の実践を次のように展開した。一つ目は、医療・薬品・衛生の保健制度を作り、村から県までの３段階の保健医療組織とネットワークを確立した。各村に保健員一人を設けるが、それは専門的な訓練を受けた平民学校の卒業同窓会会員が担当し、主に死亡と誕生の報告、井戸の改良、種痘の普及、救急治療などが任された。また、彼らは保健医薬箱を持って農家を回診することで、農民が必要な治療をすぐに受けられるようにした。各区（聯村）に保健所を１ヵ所設けるが、そこには医師と助手が一人ずつ配置され、各村の保健員を訓練・監督するとともに、衛生教育、予防注射、長期治療などの事務を担当した。県には保健院を一つ設けるが、それは衛生教育や衛生事業建設の本部で、保健所では解決できない問題に対処した。二つ目は、最も経済的かつ効果的な方法を以て天然痘を撲滅した。三つ目は、トラコーマや皮膚病の治療法を普及させた。四つ目は、収集コストも考慮した信頼性のある人口統計の手法を考案した。

4）公民教育

公民教育の意義は、平民の公共心と協働精神を育成し、団結力を鍛え上げることで、その道徳的生活や団体生活の質を向上させることにある。晏陽初は、これを実現するために、「民衆の団結力と公共心を育て、平民教育を受けた者はどのような組織に属しても忠実で効率的に仕事ができるようにし」、その一方では「人類普遍の固有の良心、そして民衆の判断力と正義心を発展させ」たうえで、「自決と自信を持ち、公是と公非を主張できる」[16] 人材を育成することが必要であると考えた。そこで、平教会は以下の五つの事業を行った。一つ目は、民族精神の研究に関する事業である。大志を抱き正義のために命を捧げた歴史的人物の事例を選び、図説にしたり、歌を作ったりして、公民教育の材料としたが、その間、歴史図説を 40 セット、『民族精神論例浅釈』を１冊出版した。二つ目は、農村自治の研究に関する事業である。例えば、高頭村で自治組織を担う人材を実験的に訓練し，そこで行う事務内容を指導した。三つ目は、公民教育教材の研究に関する事業である。例えば、『公民道徳根本義』、『公民道徳綱目』、『公民知識綱目』、『国民生活上の改正すべき点』、『中国倫理

---

*16　詹一之『晏陽初文集』、38 頁。

の根拠』等の基本教材、および『公民教科書』、『公民図説』、『歴史』、『地理』、『唱歌』、『三民主義の草稿』、『農村家庭設計』、『模範家庭調査表新設計』、『農村自治研究設計』、『公民講演図説』等の応用教材を編纂した。四つ目は、公民活動の指導研究に関する事業である。例えば、イベントを実施するなどして、村人の公共心と団結力を育てた。五つ目は、家庭式教育の研究に関する事業である。例えば、「家庭会」などの組織を立ち上げ、家庭内の具体的な問題を研究し、家庭の日常生活を改善する方法などの検討が進められた。

3. 三種の方式

四大教育を遅滞なく進めていくために、晏陽初は、学校式、家庭式、社会式という平民教育の三種の方式を打ち出した。いかなる改革計画でも、民衆の参加なしに強引に推し進めては、必ず短命に終わってしまう。民衆に新しい思想の意識が芽生えてこそ、農村建設の計画を実現することができる。そして学校、家庭、社会というこの「平民教育の三種の方式」によってこそ、四大教育の内容を人々の生活に浸透させることができると彼は考えたのである。

1）学校式教育

学校式教育は、主に青年を対象に、初級平民学校を通じて識字教育を施し、読み・書き・話しが流暢に行われるようにする。さらに、高級平民学校を通じて、農村の建設計画を執行する村長や学校卒業生会会長を養成する。教育の効果を高めるために、平教会は清華大学心理学部と協力し、定県において年齢と学習能力の相関関係の研究を行い、学校教育で重点化すべき年齢層と彼らに適した教材を綿密に決めた。

児童に対しては、平民学校と連携して「統一村塾」という組織形態を作り上げた。「統一村塾」は、学齢児童に教育を提供するとともに、農村の貧困、教師の欠如、農村のニーズに合う課程の設置、学校に通った青少年と学校に通ったことのない年長者の間および学校教育と家庭教育間の矛盾と衝突などの問題を解決することを主目的に活動した。教育内容においては、農村生活に関係する課程や教材を用いて、年齢、性別、社会、職業の違いを考慮した授業や各年齢層別の活動を行った。また、兄や姉が幼い弟や妹の世話をするため授業を欠席するという問題を解決するために、保育部も設けた。課程の設置においては、

181

文化、経済、衛生、政治の面での建設計画に基づき、子供たちが塾を修了する頃には平民学校卒業生同様に「農村建設の思想と技能」を持つ人材が輩出されるようにした。

2）家庭式教育

家庭式教育は、各家庭の縦方向につながったそれぞれの構成員を横方向に再組織化して教育を行う方法である。晏陽初は、家庭式教育には二重の目的があると指摘した。すなわち、家庭と学校間の問題を解決し、家庭の責任ある役割を拡大させるために「家庭の社会化」をはかる。同時に、家庭内の年配の女性には若い女性と児童教育への妨害や反対を減らすよう指導し、教育がより効果的に行われるようにした[17]。

定県の実験では、家長会、主婦会、少年会、少女会、児童会などの組織を立ち上げ、家庭教育を行い、学校課程の一部分、例えば衛生習慣の養成などは家庭に分担させるとともに、地域社会の利益にも配慮する心を育て、積極的に社会的責任を負わせるようにした。

3）社会式教育

社会式教育は、一般大衆および組織化された農民団体に教育を行う方法である。晏陽初は、社会式教育は平民学校卒業生の諸活動を中心とするが、その意図は地域社会のすべての構成員が四大教育計画の路線に沿って継続的に教育を受けられるようにすることにあるとした。

定県実験では、平民学校の全課程を終えた青年農民たちが、文化的・社会的活動目標を共有する「卒業同窓会」（または校友会）に加入した。会員は「移動図書館」を利用して『農民週刊』を読むとともに同刊に投稿を行ったり、演劇や弁論クラブを組織したり、村のためにラジオ放送をしたり、「壁新聞」にその日のニュースを書いたり、村や隣村の訴訟事件を調停したりする活動を行った。

---

*17　詹一之『晏陽初文集』、147頁。

第6章　現代中国の平民教育思想

3、平民教育思想の位置づけと影響

　平民教育思想によって推し進められた定県実験は、農村における平民教育の目標、使命、対象、場所、内容、方式、方法などに対し、体系的な研究が行われた。平教会が作った平民学校、生計巡回訓練実験学校、試行的に行われた大隊組織教授法と導生伝習制（助教法）、字表や詞表、簡体字、各種千字文の教科書、自習書、文芸教科書、農民向け読み物などは、他の地域の教育現場においても広く採用された。また、教育と科学技術の普及を農業生産性の向上と結びつけたこと、児童教育と成人教育を同時に配慮したこと、学校教育と社会教育を互いに補完させたことなど、これらの経験は中国発の農村教育に新たな道を切り開き、目覚ましい成果をあげた。教育の発展を例にとれば、1934年には全県に小学校が普及し、成人教育も大幅に発展し、文盲の数が大幅に低下した。14～25歳の青年82,000人のうち文盲は32,550人と、全体の39％にまで減少した。そのうち、青年男性の文盲率は10％以下にまで下がったが、その成績は全国1,900以上ある県の首位を占めるものであった[18]。

　定県実験で出された多くの成果は、現代社会にも多大な恩恵をもたらしている。それは、河北省で1983年に出版された第11期『文史資料選輯』において特集で紹介されているが、以下にいくつかの内容をあげてみよう。

　①定県はすでに文盲がいない県となり、52の郷すべてに技術普及センターが置かれている。こうした結果はかつて実施された定県実験と切り離すことができない。

　②定県はすでに天然痘を撲滅し、衛生面の仕事は容易に進めることができ、大きな成果も得られやすい。これはかつて平教会が基礎を築いた結果であると県の衛生局長は述べている。

　③定県の豚は成長率が良く、肉質も優れ、赤身率は57.7％に達する。河北省にとどまらず、東北部にも普及し、定県の人々に毎年700万から800万元の富をもたらしている。この豚の優良品種は、平教会が1929年に導入した

＊18　宋恩栄「晏陽初教育思想再探（晏陽初教育思想を再び探る）」中央教育科学研究所科学研究所『中央教科学研究所科学研究成果選集』、教育科学出版社1991年、229頁。

ポーランドチャイナ種と定県在来豚を交配して改良したものである。また、定県で飼養されるレグホン種の鶏は産卵率が高いが、これも平教会が導入し普及させたものである。

④定県のポプラは成長が速く、環境適応性は強く、材質も良い。平教会が最初に導入した時は 1,000 本に満たなかったが、現在は県の至る所に 400 万本程もあり、広大な防風林帯を形成している。

⑤定県のりんごは品質と味ともに良い。平教会は初期段階に衛津、国光、白龍、華夏などの品種を 242 株導入したが、現在の年間生産量は 5,000 トン、売上高は 500 万元に達している。

定県実験の成功は世界にも影響を及ぼした。晏陽初は「現代における革命的貢献を成した世界的偉人」に選ばれ、平民教育運動は世界十大運動の一つとされた。定県実験のモデルは発展途上国に受け入れられ、世界的な農村平民教育運動が徐々に展開された。

1951 年、晏陽初は特別顧問としてユネスコに招かれ、第三世界の国々を調査し提言を行う仕事を任された。そして 1952 年に、フィリピン各界の著名人をメンバーとする「フィリピン農村改造促進会」および同会名誉主席であるフィリピン大統領から正式に招待され、マニラに隣接するリサール州のランカ村および中部ルソン地方の二つの村で指導に当たった。晏陽初とボランティア、村民の共同の努力の下、これらの地域の平民教育および郷村建設は活発に展開され、面目を一新した。例えば、ルソン地方の村は荒地が草地へと変わり、住民の収入は全国平均の 3 倍と大幅に増加した。フィリピン以外にも、アジアではインドやタイ、アフリカではガーナ、ラテンアメリカではグアテマラやコロンビアなどの国々で、平民教育と郷村建設実験が各国の事情に合わせて推し進められた。

こうした世界的運動からの要請に応えるため、晏陽初は、発展途上国における郷村建設の人材養成センターおよび研究実験センターとして、国際郷村建設学院を 1967 年 5 月 2 日にフィリピンのカビテに設立した。この学院は定県実験をモデルに、世界「新民」の養成と世界「大同」の実現を趣旨に、「科学の単純化と農民の科学化」を目標に、農民生活の全面的な改善を目的に、四大教育のつながりを一環に、現代科学技術を手段に、経済的・実用的を原則に、野外実践を重点にして、40 以上の国と地域で郷村改造を担う人材を大量に養成

第 6 章　現代中国の平民教育思想

し、名実ともに国際郷村建設と郷村改造運動の中心となった。定県実験は 燎
原の火の如く凄まじい国際的運動へと発展し、平民教育は言葉通り世界へ広
まったのである。

　現代中国の平民教育思想がこれほど大きな成果を上げ、世界的影響力を持つ
ようになったのは、晏陽初の献身的な姿勢と探究精神のほか、平民教育思想の
有する特徴と切り離すことができない。

1)　**平民教育は平民に向けた、平民のための、平民に利益をもたらす教育で**
　　ある。一方、平民は平民教育の出発点であり帰結でもあったため、平民
　　教育は幅広い社会的基盤を持つこととなった。

　晏陽初は 1927 年に発表した「平民教育概論」の中で、中国における運動
の多くは「少数の学者による文筆活動」、または大多数の平民が無関係に動く
「風馬牛相及ばず」による運動であると指摘した。しかし、平民教育は 4 億人
の人民に、3.2 億人の非識字者に、農村で暮らす 85％の人に向けた教育であっ
た。晏陽初は、農村を平民教育の主戦場とし、平民教育の本拠地である平教会
本部も河北省定県の農村に移した。初期に確定された平民教育の六つの原則も、
後に出された郷村改造工作人員の九つの守則も、さらにはずっと時代を下って
打ち出された郷村改造の十大信条も、すべて平民を核心としている。例えば、
晏陽初が定めた平民教育原則では、①「全国民の」、②「平民教育へのニーズ
を基準に」、③「平民の生活状況に適した」、④「自国の国情と人民の心理に基
づき」、⑤「地方が自主的に責任を持ち」、⑥「誰もが参加できる」[*19] となって
いる。

　「郷村改造工作人員 9 項守則」の中で、晏陽初は、平民問題を平民教育と郷
村改造の出発点として捉えている。その主な内容は次のようである。①「民間
に深く入り込む」。村人を理解し、彼らの問題を知り、相互に行き来しながら
教育を行う雰囲気を作り、彼らに影響力を持つ指導者たちと相互信頼関係を築
き、彼らと苦楽をともにしながら、彼らのニーズを把握する。②「平民と打ち
解ける」。観光客のように慌ただしく通り過ぎるのではなく、彼らと居住をとも
にしながら、隣人のように彼らの長所と短所を知らなければならない。③「平

---

*19　詹一之『晏陽初文集』、23〜24 頁。

民に学ぶ」。農民たちの教師になる前に、まず彼らの良い生徒になって、謙虚に学ばなければならない。④「平民と一緒になって郷村工作を討議する」。平民教育は命令型ではなく参加型であり、この仕事に関わる人は「独裁者」ではなく「パートナー」でなければならない。農村の住民と「仲間のように農民のニーズや問題を話し合い」、平民教育と郷村改造運動を一緒に推し進めなければならない。⑤「農民が知っていることから始める」。農民が何を知り、何を知らないかを把握し、彼らが知っていることから始めれば成功しやすい。⑥「平民の持っているものの上に建設する」。土台がしっかりしていなければ、ほとんどの計画は失敗に終わるため、基礎工事に当たる部分の建設を重視する。⑦「社会に妥協せず、社会を改造する」。平民教育と郷村改造は、生活のためだけでなく、生活と社会を改造し、新しい社会を創るために実施するものである。⑧「断片的にやるのではなく、全体をつないで実行する」。⑨「救済するのではなく、発揮させるのである」。「農民の潜在的な知恵、生産力、体力、組織力を発揮させる機会を作る。こうした取り組みによって、人類の最も多い比率を占める農民が、発展途上国における完全かつ平等な共同体的協力者になり、より良い世界の建設のために良い基礎を作り上げることができるのである」[20]。以上から、平民教育は平民の生活と密接に関連し、平民のニーズを満たし、平民の特徴に合わせて展開されていたことがわかる。これも平民教育が、広範な大衆からの支持の下、強い生命力を維持することができた所以である。

2）平民教育は狭い教育の枠を乗り越え、「大きな教育」の理念のもと社会全体を改造し、総合的に管理することで、スコラ式の教育科学研究や社会科学研究を現地の生活改造のための総合研究に転換させた。

これまでの現代教育史上、教育実験と言われるものは一般的に学校内部に限定され、主に学制、課程、教材、教授法、試験、管理など一部の問題に対する改革であったが、平教会による定県実験は、「大きな教育」という理念の指導下で、大きな社会を舞台に、教育、政治、経済、社会、文化、衛生などの社会問題を対象として、社会全体の改造を目指した。それは、教育を以て教育を論じる分析枠組やスコラ式の教育科学研究モデルを超え、現実の教育問題を全面

＊20　詹一之『晏陽初文集』、275～277 頁。

的かつ正しい接近法によって解決しようとする試みであった。

　定県実験が文字教育から農村建設へ、さらには県政改革へと発展したように、現場型の教育実験が全県の総合改革へと発展したのは、晏陽初の平民教育に対する巨視観が深く関係しており、そこが他の平民教育とは異なる特徴を有している理由の一つである。晏陽初は次にように述べている。「過去に平民教育を行った者は、生徒に文字を教えるだけで、生計教育や国民教育の必要性を理解していなかったので、知識はあるが生産力と公共心のない偏った人材を育成してしまった。現在に至り私たちは、人間は少なくとも知識力、生産力、公共心の三つの要素を備えてこそ総合的な人となれることを知った」[*21]。晏陽初は、人は総合的なものであり、偏りがあってはならないと考えた。総合的な人間を育成するためには、総合的な教育が必要である。彼はさらに指摘する。教育は常に社会生活と密接につながっており、農民が直面する基本的な問題、例えば、貧困、病弱、文盲、利己などの問題は互いに関連しているが、一つの問題解決が他の問題にも影響を及ぼし解決に導くようにするためには、教育をシステム的に組み立て、教育を真の意味での「大きな教育」と理解してこそ、教育と社会問題を根本的に解決することができる。その例として、ある農民が立派な生産者であっても経営について知らなければ、高利貸しや仲買人に搾取される可能性があり、生産は増えても、収入は自分の元に残らないのである。そこで、晏陽初は次のような結論を出している。「断片的に実行していたのでは、農民を自立させることはできない」、「全体を連結させる」方法こそ、農民を貧困から救い出し、病弱な体を治し、文盲から脱却し、利己心を捨て、知識力、生産力、公共心を有する「総合的な人」に養成できるのである。

　平民教育の内容と方法から分析すると、平民教育思想は総合的意識を体現している。例えば、四大教育は実際のところ、郷村社会全体に存在する各種の重大問題について語っており、その目的は農民に存在する愚、貧、弱、私の四つの病気を治すだけでなく、これらの問題を全面的に改造することである。四大教育においては、問題の軽重がなく、各問題を孤立させ個別的に解決するのではなく、四大教育の整合性、相互補完性、連続性の存在を強調している。晏陽初は、四大教育間の関係を次のように示している。「四大教育は連鎖結合し、

───────────────

＊21　詹一之『晏陽初文集』、19頁。

分担協働しながら進める仕事である。相互に関連し、互いに連携する。こうしてこそ生活上の困難を全面的に解決することができる。なぜなら、生活は総合的、連続的であるからである。中国にはこの数十年間、社会のために活動し、民間の生活を改善する取り組みがなかったわけではない。しかし十分な効果があげられなかった理由の一つは、農業を営む者には教育を問わず、教育を行う者には衛生を問わずというように、各々が勝手に事をなし、分断的であり、隔離的であり、他のものと連絡を取り合っていなかったからである。そのため、成功する見込みが少なかったのだ」[22]。四大教育とは「平民教育の役割の中で連続的に進められる四つの面」であるという特徴を十分に理解し、総合的かつ連続的な角度から取り組んでこそ、平民教育によって平民問題を解決し、社会全体を全面的かつ健康的に発展させることができる。そして学校式、家庭式、社会式の三種の方式は、さらに社会全体をカバーし、社会全体の巨視的角度から教育問題を考えている。

3) 平民教育は自らの趣旨や目標を堅持することを前提として、共通性と個性の統一、そして異なる時間と空間の中で自らの本質を現すことを重視しながら、中国国内の教育思潮から徐々に世界的影響力を持つ教育運動へと発展していった。

平教会が発足したとき、晏陽初は「中華平民教育運動歌」の歌詞を次のように書いた。

　　茫々たる海内の地に同志を探し、旅の辛苦をなめ尽くしつつ連帯を深める。共に事業をなし、共に精神を励まし合いながら強固な力を作り上げよう。全力を出さないことを憎み、一心に平民に奉仕する。奮闘と犠牲を以て必ずや文盲を撲滅し、男女老若が一斉に光を見る世界を作ろう。

　　茫々たる海内の地で同志を探し、皆が一斉に光を見れば、春の空には雲一つない。努力する度に力が溜まり、未来へと勇往邁進する。黄河を渡り、崑崙を飛び越える。古い考えに凝り固まった国民を呼び覚まし、皆が一緒に新民になろう。意を誠にし、心を正しくし、身を修め、家を整え、国を治め、天下を平和にしよう。

---

*22　詹一之『晏陽初文集』、67頁。

この歌詞には、平民教育提唱者の「一心に平民のために」、「古い国民を呼び覚ます」という心の叫びが表現されている。この頃は平民教育思潮が進化と分化を遂げる重要な時期で、李大釗や鄭中夏を代表とする共産党員たちは、労農大衆の教育や彼らの革命的覚悟を呼び起こすことを強調し、平民教育を革命闘争の構成部分とした。一方、北京高等師範学校の「平民教育社」、およびそこで創刊された『平民教育』雑誌は、平民教育を平民政治の水先案内人にしようとする意気込みを失い、その方向を徐々に学校教育の改革へと、そして欧米の教育理論や方法を研究し紹介する方向へと転換し、最後に平民教育から完全に離脱した。そうした中、晏陽初が指導する平民教育運動のみが定県に根を下ろし、花を咲かせるとともに、全国へと広がりを見せ、強い影響を及ぼしたのである。

　1940年10月28日、農村育才院が重慶巴県歇馬場で開校すると、晏陽初は「郷建生力軍歌」と題する院歌を作った。歌詞の趣旨は「平民教育運動歌」に近いが、より時代を反映し、より気骨のある内容へと変化している。

　　　前進！前進！皆で前進しよう！我々は農村建設の精鋭部隊。道の険しさなど恐れずに、仕事の苦労も恐れない。民力を開発し、農村を建設し、文盲を撲滅し、新民を作り、気概を育て、宗教の真の精神を発揚する。

　　　前進！前進！皆で前進しよう！我々は農村建設の精鋭部隊。武力にも権力にも屈せず、財産にも地位にも無関心。最後まで奮闘し、身を挺して仁を成し、努力を重ねて、信念さえあれば必ず事は成就する。民主的新中国を建設し、世界の大同を促すのだ。

　国難にあって、晏陽初が指導する平民教育運動は自衛を重視したが建設も忘れず、「団体規律、民族意識、思想陶冶、知識注入、兵農統合、文武両道を同時に推し進める。成人教育を精神とし、軍事訓練を中核とし、教育の普及を前提とし、建設の推進を帰結とする」[*23]ことを主張した。一言で言うならば、内憂外患の時であっても、全力で建設をはかるということである。平民教育運動は、政治と教育との間に新たな道を発見し、教育によって最大の効果を生み出そうとしたのである。

　平民教育思想とその運動が大きな発展を遂げたのは、時代の潮流を的確につ

---

*23　詹一之『晏陽初文集』、267頁。

かんだこと、そしてその敵は長い間人類を悩ませた貧困と無知であり、これは全人類の共通の敵でもあるということを正しく認識していたことにある。発展途上国では常にこの敵の脅威にさらされていたため、郷村教育と郷村建設によって農村を貧困と無知から脱却させるという晏陽初の平民教育は、国際的にも注目を集め、定県実験の経験は人類共通の財産となった。後に晏陽初は「郷村改造」という概念を頻繁に用いるようになったが、それは実質的に平民教育の内容と方法の延長線上にあった。

　平民教育思想にも当然のごとく克服できない内在的問題があった。例えば、中国社会の根本的な問題に関して、「愚、貧、弱、私」という表面現象だけにとらわれ、中国社会の政治腐敗や景気後退の原因は帝国主義の侵略と封建的残存勢力による搾取にあることを十分に認識していなかった。そのため、問題解決の処方箋においても、教育や平和的改革によって民族の弱体化と国の衰退を救おうとするだけで、社会秩序や政治制度には触れようとしなかった。その結果、平民教育は特定の地域では一定の効果を上げられたが、中国社会全体の矛盾を根本的に解決することは難しかった。しかし、平民教育自体は狭い教育の枠を乗り越え、教育と社会改革を融合し、教育家や教育思想、教育運動の影響が及ぶ範囲内で最大限の前進を果たしており、平民教育思想の「大きな教育」観が国際的にも影響を及ぼしたことは、十分に評価できるだろう。

　平民教育思潮が中国で台頭したことは、特殊な時代、特殊な社会背景、そして特殊な文化背景が影響した。晏陽初は自分自身の留学経験から、西洋の価値観を基準とし、伝統的な中国の政治や文化を全面的に否定したため、彼を急進的平民教育推進派と称しても過言ではない。しかし、当時の中国社会は停滞の中にあり、多くの平民は教育を受けることに対し、あきらめと受身の反応を示した。そのため晏陽初は、平民教育の実験において少なからず焦りと不安を抱き、一気に問題の解決を目指そうとしたが、その結果は急いては事を仕損じるという言葉通りの結果に終わったと評価される。

第7章
現代中国の郷村教育思想

　1920～30年代、中国の大地では凄まじい勢いで郷村教育と郷村建設運動が巻き起こり、郷村建設に関係する団体は700以上、大小様々な農村教育試験区は193ヵ所も建設された。教育家たちの関心は農村に向かい、農村に注力することになった。例えば、黄炎培は徐公橋農村教育改善実験を、晏陽初は定県農村平民教育実験を、陶行知は暁庄郷村師範学校と山海工学団実験を、梁漱溟は山東省で郷農学校実験を指導するなど、郷村教育の活動は最高潮を迎えた。その中で、梁漱溟を中心とする郷農学校実験は他にはない特徴と意義を持っている。

1、郷村教育運動と郷村建設

　現代中国における郷村教育運動は、現代教育思想発展の論理的帰結であり、歴史的に必ず通らなければならない道であった。毛沢東が広州と武漢の農民運動講習所で指導に当たるのに前後して、教育家たちも都市から農村へと向かった。彼らは、自らが教育実践を進める中、中国の社会問題を解決するには教育が不可欠であり、中国の教育問題を解決するには農村での実践が絶対条件である、という共通認識に達していた。例えば、黄炎培は、「中国がよく統治されるという我々の理想を実現するためには、末端の政治が重視されなければならない。つまり、一番末端の郷政とその上の県政である」[1]、そのため、「教育の力を借り、農村の生活を改善することで、全社会を革新する土台を作る」とした。一方、晏陽初は、平民教育の重心を農村へ移したことについて、「実務の経験上、中国のほとんどの文盲は都市部ではなく農村部にいると確信した。中国は農業立国であり、農村には中国の85％以上の人が暮らしている。そこで、平民教育

---

*1　『黄炎培教育文選』、210～211頁。

を普及させるには農村に行くべきと考え、スタッフを連れ定県へ行くことにした」[*2] と述べている。また、「中国最大の資源は石炭でも鉄でもなく、3億人以上の農民である。農民の知恵を育て、彼らが主体的に改造するようになってこそ、改造は成功し、主体的に建設を行うようになってこそ、建設は根を下ろす。そして、彼らが主体的に運動を進め、民族の復興を行うようになってこそ、民族は真に復興する可能性がある」[*3] とも述べている。陶行知も、「郷村教育、郷村学校を農村改造の中心とし、百万人の同志を募り、百万の学校を作り、百万の農村を改造する。そうすることで、各農村に新しい生命が吹き込まれ、同時に中華民国の偉大な生命を作り出すことができる」と明確に述べている。

　梁漱溟の教育思想はかなりの部分において以上の郷村教育思潮の影響を受けている。梁漱溟は最初の頃、「郷治」という概念を用いて自らの教育思想を述べていた。1928年、彼は広東省立第1中学校での講演で、「いわゆる郷治とは、我々民族の将来のための唯一の道だと考える。なぜなら、中国社会を構成しているのは農村であるからだ。多くの人は、国がまず良くなってから農村が良くなると考えているが、これは本末転倒した考え方である。実は農村が栄えてこそ社会全体が栄え、農村が安定してこそ社会全体が真に安定するのである。農村に新しい生命が存在しなければ、中国にも新しい生命が存在しない。我々は農村の新しい生命から中国の新しい生命を求めることができるが、中国の新しい生命の中からは、農村の新しい生命を求めることはできない。私が言ういわゆる郷治とは、農村のために新しい生命を求める方法である」[*4] と述べている。この年、彼は、陶行知が創設した暁庄郷村師範学校を見学し、「興味深い事業」だと述べるとともに、「暁庄学校は我々の考えと合致する点が三つある。一つ目は教育の道理に従っていること、二つ目は人生の道理に従っていること、三つ目は農村問題を重視していることである」[*5] とした。1929年、彼は中華職業教育社による江蘇省昆山県安亭郷徐公橋の郷村改造実験区および中華平民教育促進会による河北省定県実験区を考察し、「職業教育を行う同志が目を農業と農村に向け、これまで行ってきた職業教育運動を郷村改造運動または農民運

[*2] 　詹一之『晏陽初文集』、89頁。

[*3] 　晏陽初「中華平民教育促進会定県実験工作報告」『宋恩栄、晏陽初文集』、80頁。

[*4] 　宋恩栄『梁漱溟教育文集』江蘇教育出版社 1987年、17頁。

[*5] 　宋恩栄『梁漱溟教育文集』江蘇教育出版社 1987年、22頁。

動に転換していくこと」は非常に喜ばしいことだと高い評価を与えた。そして、「平民教育が農民に向けられたことで、その内容と意義が拡大された」ことは大きな進歩だと感動を交えて語った。同年秋、彼は河南省輝県百泉の河南村治学院教務長として招かれたことを契機に、郷村建設の実践活動を始めた。

　1930年、河南村治学院が正式に開校すると、梁漱溟は郷村自治組織などの主な課程を担当するとともに、月刊誌『村治』の編集を担当し、郷村建設の広報活動を推進した。創刊号において、彼は「本誌編集者の告白」という文章を書き、「郷治」こそ、中華民族の救済運動における新しい方向だと指摘した。文章の中で、彼は「私がやろうとしている社会運動の見地からして、最も確実な文化運動である。私の郷治の主張は、政治問題や経済問題を縦断し、人生の道を指し示すものである」と述べている。1931年1月に蒋介石、馮玉祥、閻錫山による中原大戦が勃発したため、河南村治学院はやむなく廃校になり、梁漱溟らは山東省へ向かった。その時、彼らは「村治」や「郷治」という言葉は理解されにくいと考え、「郷村建設」に変更した。そのため、同年6月に山東省政府が鄒平に設立した郷村教育建設機関も、正式に「山東郷村建設研究院」と名付けられた。研究院は、梁仲華と孫則譲を正副院長に任命し、下部組織として研究部、郷村服務人員訓練部、鄒平実験県、農場の四つの部を設け、梁漱溟を研究部の主任に任じた。

　研究院の趣旨を世に広めるため、梁漱溟は自ら書いた「山東郷村建設研究院の設立趣旨および運営方法の概要」を学生募集要項と一緒に配布した。この文章の中で、彼は「郷村建設」の内容およびその相互関係について、次のように論じている。「郷村建設というのは、対象とする事項は多いが、大きく三つに分類できる。すなわち、経済面、政治面、教育・文化の面である。三つの類型に分けてはいるが、すべては農村生活に密着している。よって、建設はどの局面から始めても、他の二つの面の建設も同時に進められる。例えば、政治の面に着目し、まず郷村自治体作りから始めたとしても、この自治体が教育を行い、経済面の改善を図っていくことになり、郷村建設は順調にいくだろう。また教育の面に着目し、教育が政治組織作りを良い方向に向かわせ、農業改良など経済面の指導を行っても、順調に進むだろう。しかし、自然の順序に沿って、経済の面を優先すべきである。経済が進展してこそ、政治面の改善と教育面の改善に対する問題の重要性を鑑みて、それぞれの改善に向けた可能性が広が

193

る」[*6]。彼からすれば、郷村教育は郷村建設の一部であり、それは政治、経済と共に郷村建設を構成する三つの領域の一局面という位置付けであった。

梁漱溟は、郷村建設研究院の目的と意義ならびに具体的な運営方法について、詳しく説明している。研究院の基本的な任務は、「郷村建設の問題を研究すること、郷村建設の実施を指導すること」という2点である。そして研究部の主な任務は、郷村建設の基本理論を幅広く研究し、山東省各地域の郷村建設計画を具体的に研究することである。研究部は研究生を募集するが、それは大学卒業生と同等以上の学力を有する者を対象とする。研究の手順は、まず郷村建設の基礎理論を理解してから専門研究に進み、各人が身につけた専門領域と現在の関心領域とによって一つまたは複数のテーマを選定し研究する。課程は主にプレゼンと集団討論の形式で行い、必要に応じて講義形式を取るとともに大学から教授を招いて特別講義を行う。修学期間は2年だが、修学期間内であっても顕著な研究成果があり、その論文が研究部主任および指導教官の評定に合格した者は、院長の承認を経て早期に卒業することができる。

郷村服務訓練部の主な任務は、郷村建設のための人材育成にあり、中学校卒業に相当する学力を有する20〜25歳の現地の農村青年を対象に募集した。訓練の内容は主に以下の3点に重点が置かれた。一つ目は、実際の服務のために精神の陶冶を行うことである。訓練を通して学生の心を動かし、彼らの志向を鼓舞し、勤勉で粘り強い精神を鍛えるが、最も重要なのは「自分と他人に対し謙虚で優しく接する道を教える」ことにあった。二つ目は、郷村建設に関する実際の知識を教授することである。訓練を通して学生の知識と知恵を増やすことで、各種の実際の問題をより明確に認識させることを重視した。三つ目は、郷村建設の中で様々な問題を解決する能力を育てることである。公文に必要な文書作成法、協業のための応用簿記、自衛のための軍事訓練などを学生に修得させるよう訓練した。訓練部が開設した課程は多く、例えば、郷建理論、建国大綱、三民主義、精神陶冶、郷村自治、郷村教育、礼儀作法、軍事訓練、農村経済、信用簿記、社会調査、農業常識、農産加工、土壌肥料、家畜改良、水利建設、農家副業、現行法令、公文書などがあった。農民に日曜日も祝日もない習慣に合わせられるよう、訓練部学生には1年間まったく休みがないように

[*6]　宋恩栄『梁漱溟教育文集』、47頁。

定められた。学生は修学期間終了後であっても、例えば「農村の様々な問題を解決する知識や能力、および勤勉さや努力する精神」に欠けているところがあれば、「卒業を遅らせる」こととなっていた。

実験区として選定された県は、学生の実習の場であるとともに、郷村建設のモデル地域でもあり、成功事例を起点とし全省への普及を図る。実験区としての県を選ぶときは立地が適切で、県の規模があまり大きすぎず、また極端に貧しかったり豊かすぎたりすることなく、賑やかすぎず交通の便が悪すぎないような県を選ぶ。そうした条件の下で、鄒平県を選び、県内に郷村建設研究院を設立するとともに、研究院の主任は鄒平県の県長が兼任することとなった。その後、郷村建設運動の進展とともに、荷沢県、済寧県など10以上の県が実験区として選ばれ、各県で郷村建設活動が幅広く展開されることとなった。

農場も、学生の実習のために、また郷村建設のモデル展示のために、鄒平県内に置かれたもので、当初は規模が小さかったが、次第に拡大されていった。最初は綿栽培試験、牧畜試験、養蚕試験などが行われたが、その後は現地に必要とされる農業試験が続々と追加され、モデル農場としての役割を着実に果たしていった[7]。

1934年、梁仲華が済寧区の委員会に転任することになり、梁漱溟が院長を引き継いだ。同年、梁漱溟は「社会教育と郷村建設の合流」という論文を発表し、郷村教育を含む社会教育運動と郷村建設の内的関係について透徹した分析を行った。彼は次のように述べている。社会教育に郷村建設を合流させたのは中国の社会問題であり、教育を農村へ向かわせたのも中国の社会問題であり、地方自治を教育へと向かわせたのも中国の社会問題である。「なぜなら、我々は中国人であり、中国社会は郷村社会であるからだ。社会で何かを行おうとするとき、前へ進むのを止めたのならともかく、前進する以上は必ずや方向性や道筋を探し求めるのであり、その探求のためには農村へ行く必要がある。教育事業を行う者が前へ進むと、自然と農村へ向かう。社会問題を正面から解決しようとする我々郷村建設者も、方法論の探究のために、必ず教育に行き着くのである」[8]。要するに、中国の社会問題を解決するなら農村へ深く入り込んで、教育と郷村

---

*7　熊明安『中華民国教育史』、190頁。

*8　宋恩栄『梁漱溟教育文集』、243頁。

建設を結びつけて事に当たらなければならない。そして、郷村建設は方法の探究の中で教育に行き着くのであり、教育家も方向の探究をする中で郷村建設に行き着くということである。すなわち、郷村教育運動と郷村建設は最終的にそこで「合流」するのである。文の最後で、梁漱溟は、郷村社会教育と郷村建設の同一性について、次のように総括的な説明を行った。「中国民衆の多くは郷村にいるので、民衆の教育とはつまりは郷村における民衆教育である。中国は郷村社会なので、社会教育とはすなわち郷村の社会教育である。この教育は生きた教育であり、実践的な教育である。この教育はすなわち郷村建設である」。

　郷村建設の具体的な進め方は、郷農学校によって展開されたが、これも郷村教育運動と郷村建設の「合流」という特徴を有していた。梁漱溟は、郷農学校の下で農民を組織化し、自力で復興を図る力を与えてこそ、中国農村の様々な問題を解決することができると指摘した。彼は、「中国のここ 100 年の歴史は、郷村破壊の歴史と言える。国内外からの二重の圧力、ならびに天災と人災という異なる破壊行為によって、郷村の命運は尽きている。これほど苛酷な圧力と破壊を前にして、知識が浅く、組織力もなく、力の弱い農民などはどうすることもできないのである。我々（知識人で郷村運動を推進する者）が、彼らに公共の観念を芽生えさせ、力を合わせて問題を解決する方法を教えなければならない。力を合わせ、組織力のある集団となってこそ、郷村は起死回生することができるのである」[9] と書いている。梁漱溟は、組織の役割を特に重視し、郷村の人々の自発的な組織化力は命ある芽のように力強く、それは社会が進歩するための基本的条件であると考えた。彼は次のように指摘する。郷農学校の基本的な任務は、「社会を推進し、郷村を組織化する」ことであるが、「推進」と「組織」とは相補的関係にある。「組織化がなされなければ推進力は発揮できず、推進力がなければ組織化することはできない」。「組織化が進めば、力が貯えられ、それに応じた進歩が生まれる。そして、少しの進歩があれば、それがまた力として貯えられ、さらなる組織の発展が促進される。組織化が進むほど進歩があり、進歩があるほど組織化も進む。最も組織化がなされた社会は、理想に描く最も進歩的な社会でもある」[10]。

---

[9]　宋恩栄『梁漱溟教育文集』、139 頁。

[10]　宋恩栄『梁漱溟教育文集』、142 頁。

第7章　現代中国の郷村教育思想

　梁漱溟が鄒平県で行った郷村建設は、郷農学校を起点とする方式で進められた。その具体的な方法は、比較的規模の大きな郷村社会（200戸以上500戸以下の村落を基本単位とする）を一つの単位として郷農学校を作り、旧区公所や郷鎮公所などの機関を廃止し、代わりに村学と郷学を設置した。村学と郷学とは行政機関というよりも、一つの団体組織として位置づけられ、校長、校主、理事、教員および村や郷に暮らす老若男女で構成されている。校長や校主は「村内で信頼されている実力者」が任命され、学生は域内の「住民すべて」であり、教員は郷村運動に従事する者が担当した。教育課程には二つのコースがあった。一つは、識字、音楽や歌謡、精神講話など各郷農学校と共通する。もう一つは、各郷農学校とは異なり、その土地の特徴に応じて設置した授業である。例えば、匪賊による襲撃が心配される地域では自衛組織を立ち上げ自衛訓練を行い、棉を生産する地域では優良品種の選別法の授業が設けられた。梁漱溟は精神講話を重視し、中国の郷村社会は「経済が破綻しているだけでなく、精神面においても同様の破綻が見られる」とし、旧社会に存在した古い信仰対象や風俗習慣は権威を失い破壊されたが、新たな精神の拠り所はまだ生まれておらず、大多数の人々は「主無き閉鎖感の下で、意気消沈した状況に陥っている」と指摘した。そのため、彼は精神講話の授業を通して、農民の心を開くとともに、彼らに自信を与えようとした。

　郷農学校は、設置された地域範囲によって村学と郷学とに分けられた。村学は郷学の基本組織であり、郷学は村学の上部組織である。学業習熟レベルによって普通部と高級部とに分けられ、学生の年齢によって児童部、少年部、成人部、老人部などに分けられた。村学と郷学を秩序立てて推し進めるために、梁漱溟は「村学郷学心得」を制定し、学衆、学兄、学董（役員）、教員や指導員といった郷農学校の構成員に具体的な要求を出し、それぞれ異なる役目や仕事内容において注意すべき事項を明確にした。例えば、村学の一員（学衆）は、集団を重視することを知らなくてはならないとした。会合には必ず参加し、何事も再度考えて行動する。意見があればすぐに出す。多数を尊重し、自分の意見を捨てて、大勢の意見に従う。さらに、少数にも配慮し、互いに譲り合う。集団のために奉仕する。責任を持って、先頭に立って仕事を成し遂げる。規則を守り、秩序を守る。年長者を敬い、隣人と仲良くする。学兄の意見を尊重し、学兄の訓令を受け入れる。理事を信頼し、重んじる。村学の意義を郷学に推進

197

する。一方、学兄は学兄としての振る舞いを知らなければならない。自重自愛を知り、後輩を愛し、大衆と和する。村の子弟で素行のよろしくない者がいれば戒める。村人と仲が悪い者がいれば調停する。理事の仕事をよく見て盛り立てる。学兄のなすべきことは、その独立的な地位から来るものであることを理解すべきである。郷学学兄のなすべき事柄もこれと同じであるが、管轄する範囲は一つの郷に拡大される。梁漱溟は、さらに村学や郷学の教員や指導員に対し、「授業するだけで満足せず、校内の学生を教えることだけに満足せず」、村民と多くの時間を接し、実際の社会活動を重視し、「教育者としての能力をあらゆる所で発揮する」[*11] よう求めた。

　1937年3月、梁漱溟の代表的著作『郷村建設理論』（『中国民族の前途』とも呼ばれる）が鄒平郷村書店から出版されたが、これは彼が中国の問題を長期にわたり「苦労に苦労を重ねて研究した」成果である。彼は、「この中の見解や主張は、民国11年当時に芽生え、多くは15年の冬に確信に至り、17年には考えが熟した」[*12] と述べている。この本の中心命題は、中国民族の前途は郷村建設にあるということである。本の中で、梁漱溟は、中国の問題を真の解決に導き、旧き中国を改造して、新しい秩序や新しい慣習を打ち立てるためには、まずは農村から着手し、「知識人と農村の人に問題解決への対応を求めなければならない」と明確に指摘した。彼は、郷村運動も本質的には「新教育活動」であり、知識人と農民とが「統合されて実施する方式」とは、郷村教育と郷村建設とが「統合された」新教育運動に他ならないと考えた。そして、郷村教育運動と郷村建設の論理的関係性を次のように要約している。「社会の前進においては、表だっては経済建設が中心的役割を果たすが、裏では社会教育が大きな貢献をしているのである。すなわち、経済建設と社会教育とは不可分の関係にあり、新社会が新社会たり得るのは、詰まるところ人にあり、社会関係にある。とはいうものの、人の能力向上や社会の合理化といったことは、一定水準以上の経済条件下で実現されるものである。すなわち、社会の有り様を決定するのは、人的側面から見れば教育であり、物的側面から見れば経済建設なのである。物資を増やすだけなら人口を増やすだけで事足りるが、経済建設の

---

*11　宋恩栄『梁漱溟教育文集』、117〜136頁。

*12　中国文化書院学術委員会『梁漱溟全集（第二巻）』山東人民出版社1990年、144頁。

ためには教育の振興が不可欠である。郷村建設の代わりになるものは存在しないと言ったが、その意味は、中国をあまねく発展に向かわせ、本当の進歩を実現するためには、教育にすべてを委ねて全力で進むということである」[13]。彼は、郷村建設の鍵となるのは人材育成であり、郷村建設は政治、経済、教育の3方向から進めなければならないが、必ず教育を要とし、教育の力で郷村を組織化する必要があるため、政治と経済の建設は必然的に教育の建設に託されると考えた。すなわち、郷村建設運動を、広い意味での郷村教育運動と理解していたのである。

2、郷村教育理論の構築

現代中国の郷村教育理論は膨大な意味内容を含んでいると言った方が間違いない。黄炎培、陶行知、晏陽初らはそれぞれ重要な記述を行っているが、ここでは主に梁漱溟による郷村教育理論を中心に議論する。

1. 郷村教育の役割

梁漱溟は、教育に対して驚くほどの情熱を示したが、これは教育の果たす役割に対する彼の認識と切り離すことができない。彼は、教育の果たす役割は主に二つの面に表れるとした。すなわち、個人の発達に対する促進的役割、および社会発展に対する促進的役割で、郷村教育の果たす役割もこの二つの面で具体的に表れると考えていた。

個人の発達に対する教育の促進的役割について、梁漱溟は、「教育は一人の人間の生活全般に着目し、その人生を導くもので、身体の発達と心理の発達の両面において非常に重要である」[14] としながら、教育は心身の調和のとれた発達を助け、健全な人生を作り上げる役目を果たさなければならないと主張した。彼は、教育は人類の発展において極めて重要だと指摘する。「教育は人類にとって必要不可欠のものであることは、人間が児童から成人に至るまでの時期が長いことに見て取れ、それは他の動物とは比較にならない。脊椎動物であ

---

[13] 中国文化書院学術委員会『梁漱溟全集(第二巻)』山東人民出版社 1990 年、471〜472 頁。
[14] 宋恩栄『梁漱溟教育文集』、9 頁。

る魚類から人間まで、その幼少期は本能が失われるとともに延び、知恵があるかどうかは、生を受けてからどれだけ勉学に励んだかに比例するのである。人類社会は、昔より未成熟な時期に教育が施されたが、しかし人間の持つ学習力はこの未成熟期だけに限定されず、生涯にわたってあるのである」。梁漱溟は、人間は動物と比べて、本能は弱くなっているが児童期が長く、生きていくためには後天的学習と教育が重要になると考えた。そして、もし教育を施さなければ、人は本当の人間になれないとした。さらに、教育は現代人にとって特に重要であるので、「未成熟の段階」にとどまらず、「生涯」にわたって教育を行わなければならないと考えた。現代教育思想史において、梁漱溟は生涯教育の思想を明確に打ち出した教育家の一人である。生涯教育が必要な理由を、彼は三つあげている。第1に、「現代の生活は日に日に複雑化し、人生において勉強しなければならないことも倍増している。幼少期にすべてを学ぶことはできず、成年期へと伸ばす必要性が日に日に高まっている」。第2に、「社会生活は慌ただしく複雑だが、児童は社会生活にまだ参加しておらず、直接的な経験が乏しいため、結果成人になって初めて学ぶことになる。また、自発的に学習機会を設けようとするのも、成人のみが必要と感じて行うものである。もしすべての学習機会を児童期に集中させようとすれば、精力と時間ばかりを浪費することになるので、成人になって必要となった段階に、必要な成人教育を行えばよい」。第3に、「現代文化の進歩や社会変遷の速度に応じて、学ぶことも合わせないと、今後の時代に取り残されてしまう。すなわち、常に学びを続けなければならない」[15]。要するに、現代社会の発展は非常に速く、必要とされる知識のライフサイクルはますます短くなるので、学校教育だけでは現代生活のニーズに応えられず、真の意味での社会人を形成することができないということである。「常に学び続ける」ことこそ、時代の流れから取り残されずにすむ方法なのである。また、多彩な生活や成人の世界は、学生時代には理解できない部分があるが、大人になって経験を積み相応の教育を受ければ、自然に分かるようになり、半分の労力で倍の成果が得られる。そのため、学校教育、社会教育、大衆教育、成人教育を一体とした生涯教育体系こそ、「最も経済的かつ効果的な教育」であると主張している。

---

*15　宋恩栄『梁漱溟教育文集』、99〜100 頁。

第 7 章　現代中国の郷村教育思想

　郷村教育は人間の発展においても無視できない役割を有する。農村部の人々の多くは迷信や風習の支配を受けており、意識的あるいは自主的に物事を選択することはまれで、保守的傾向が強く活気がない。そこで、郷村教育を通じて、農民を八方塞がりの世界から活路を見つけられるよう手助けし、迷いの中から新たな方向性を見つけ、落胆から新たな関心を見つけ出し、「どこへ向かうべきか分からなくなったときに、進むべき途を見つけ出し、希望を生み出す」ことによって、農民たちは本当に生き直すことができる、と梁漱溟は考えたのである。陶行知の推薦で山東省鄒平にやって来て梁漱溟の郷村建設を手伝うことになった張宗麟は、郷村教育の使命について、「郷村教育とは、郷村人民の生活を改善する活動であり、この活動は郷村の実際の生活から生まれたものである。その主な任務は、農民に生産について教えることで、荒れた山を森に変え、やせた土地に五穀が実るようにすること、さらに農民に自立、自治、自衛を身につけさせること、村を楽園に変え、村人が平穏に暮らせるようにすること、そして子供たちを郷村の生活に順応させ、郷村を改造する新たな芽生えとして育てることにある」[*16] と述べている。要するに、郷村教育は農民の精神状態を改善するにとどまらず、彼らに積極的な人生態度をも形成させる。また、農民が生産知識と技能を身につけ、自らの手で新農村を建設できるようにすることがその使命なのである。

　社会発展における教育の役割について、梁漱溟は次のように述べている。「教育の社会における役割は、文化を持続させるとともにその発展を図ることにある。教育が自らの役割を全うすれば、社会は革命を必要とせず、その都度修正を施しながら漸次改善を進めることにより、社会問題は解消される。しかし、人類社会が最終的に暴力革命を避けて通れなかったのは、これまでの教育が社会の中で指導的地位ではなく、こき使われる地位に置かれていたからだ。これまで人類社会を支配してきたのは政治権力、または国家であった。歴史上の政治権力や国家は、様々な形態で存在してきたが、その中身は武力による統治機構であることは一貫していた。そうした中でも比較的進歩した政治形態であれば、武力が背後に隠され、理性による統治が前面に押し出されていた。しかし、社会秩序を最後に維持したものは、武力であって理性ではなかっ

───────────────

＊16　張沪『張宗麟郷村教育論集』湖南教育出版社 1987 年、158 頁。

201

た。そのため、社会改造つまり社会秩序の打破と再構築も、武力に頼らざるを得なかった。故に、これまでの社会の進歩は、狭義の意味でも広義の意味でも教育に頼ってはいたものの、教育は最終的に社会を改造することはできなかった」[17]。すなわち、梁漱溟は、教育の社会発展における役割は、主に文化の繁栄や社会の進歩として表れ、社会生活を絶えず文明的なものへと移行させ、完全なものへと導くことにあるとした。しかし、人類社会には「暴力革命」という手段が存在するため、教育の役割が完全に顕彰されずに、教育の持つ機能も十分に発揮されなかった。そして、社会の進歩は教育に頼るものの、「社会改造」という面では教育の機能は大きな制約を受けた。そのため、梁漱溟も暴力革命の有効性を認めてはいたものの、総じて暴力革命には反対し、教育でその役割を代替させようと努力した。彼が晩年に述べたように、「通常、彼ら支配階級が暴力で対応すれば、我々革命階級も暴力、すなわち武装革命で対抗する。それは全くもって必要なことであり、完全に正しいことである。しかし、暴力を用いることを良しとしない精神は、さらに偉大で、より崇高で、もっと純潔である」、そして「人類が一切の暴力を 蔑 み嫌い、一切の暴力を排除するようになる。将来、こうした日が訪れることになるだろう」[18] とも述べている。

　梁漱溟は、停滞状態に陥った郷村社会を改造すること、特に理想的な新社会を建設することにおいて、教育は重要な意義を持つと考えた。彼は未来の理想的な新社会を「人類文明の正常な形態」と称し、著書『郷村建設理論』の終わりにおいて、理想社会の主な特徴およびその構築方法について詳しく論じている。この「人類文明の正常な形態」は、六つの特徴を有する。第1に、新社会は農業から工業へと発展し、農業と工業が連携して均衡のとれた発展をする。第2に、新社会は、郷村を幹とし、都市を枝葉とする。郷村と都市は相反せず、互いに交流し調和する。第3に、新社会は人を主体とし、物が人を支配するのではなく、人が物を支配する。社会関係の調整や促進を通じて、人と人との間の対立を減らし、一つの社会意識を形成し、それによって社会が営まれる。第4に、新社会は倫理本位の合作組織であり、個人本位あるいは社会本位のどちらか両極端に偏るのではなく、社会と個人の関係は調和と均衡

＊17　宋恩栄『梁漱溟教育文集』、101頁。
＊18　梁漱溟『人心と人生』学林出版社 1984年、176頁。

が取れている。第5に、新社会における政治、経済、教育（または教化）は三位一体であり、分離することはない。第6に、新社会の秩序は、武力ではなく理性によって維持される。「この時、教育は社会の先頭に立って、学問によって社会のすべてが導かれる。社会制度は絶えず改善され、暴力革命の出る幕はない」。

　以上の6局面は、梁漱溟が考える「人類文明の正常な形態」を表現したものであり、彼が理想とする新社会の基準でもある。では、いかにしてこの理想の世界に行き着くことができるのか？梁漱溟は、人類社会の建設における四原則を打ち出したが、その中心は教育であると述べている。

　　人類は生命があるからこそ教育が可能となり、人類の生活のみが教育を必要とする。しかし、教育は生活のためだけにあるのではなく、生命を無限に発展させるためにも存在する。それを外界に表出した場合、社会文化を発展させるために絶えず創造的活動を続ける。一方、それを内面に向かわせた場合、個人の心はますます通暁するようになり、心の奥底まで鋭敏になるとともに、その悟りは無限に広がるのである。古の哲人曰く、「過ちを犯さないように努力しても簡単にできるものではない」。つまり、自分が至らざる存在であることを謙虚に認めることから、人類は絶えず進歩し理から外れないよう努力してきたことがわかる。そうした意識を常に持ち、進むべき道を切り開き、生の続く限り学ぶことをやめてはならない。よって、人類社会の建設のためには、すべての事柄を教育の視点から始め、教育中心の環境を築き、学問を志すよう人を啓発し、絶えず自己形成のために努力しなければならない。このようにして、人は社会の中で最大の効果を発揮するのである。

　以上、梁漱溟は教育家の視点から人類社会の建設に思いを馳せ、社会発展のために良好な教育環境を整え、人類の生命と人類社会を常に完璧な領域に向かわせようとしていたことがわかる。

2. 郷村教育の精神陶冶

　郷村教育の精神陶冶には二つの面が含まれる。一つは、教育を受ける側の精神陶冶で、それは主に農民の精神状態を変え、民族精神を作り上げるという面である。もう一つは、教育を授ける側の精神陶冶で、それは主に教師の精神状

態を変え、彼らの心中に大願を宿すという面である。前者に関してはすでに言及していることから、以下では主に教師側の精神陶冶の問題を分析する。

　張宗麟は、郷村教師の基本的態度を3類型に分けている。第1類型は、平々凡々として、ただ時間通りに授業を行い、本の内容を生徒の頭に詰め込み、すべて原則通り機械的にやる一群である。「彼らは生活のために教師をやり、社会のことに無関心で、いわゆる坊主でいる間だけ鐘をつくような教師たちである」。第2類型は、学校運営から利益をむさぼる輩と一緒になって、彼らが漁夫の利を得られるよう手助けする、あるいは自らが利益をあさる一群である。「彼らは学校運営を利益をむさぼるための手段とするので、ただひたすらに利益を追求し、表面ばかりを飾り立て、官僚や土豪と結託しながら子供や民衆を騙す」。第3類型は、農民の福利厚生を真に図る教師たちで、物事の判断基準を農民の福利厚生に置き、官僚や土豪の歓心を買うことなど問わない。「彼らは純粋な心で子供を愛し、郷村のために命がけで働き、世界で最も巨大な力と最新科学を用いて郷村を改造することができる。挫折しても諦めず、さらには命の危険にさらされても、意に介することがない」[19]。この類型の中で、第1類型に属する教師が最も多く、第3類型は「郷村教育における真の同志」であるが、そのような教師の人数は最も少ない、と張宗麟は述べている。

　こうした状況のため、梁漱溟は郷村建設研究院で「精神陶冶」（別名「郷村服務員に対する精神陶冶」）と称する講義を行い、教師が備えるべき精神について次のように説明した。第1類型と第2類型に属する人々は、「俗人の見識、俗人の精神」しかなく、利財や名声に夢中で、賞罰にばかり気をもんでいるが、これは一般人によくある世俗的心理である。しかし、教師として、郷村服務員として、このような「俗人の見識、俗人の精神」ではなく、心の底に大願を宿すようにならなければならない。そのためには、「精神陶冶」を行う必要がある。精神陶冶の内容には三つの面がある。すなわち、人生に対する合理的態度と精神修養の方法の指導、そして人生における実際の問題の討論、および中国の歴史と文化の分析である。いわゆる人生に対する合理的態度と精神修養の方法とは、教師が「自らの人生を省みること」、「問題の真贋や大小の見極めを行うこと」、自己中心的な利益を超え、「個人の生命を超え、一つの大き

───────────────

＊19　張宗麟「郷村教育」張沪『張宗麟郷村教育論集』、195頁。

な生命体が存在するかのように、個人の生命問題以上の問題を感じられるようになること」を重視する。すなわち、人類の全体利益という高みに立ち、問題を処理するということである。いわゆる人生における実際の問題とは、「家庭問題、社会問題、親子・夫婦・兄弟・友人といった人間関係をどのようにして良好に保つか」など、生活上の具体的な問題を指す。梁漱溟は、「郷村事業に従事する者は、人生における実際の問題を正しく認識し、判断し、解決しなければならない。……自分が先に見識を持ってこそ、郷村の人々を先導することができ」[20]、彼らに人生を楽しみ、邁進する心を持たせることができるとした。いわゆる中国の歴史と文化の分析とは、過去の中国社会の組織構造とその特徴を知り、現在と未来の中国社会が歩むべき道筋を主体的に究明することを指す。この三つの面の核心にあるものは、民族精神である。なぜなら、「中国文化の特別な所（長所と短所）を探し出し、それによって民族精神を体得するのは、歴史と文化を分析することの意義である。人生における合理的態度の指導は、正面から民族精神を明確にすることになる。人生における実際の問題を解決することは、民族精神の実践につながっている」[21]。民族精神は、人間心理の中心部分を表しており、精神陶冶の核心でもある。

　精神陶冶を経た郷村教師はどのような素質を備えるようになるのか？張宗麟は著書『郷村教育』の中で、次のように述べている[22]。郷村教師にとって最も重要なのは、子供、現地社会、農民運動、農民教育に対する使命を担うことである。子供に対する使命とは、書物ばかりから学ばせるようなことはさせず、「知識の伝授、人格の修養」を行った上で、彼らの生産能力を養成することである。同時に、「教師は、農村の子供に自分たちが置かれた現状を認識させ、自分たちがそうした状況に置かれている原因を理解してもらう」ことで、子供たちが今後さらに奮闘するようなキッカケとしてもらう。次に、現地社会に対する使命とは、自分を村の一員として考えることである。「村の公共に属する事柄に責任を持たなければならない。小さなけんかの仲裁や、村人に助けを求められた事は必ず対応し、村の改善計画や農業生産の改良などについて

---

[20]　宋恩栄『梁漱溟教育文集』、159頁。

[21]　宋恩栄『梁漱溟教育文集』、176頁。

[22]　張沪『張宗麟郷村教育論集』、242～248頁。

も、教師は責任を持たなければならない」。一方、農民運動に対する使命とは、農民たちを組織し、目覚めさせ、直接的または間接的に搾取者から受けている様々な暴力的行為を認識させ、農民運動の「火付け役」に育て上げることである。最後に、農民教育に対する使命とは、農民学校や壁新聞などを通じて、農民に新しい思想や方法を注入し、彼らが悪い習慣から脱却できるようにすることである。

　郷村教師の職業的能力については、張宗麟は詳細な分析を行った上で、次のような七つの技量を身につけなければならないとした。

　一つ目は、社会を改造する能力であり、以下の 21 項目が含まれる。軽食屋を経営できる。民衆学校を運営できる。軽い病気を治すための衛生医薬に関する知識を知っている。会計を担当することができ、その土地の人付き合いの習慣を理解している。年貢や決算、利子などの計算ができ、土地の測量、地価の計算、名義書換などができる。質札、領収書、食糧配給切符、寄付の切符、契約書、公的文書、俗字などが読める。対聯、婚帖、番付、証書などが書ける。笑話、講談、通俗的講演などができる。紛争の仲裁ができ、どうにもならない場合は公文の訴状が書ける。壁新聞を編集できる。武術がある程度でき、村民を組織化して自衛団を作れる。手品、通俗芝居、ものまね、双簧などを演じることができる。合作社の組織化を指導できる。学校を飾り付け、民衆の公園に作り変えることができる。村民集会の司会を務められる。世界の情勢を理解している。自国の現状に詳しい。現地社会の経済状況を熟知している。現地の物語や行事に熟知している。現地の儀礼について詳しい。現地の就業状況をよく知り、機会を見ては改善方法を助言することができる。

　二つ目は、子供を教育する能力であり、以下の 14 項目が含まれる。子供と友達になれる。国語で子供に物語を聞かせたり、時事を紹介したりできる。子供の話が理解できる。子供の質問に答えられ、さらに子供たちが深く問題を考えるよう導くことができる。子供の読書を指導し、各種の参考資料を探し出すことができる。学校記念行事を主宰し、子供の集会を指導する。作文、会話、絵画、工芸品制作などを通して、子供が意見を発表できるよう指導する。子供の良くない習慣を発見し、改善させる。掃除や整理整頓などにおいて子供の模範となる。現地の童謡のいくつかについて詳しい。現地の子供の遊戯のいくつかができるようになる。6 歳以上の子供の心理がわかるようになる。教育実験

の手法について複数種類知っており、測定法や統計図表の作製法など教育実験に関する基本的技能を複数種類マスターしている。購読者の多い教育新聞を読み、新しい教育理論と方法論について知っている。

　三つ目は、農作業を行う能力であり、以下の20項目が含まれる。畑の管理ができる（畑を耕すことができれば申し分ないが、それは技術というより、体力的問題に属するので、この際問わない）。水やりと施肥ができる。野菜や豆を植えた畑の雑草を抜くことができる。揚水、溝掘り、畔を作ることができる。鋤や肥桶、鎌に柄を付けるなど農具の手入れができるとともに、わら縄を編むことができる。育苗畑（野菜や草木）が作れる。野菜（現地で栽培可能な野菜を前提とする）を栽培できる。果樹や竹林の剪定ができる（現地で栽培可能な果樹を前提とする。例えば、北方は竹がなく、南方はリンゴ栽培が難しいなど）。一般的な草花が栽培できる。養蚕ができる。養蜂ができる。鶏、アヒル、鳩などを飼うことができる。羊、豚、牛などを飼うことができる。柴刈り、竹の子掘り、野生植物の果実を採取することができる。養魚（水槽や養魚池で飼える魚を前提とする、海辺では貝類を拾うことなど）ができる。土壌の性質が分かる。農業雑誌を読んで理解できる。農業機関の人や農民と付き合うことができる。現地の気候や農産品に詳しい。現地の農事に関することわざに詳しい。

　四つ目は、科学的常識や一般常識に関する能力であり、以下の20項目が含まれる。現地の有名な植物を採集して標本を作ることができる。現地の有名な昆虫、例えば蝶類などを捕らえ標本を作ることができる。狩猟ができる。鳥獣の標本を作れる。簡単な解剖ができるとともに標本が作れる。現地の一般的な害虫を知り、その生活史について知っている。現地の渡り鳥を知り、その生態について知っている。簡単な標本を作るための薬品や道具を使いこなし、その出所を知り、修理または作製することができる。現地の鉱物を知り、現地の地質について理解している。気候や降雨量を測定し、気象の変化や節気の意味を知っている。一般的な星座を知っている。日常口に入れる食品の栄養、例えば、米、麦、野菜、塩などについて知っている。日常摂取する調味料、例えば、醤油、豆油、茶、塩などの製造過程について知っている。日常用品の化学的作用について理解している。日常用品の物理的作用について理解している。単純な機械の構造を熟知している。日常的に用いる機械用品、例えば、時計などの修理ができる。一般的に使われる電機、例えば、ラジオの利用法を知っている。

科学的方法を利用して手品を披露することができる。一般人向けの科学雑誌を読んで理解できる。

　五つ目は、医療衛生に関する能力であり、以下の18項目が含まれる。人体の仕組みを理解している。痰、くしゃみ、食品衛生に気をつけるなど衛生習慣を身に付けている。体格検査をすることができる。種痘の接種をすることができる。トラコーマ、疥癬などを治せる。マラリア、風邪、便秘、寄生虫などの治療法を知っている。傷口を縛って止血ができる。吹き出物や腫れ物の治し方を知っている。キニーネ、アスピリン、ひまし油、ヨードチンキ、ホウ酸水、クエン酸銅軟膏など常備薬の性質と用法を知っている。人工呼吸、火傷、水難者、熱中症などにおける応急措置ができる。公衆衛生の要点を知っている。子供の発達状況に詳しい。食品の成分、衣食住における衛生管理の重点事項に詳しい。少年団に対する訓練法を熟知している。中国拳法がある程度できる。健康体操や球技の類ができる。水泳、山登り、木登りができる。簡単な医学書が読める。

　六つ目は、芸術に関する能力であり、以下の26項目が含まれる。子供向けの心が和む歌を歌うことができる。1種類か2種類の楽器を演奏でき、蓄音機が使える。世界の名曲を鑑賞することができ、音階が理解できる。一般的なダンスが踊れる。簡単なスケッチができる。簡単な絵を模写できる。名画を鑑賞し、画家の魂に触れることができる。家や会場の飾り付けができる。紙や麦わら、豆、果実、紅葉などを用いて装飾品や日用品を作ることができる。机や椅子、ドア、窓などの修理ができる。床掃除、机ふき、窓ふきなどができる。靴下や衣服を縫い、毛糸で衣服や帽子を編むことができる。書籍の表装や図表を描くことができる。ドアや窓にペンキを塗り、壁を塗ることができる。壁のデザインや絵画の配置などによって壁面の装飾ができる。小さな花壇を天然物で飾り付けることができる。1種類か2種類の字体が書ける。簡単な印刷作業ができる。ご飯やおかゆが作れる。おかずを美味しく作れる。お菓子を美味しく作れる。台所の調理道具を片付けられる。自分の身体や用具を清潔に保ち、エリート意識がない。子供たちが自分の身体と道具を清潔にするよう指導できる。書道、彫刻、写真、刺繍、磁器、映画など芸術作品を鑑賞することができる。演劇の指導や演出ができ、他人の演技を評価することができる。

　七つ目は、雑多な事象に関する能力であり、以下の18項目が含まれる。新

式の簿記ができる。予算案作成や決算ができ、収支報告書が作れる。日常用品を購入するとともに市場の状況について熟知している。学校の物品の保管ができる。物品の登記をすることができる。学校の用務員を監督し、新採の用務員を訓練することができる。図書を購入し、管理することができる。手紙が送れる。雑誌やその他の刊行物を編集できる。来客や指導員を接待することができる。子供の成績表が作れる。展示会、祝賀会、懇親会などの司会を務められる。年間計画や月次の計画を立案できる。研究会や討論会の司会を務められる。他の学校と連絡を取り合いながら共同で事業を立ち上げることができる。学校運営に必要とされる公文書が作れる。現行の教育法令について理解している。教育行政に携わる職員と学校の運営について協議できる。

　以上のことから、現代郷村教育思想には比較的体系化された教師観があり、郷村教師の職業能力についても詳細な分析が行われていたことがわかる。郷村教師の能力に対する張宗麟の規定はくどすぎて、郷村教師は郷村建設の百科事典的役割を担わされたような感じもするが、その一方で、この思想が郷村教師の精神陶冶を重視し、郷村教師に必要とされる職業的能力に対し綿密な研究を行っていたことが垣間見られる。

3．郷村教育の組織構造

　郷村教育思想において、組織の設立が特に重視されていた。梁漱溟は、新社会組織の設立は中国の社会問題を解決する鍵だと指摘している。すなわち、「この組織は、倫理情誼を基本とし、人生の向上を目標としていることから、情誼化された組織あるいは教育化された組織と名付けることができる。その関係は倫理や情誼の上に構築されているので、教える側も学ぶ側も共に成長させるのである」[23]。そして、このような新社会組織は政府によって設立されるべきものではないと指摘した。なぜなら、政府によって決定される制度は成功しないからである。政府によるお役所仕事は、ただ「各部門が受動的で、極めて機械的であり、かつ創造性に欠ける」状況を生み出すのである。彼は次のような例えをしている。すなわち、このような社会組織は幼苗や種子のようなものであり、その種子は政府ではなく人に自発的に播かせるのが良い。政府はただ雨風、日

＊23　中国文化書院学術委員会『梁漱溟全集（第二巻）』、308頁。

光、肥料になって組織を育て、組織自身による生長を助けてやれば良いのである。

　梁漱溟は、このような新社会組織は「各構成員が団体活動に積極的に参加し、皆が自発的であり、多くの人々の力によって組織されていなければならない」[24]と考えた。中国は農業国家であり、大多数の人々は農村にいることから、「中国の新社会組織は郷村に求めるべきで」あり、それこそが郷村組織である。そして、この組織は政府（政治）と学校（教育）が一体化したもので、郷農学校と称するとした。

　こうした郷農学校は、理事会、校長、教師、郷民（学生）からなる。それは単なる学校で、それが同時に組織でもあることが無視されていると指摘する者もいたが、梁漱溟はそれは誤った考えであるとした。なぜなら、「もし学校を運営する側と学ぶ側とに二分すれば、学校を運営する側は主動的で、学ぶ側は受動的である。そうすれば、単なる学校機関であり、あるいは郷村組織とは言えないのである」。しかし、郷農学校は有機的に「学校運営側と郷民とが一つにまとまり、組織化されており」、地域の区分に沿って分けられ、教育内容が配慮されているので、教育機関であると同時に効果的な組織でもある。彼は、郷農学校と当時の地方自治組織を、表7-1に示すような対照表を用いて説明している。

　この表から、梁漱溟の郷農学校は教育機関と郷村政府を兼ね備えた組織であり、その機能と役割は一般的に言われる教育機関の範囲をはるかに超え、郷農学校を基礎として、次第に地方自治の組織へと発展していったことがわかる。しかしこの組織は、従来の郷農学校が教育機関と郷村政府を一体化したモデルから大きく変化し、教育機関や郷村政府を同時並存させたモデルとなっている。梁漱溟はこの新しいモデルについて、「表面的に見れば、我々のこの組織は、多くの面で現行の地方自治組織と共通しているが、その中身においては大きく異なる。簡単に言ってしまえば、我々の最初の自治組織は郷農学校であったが、郷農学校が少しずつ充実していく中で、組織は郷長、郷農学校、郷公所（総幹事）、郷民会議へと次第に発展し分化していったのである」[25]と述べた。

---

[24]　中国文化書院学術委員会『梁漱溟全集（第二巻）』、313頁。

[25]　中国文化書院学術委員会『梁漱溟全集（第二巻）』、362頁。

第7章　現代中国の郷村教育思想

表7-1　郷農学校と地方自治組織の対照表

名称	発展前の名称	役割	現行法令上の組織との表面的な類似点と相違点	所属部門
郷長	郷農学校校長	教訓監督機関	表面的には現行法令上の郷長に近いが、その役割は監査委員会と調停委員会に代わるもので、教訓を司るが行政的責任を負わない	文化運動団体（社会運動団体）部門に属するが、現政権からの承認を受ける必要がある
郷農学校	郷農学校	設計推進機関	表面的には現行法令上の国民補習学校および国民訓練講堂に近いが、その役割は大きく異なる	
郷公所	郷農学校理事会	行政機関	現行法令上の郷公所に相当する	現政権下の政治組織部門に属する
総幹事	郷農学校理事会常務理事	事務指導者	大まかに言って、現行法令上の郷長に近い	
郷民会議	郷農学校全学衆	立法機関	現行法令上の郷民大会に相当する	

郷農学校も不変ではなく、郷村社会と中国社会の発展とともに発展し変化する必要性があることがわかる。しかしどのように発展し変化するにしても、そのシステム設計の担い手としての役割は極めて重要であり、その教育機能も狭められておらず、社会運動部門に属することでは従前と変わることはない。

　梁漱溟の郷農学校に関する著述活動と教育実践から、彼の郷村教育に対する発展史観を理解することができる。常に彼は、「我々は新しい社会組織構造を創っており、郷村においてその萌芽を育てているのである」と語っている。これは、郷農学校を遺伝子とした新社会組織は絶えず建設され、創造されていくのであるが、その基礎となるものは一貫して郷村だということを指し示している。そして、中国教育という高層建築も、郷村と郷村教育を土台に建てられているということである。梁漱溟は、自らの思想を次のように明確化している。

　　私が考えるに、中国の教育制度は、小学校教育、民衆教育、職業教育、中学校教育、ひいては学術研究を行う大学教育に至るまで、郷村から始めて、それを発展させ、整備していかなければならない。中国の教育制度は創造を必要とするが、創造は優れた見識に頼らざるを得ない。しかしその優れた見識は、いきなり制度法案を作って推進するのではなく、現実に即

してじっくりと探究し、じっくり生長させていかなければならない。というのも、既存の制度はすべてが有効ではないため、すべてを新たに設計する必要があるからだ。それは教育だけに限ったことではなく、政治や経済などについても同じである。実際のところ、我々の郷村組織はあらゆる制度設計の糸口を提供しており、育成、生長、発展、充実を待つだけとなっている[26]。

こうした郷村教育の発展史観に基づき、梁漱溟は絶えず「郷村から端を開く」教育システムと教育制度を探究し、郷村教育思想を絶えず改善しながら発展させていったのである。

3、郷村教育思想の分析

1920年代から30年代にかけて、郷村教育思想は、郷村教育ならびに郷村建設運動の高まりとともに、その内容を絶えず深めていった。郷村教育思想家たちは、農村の貧困問題を解決するために、そして民族の復興、国家の富強、社会の進歩のために、都市部での豊かな生活を捨て、条件が厳しい農村で様々な郷村教育と郷村建設の実験的取り組みを展開した。そして、特色ある郷村教育理論を形成し、中国教育思想の学問的蓄積を豊富なものにするために重要な貢献をするとともに、現代中国の農村教育のために手本とするに足る経験や教訓を残した。

1）郷村教育思想家たちは、国内外の教育思想の経験や教訓から学ぶとともに、良いところを取り込みながら、農村問題を真に解決できる理論の構築を探し求めた。

1920～30年代に実施された中国で影響力を持つ四つの郷村教育実験の中で、梁漱溟が行った実験は最も時期的に遅く始められたが、このことが彼に他の郷村教育の理論や実践を綿密に研究する機会を与えてくれた。1926年、梁漱溟は王鴻一とともに、北京東交民巷使館で「農村立国制」の問題について議論したが、結局は「机上の空論」で終わり、その翌年から「郷治思想」を主張する

---

[26] 中国文化書院学術委員会『梁漱溟全集（第二巻）』、423頁。

ようになる。1928 年、南京の暁庄学校を考察した梁漱溟は、暁庄の郷村師範
教育から大きな刺激を受け、その後、山東省の郷村建設において陶行知の方法
を多く取り入れつつ実践した。鄒平の第十一郷学を例に、梁漱溟は、鄒平の村
学・郷学が自分の考えに最も近いが、この郷学で実行されている「共学団、導
友制」は陶行知の生活教育思想の影響を受けているとした。同校の実験報告で
次のように書いている。「私たちの生活は、環境に適応しつつ、環境を創造し
ている。私たちは生活しており、生活は常に変化し、進歩の中にある。"做・
教・学"の三位一体の原則においては、誰が誰を教えているのか、すなわち
誰が教える側で誰が教えられる側かの境界ははっきりしない。"教える側も学
ぶ側も共に成長する"の下で、皆が前進し、皆が教えられる者である」。また
「共学団の生活表において、勉学も活動も日々の生活の過程であり、その間に
高低・優劣がない。その過程は生活でもあり、教育でもある」[27] と述べている。
彼が言う「共学団」とは、高等小学校 1、2 学年の一部の生徒で構成された集
団で、団には団長、副団長と秘書が置かれ、それは 2 年生が担当する。団は
五つの組に分けられ、いずれも 1 年生が組長を務める。各組内の 1 年生は学
友であり、2 年生は文化、政治、経済に関する指導役を務める。文化指導役は、
学友の衛生の指導、病気の治療、図書館管理運営や清掃検査などを担当する。
政治指導役は、歴史や地理の補習、点呼、規律、勤怠の管理および会議運営の
訓練などを担当する。経済指導役は、自然科学の補習、合作社の経営、農作業
や食生活などの指導を担当する。また、「共学団」の活動には、朝の体操、朝
会、学業指導討論会、各種学業研究会、壁新聞作成、開放図書館、教育用品消
費合作社経営、団政会議、軍事訓練、農場作業、学業報告会、夜会などもある。
これらの活動は、梁漱溟の「教育は生活を基本とし、"教・学・做"を一体と
する」[28] という思想を表しているが、陶行知の影響を受けていることは言うま
でもない。

　1929 年、梁漱溟は、南北異なるタイプの郷村教育実践例について体系的に
考察した。彼は、まず黄炎培や江問漁の案内により、中華職業教育社の徐公橋
における郷村教育を考察した。そして、一方では職業教育運動の郷村改善運動

＊27　「鄒平第十一郷学導友制共学団の実験」『鄒平の村学郷学』郷村書店 1936 年、278 頁。
＊28　宋恩栄『梁漱溟教育文集』、23 頁。

への転換を褒め称えながら、その一方では、黄炎培の徐公橋での実験はわずか
な修正にすぎず、教育家の立場から郷村教育問題を考えているにとどまり、中
国の郷村問題を根本から解決しようとしていないと異を唱えた。彼は、自分と
黄炎培らの違いについて、「貴殿らは現状の下で全力を尽くし、やるべきこと
をしている。一方、我々は中国の抱える大きな問題に対し、根本的な解決策を
求めようとしている」*29 と述べている。その後、翟城村自治事業の創業者であ
る米迪剛、米階平を北京に訪ねた後、馮霞梯の案内で定県の中華平民教育促進
会の実験区を見学した。彼は平民教育が農民に対するものであることを高く評
価しながら、これは「中学や大学を作るよりはるかに意義があることだ」と述
べた。その一方で、「中国農業の改善は、平民教育家の手によっては成功する
ことはないだろう」、というのも「教育の手法によって郷村改善運動を進める
と、人材や資金がすぐに食いつぶされてしまうことになる」からだと指摘した。
最後に、彼は山西省の太原、清源、汾陽、介休、趙城などの県を視察し、これ
らの県の実態は、「政府による行政、監督、指導が重すぎ、規制とともに余計
な支援が多すぎて」、「人民の積極性を引き出す良い方法とは言えない」*30 と指
摘した。要するに、当時の教育界による郷村教育運動は、「農民をほんの少し
だけ助ける」もので、「農民たちが自発的かつ組織的に力を発揮して、自らの
問題を解決するよう導く」*31 という最も根本的な注意が払われていないと彼は
考えたのである。

　梁漱溟の郷村教育思想も、中国共産党が指導する農民革命運動の影響や啓示
をある程度受けていた。彼は、農民革命運動と自らの郷村建設運動は「相似的
な運動」だとしながら次のように述べた。「これまでの農民革命運動、例えば、
広東省の農民協会や農団軍などその多くは表には国民党を掲げる組織であるが、
実は共産党の指導下にあった。それらは"ある部分においては我々と同じであ
る。つまり、農民は組織化され、自発的に力を発揮し、自らの問題を解決する
ように導かれている"。しかし異なる点もある。すなわち、"彼らの農民運動は、
郷村社会を分断するような策を採って、社会内に対抗勢力を作り上げてしまっ

---

*29　宋恩栄『梁漱溟教育文集』、377頁。

*30　宋恩栄『梁漱溟教育文集』、378頁。

*31　宋恩栄『梁漱溟教育文集』、143〜144頁。

たため、争い事が発生するようになった。一方、我々は郷村社会の内部に目を
やる。内部にも問題がないわけではないが、しかし外部の問題はさらに深刻で
ある。つまり、それは郷村全体の破壊という問題であるので、郷村を一つの総
体として見る必要がある。基本的には中国の村のほとんどに対して、このよう
なアプローチを採らなければならない。我々は郷村社会全体としての改善と進
歩を求めるので、我々がやることは積極的、育成的、建設的であるが、彼らが
やることは消極的かつ破壊的である"[32]」。そのため、梁漱溟は「中庸をもっ
てあらゆる事態に備える」道を選んでいる。すなわち、郷村教育運動と民衆教
育運動の「農村建設を積極的に推し進め、農民生活の改善を図る」という手法
を吸収しただけでなく、農民革命運動における「農民を自発的に組織し、力を
発揮させ、自らの問題を解決させる」という手法も重視し、彼自身が理想とす
る郷村建設（郷村自救運動）の理論を創り上げた。この理論と彼の郷村教育運
動には致命的誤りがあるものの、梁漱溟が諸説の優れた点を組み合わせながら
自らの説を創り上げようとした姿勢は称賛されてしかるべきものである。

2）**郷村教育思想は、中国伝統文化の研究と発揚、そして民族の尊厳と利益
   の堅持、さらには中国の自救と建設の道の探求を重視するなど、明らか
   に民族的要素を強く持つ。**

梁漱溟は自らの思想の核心部分を、1922 年に出版した『東西文化およびそ
の哲学』、ならびに 1933 年に出版した『中国民族自救運動における最終的覚
悟』、1937 年に出版した『郷村建設理論』、1949 年に出版した『中国文化要
義』、1984 年に出版した『人心と人生』などの著作の中に表していたとしてい
る。これらの著作の中で、彼は中国の伝統文化について深く掘り下げている。
そして、世界には 3 種類の文化があると述べる。すなわち、「前進を基本的精
神」とする西洋文化、「調和と中庸を基本的精神」とする中国文化、「後退を基
本的精神」とするインド文化である。西洋文化は快楽や幸福を重視し、中国文
化は足るを知ることと理性を重視し、インド文化は解脱や来世を重視する[33]。

梁漱溟は、イギリスの哲学者ラッセルの以下に示すような考えに賛同して

＊32　宋恩栄『梁漱溟教育文集』、143〜144 頁。
＊33　梁漱溟『東西文化およびその哲学』上海商務印書館 1922 年、55 頁。

215

いた。すなわち、中国文化は人類にとって貴重な財産であり、「中国人のためにも、世界人類のためにも、中国文化を大切に守っていかなければならない」。そして、中国の抱える問題を解決するためには、まずは政治や経済の諸側面から改造していく必要があるが、これらの改造も「中国文化に顧みて」、「中国文化を永続させるという目的を実現させる中で実行しなければならない」[34]。その一方で、梁漱溟はラッセルの心配は杞憂であるとした。なぜなら、中国文化が優れていると信ずる中国人が、「中国問題の解決において、その優れた点をないがしろにするはずはない」からである。

梁漱溟は、中国文化の哲学的基礎は西洋やインドとは異なると認識した。すなわち、「西洋人の生き方は直観的に理知を用い」、「インド人の生き方は理知的に現量を用いる」が、中国人の生き方は「理知的に直観を用いる」点で違っている。宇宙の本体が生命であることは、直観によってのみ正しく理解できるので、直観によって内的世界に存在する生命の研究に向かう中国文化は、理知によって外的世界に存在する物質の研究に向かう西洋文化に比べ、必然的に勝る。そのため、「現在の世界は直観が理知に取って代わり、そうした転換は哲学の世界でも行われている。理知と直観の盛衰は、西洋哲学と中国哲学の盛衰でもある」[35]。結局のところ、中国文化は必ず西方文化に取って代わり、中国さらには世界の中で興隆を極めるだろう。郷村教育思想が中国伝統文化の研究と発揚を重視したことは完全に正しいが、しかしその一方で、「素晴らしい孔子の道」を進み、「孔家と同じ生き方を実行する」よう人々に提唱したことは、封建復古主義に逆戻りする危険性もはらんでいた。

郷村教育の思想家たちは、「社会を推進し、郷村を組織する」ことを民族自救の基本とし、郷村教育に従事する教育家とその関係者たちは、民族の尊厳と民族の利益を重視しながら、自らの労働によって民族の生存と発展に貢献した。例えば、梁漱溟が率いる山東郷村建設研究院の各部門および郷村師範学校や郷村人員服務訓練所などの部門は、郷村建設の中核的担い手を 300 人以上養成していた。これらの人材は卒業後、そのほとんどが実験区の各村々に入り込み、社会教育や学校教育、そして郷村建設に従事し、その土地の農村文化の発展と

---

*34　宋恩栄『梁漱溟教育文集』、274 頁。
*35　梁漱溟『東西文化およびその哲学』上海商務印書館 1922 年、178 頁。

社会風潮の転換に積極的役割を果たした。抗日戦争が勃発し、山東省鄒平など
が陥落すると、梁漱溟は「山東郷村で働く同人同学に告ぐ書」や「郷村工作人
員の抗戦工作指南」を直ちに発布し、同僚や学生たちに対し、積極的に抗日
救国運動に参加するよう呼びかけた。その呼びかけに応じ、山東八校の師範生
訓練所からは 800 人が銃や食料を持って集まり、済寧から河南省鎮平へ向か
い、集団軍事訓練を受けるとともに、1938 年の秋には山東省に戻り抗日戦争
に参加した。このように郷村教育の影響下で、大勢の郷村建設の中核的担い手
が、山東省農村の経済と文化の発展のために、国家と民族の尊厳そして民族の
利益を守るために、積極的に貢献したのである。

**3）郷村教育思想家たちは、郷村教育および郷村建設と改造を重視したが、
歴史的制約によって社会の病根を探し当てることができず、社会を救う
ための正しい方法を選択することもできなかった。**

1935 年 10 月 25 日、梁漱溟は、山東省郷村建設研究院で「我々が直面する
二つの困難」と題する講演を行い、郷村教育が解決できていない二つの矛盾を
指摘した。一つは「社会改造を声高に叫びながら、政府の力に頼ろうとするこ
と」、もう一つは「郷村運動と称しながら、郷村は動いていないこと」[36] であ
る。これは梁漱溟だけでなく、他の郷村教育思想家たちも同じく直面した課題
であった。

郷村教育思想家たちは、「中国を救うためには郷村建設から着手すべきで、
そこからは誰も逃れられない」[37] という必然的関係を正しく認識し、「他者を
救いたい者は郷村へ、自己の救済を求める者も郷村へ行くべきである。じっ
くり腰を据えて学術研究に取り組みたい者は郷村へ、救命行為に身を投じたい
者も郷村へ行くべきである。こうして東西南北、すべての者が 1 ヵ所に集ま
る」[38] とした。しかし、郷村建設をどう進めるかという問題においては、理想
的に見えるが問題解決にはならない道、すなわち改良の道を選んだ。梁漱溟は、
中国の根本問題の解決に必要なものは、「革命なんかではなく、文化の改造や

＊36　中国文化書院学術委員会『梁漱溟全集（第二巻）』、573 頁。

＊37　宋恩栄『梁漱溟教育文集』、245 頁。

＊38　宋恩栄『梁漱溟教育文集』、245 頁。

中国教育史　近現代篇

民族の自救である」と考えたので、「中国の政治、経済の問題すべては、どのように新秩序を建設し、それを成功に導くかの問題であり、転覆すべき旧勢力など存在しないのである。軍閥を民主主義革命の対象としたり、金や土地を持った人を社会革命の対象としたりするのは、すべて笑い話のような過ちである」[39] と述べている。そして、農民運動の「正しい道」は、「教育で彼ら（農民）を啓発し、自発的に合作社を組織化し自治団体を形成させる」[40] ことにより、一つの郷や一つの村が「各自組織化されるとともに互いに連携し、自らの力で生存を図り、発展する」ことだとした。要するに、教育を通じて社会進歩を図り、中国のあらゆる問題を解決しようと考えたのである。

　当然のごとく、本当の「笑い話のような過ち」は、梁漱溟自身から出ている。郷村教育思想家として、彼の最大の過ちは、中国社会の特性を見誤って分析したことにある。すなわち、彼は、中国は階級対立がない社会であり、「倫理を規範」とし、「職業が分業化」された社会であると考えていたのである。彼は次のように述べている。「中国が倫理によって社会を組織しようとしたのは、見識のある人物が人間の誠実で善良な感情を見出したことが最初であり、それは家庭を起点とし、家庭で育まれた。彼は意識的にそれを持ち出し、人々を覚醒させようとしたが、それこそがすなわち"孝弟"、"慈愛"、"友恭"などといった概念であった。その一方で、家庭の構造に義を置き、社会の形成に利用しようとしたのが、いわゆる倫理である」[41]。同時に、「倫理を規範とすることは、中国社会構造の一面だけを述べているものであり、別の一面もある。すなわち、それが西洋社会においては、中世は貴族地主と農奴の二大階級が対立し、近代は資本家と農工労働者の二大階級が対立するが、中国社会においては同じではない。もし、西洋を階級対立の社会と呼ぶのであれば、中国は職業が分業された社会なのである」[42]。梁漱溟からすれば、「古の聖人」が美しい中国社会を作っており、こうした社会においては、人と人の間には抑圧されるという関係は存在せず、そこにあるのは「誠実で善良なる感情」と温かく和やかな関係だけである。そのため、中国社会の変革に必要なものは、政権を奪取するとい

＊39　梁漱溟「中国民族自救運動の最後の覚悟」上海中華書局 1933 年、219〜220 頁。

＊40　梁漱溟『郷村建設理論』鄒平郷村書店 1937 年、142 頁。

＊41　梁漱溟『中国文化要義』学林出版社 1987 年、88 頁。

＊42　梁漱溟『中国文化要義』学林出版社 1987 年、142 頁。

第7章　現代中国の郷村教育思想

う革命ではなく、穏やかで控えめな改良だけで十分だと考えたのである。このように、梁漱溟は「社会改造」と「政権依存」の矛盾に陥り、そこから抜け出すことができなかった。なぜなら、政府の力に頼らずに進めるいかなる社会改造も、改革者の一方的な理想で終わるものだからである。

　梁漱溟もこの矛盾を意識していたが、革命闘争を通じてこの矛盾を解決するまでの勇気がなく、自らが決めた改良原則から抜け出そうとしなかったのである。彼は次のように述べている。「社会改造を叫ぶのであれば、政権とつながりを持ったり、依存したりしてはならない。なぜか？もし、現政権が革新的政権だとすれば、今後必要とされる社会改造は、その政権がすべて成し遂げてくれるだろう。それなら、社会改造運動などする必要はない！今社会改造運動をするというのは、現政権が社会を改造できない現実が目の前に存在するからである。現政権が改造できないのであれば、それを否定し、政権を奪ってでも社会改造を成し遂げなければならない！現政権を否定しないばかりか、それに従いその下で活動しているのであれば、すでに革命という選択肢を捨て去っているのに、どうやって社会改造を成し遂げることができるのか？政権の下で活動するばかりか、それに依存するのであれば、どうやって社会改造を成し遂げられようか？」[43]。梁漱溟の指摘は非常に鋭く、矛盾を解決する道筋に関しても敏感に察知していたが、彼は自分の初志を貫徹しようとし、革命によって矛盾を解決しようとは望まなかったので、この「大きな矛盾」の中から最後まで抜け出すことはできなかったのである。これは、教育の力によって社会を改造したいと望みながらも、政治には触れたくないと考える、すべての教育家にとっての思考論理における「大きな矛盾」でもあった。1938年、延安で行われた梁漱溟と毛沢東との論争においても、この「大きな矛盾」に焦点が当てられた。しかしこの「矛盾」は、最終的には中国共産党によって解決された。建国直後、梁漱溟は自らの思想を反省し、根本的な判断ミスを認めざるを得なかった。なぜなら、彼にとって、かつては「絶対信じなかったこと」、つまり階級闘争を通じて全国統一の安定政権を打ち立てつつ、内戦状態に陥ることのない状況が、中国共産党による28年にわたる戦いによって実現されたのである。こうした客観的事実は、梁漱溟が予想し得なかっただけでなく、彼が主張してきた「教

＊43　中国文化書院学術委員会『梁漱溟全集（第二巻）』、573頁。

219

育救国」の思想に対しても、大きな打撃と皮肉であった。

　「郷村運動と称しながら、郷村は動いていない」という矛盾については、梁漱溟は定県で開かれた郷村工作討論会の例を挙げた。この討論会には、主に教育界の人々を中心に、農業専門家、公共衛生専門家、政府職員も参加したが、唯一農民の参加だけが少なく、「郷村工作討論会なのに郷村とは関係がなく、郷村の人々からの関心は薄く、ただ郷村以外の人たちが騒いでいるばかりの集まりであった」[44] と述べている。彼は、郷村教育と郷村建設の鍵は、農民自身を動かし、農民の力を基本的に活用することにあるので、郷村教育家たちが動くばかりで、郷村や農民が動かなければ、その運動に将来はないと指摘した。この矛盾が生じる原因について、梁漱溟は二つの面をあげている。第1に、「心理的に合わず」、「性質的に農村の人々と一致しない部分が多い」[45]。すなわち、郷村教育家と郷村建設者は、「農民と対立する位置関係にあり」、自らを感謝されるべき存在、あるいは村を造り変えることのできる存在と見なしている。第2に、農民の目の前にある問題を解決できない。「例えば、農民は不当な取り立てによる過酷で雑多な税金に苦しめられているが、我々はその負担を直ちに軽減してやることができない。農民は土地を持たないが、我々は彼らに土地を与えることができない」[46]。二つ目の矛盾が一つ目の矛盾から派生していることを、梁漱溟も理解し、次のように述べている。「農民たちが要求する多くの事は、政治的に解決すべき領域の問題である。しかし、我々が農村に来たばかりの頃は、まだ政治に関わるような問題を解決するだけの能力を備えていなかった。そのため、彼らの痛みを理解することができず、結果彼らの心をつかむこともできなかった」[47]。しかし、彼には一つ目の矛盾を解決するための勇気と胆略がなく、その結果、二つ目の矛盾も解決することができなかった。これこそ、現代中国の郷村教育思想と郷村教育運動が農村に根をおろし、現場の問題を根本的に解決することができなかった原因であった。

　梁漱溟が提唱する郷村建設および郷村教育の理論と実践は、旧中国の郷村教育運動の中でも重要な地位を占め、その後の中国教育界へ与えた影響は大き

＊44　中国文化書院学術委員会『梁漱溟全集(第二巻)』、574〜575頁。

＊45　中国文化書院学術委員会『梁漱溟全集(第二巻)』、581頁。

＊46　中国文化書院学術委員会『梁漱溟全集(第二巻)』、581頁。

＊47　中国文化書院学術委員会『梁漱溟全集(第二巻)』、581頁。

く、長期にわたるものであった。彼は、教育の重心を都市部から農村部へと移し、農民のために学校を作るとともに、自らの実践を以て、知識人たちが農民のために積極的に働くようにするなど、教育を恵まれない者にも提供することの先駆けとなった。啓蒙思想が興る近代以前、中国の伝統的教育は、主に統治階級の士大夫のために存在し、農民のほとんどが教育とは無縁であった。また、これらの教育対象者のほとんどが都市部に住んでいたため、学校も都市部に建設されていた。学堂の建設が推し進められても、小学堂を建てられるのは大きな鎮だけであり、農村には私塾がわずかあっただけで、それすらも貧しい農民の子供たちが門を叩くことはできなかった。国と人民の将来を憂う教育界の一部の有識者たちは、8割を占める農民が農村にいることから、郷村教育を発展させなければ農民とその子弟は教育を受けることができず、様々な教育を普及させることもできないことを痛感した。そこで、農民のために学校を作ることを重視し、郷村教育の思潮を興したが、これは教育思想の刷新であり、農民教育を重視する姿勢の表れでもあった。また、郷村教育家たちは過去の農民たちから距離を置かれる行為を改め、背広と革靴の代わりに質素な服と藁靴を身につけ、農民たちと住居を共にしながら、農民の文化教育水準の向上のために力を尽くし、都市部の高層ビルから農村部の藁葺き屋根に移住もした。彼らが先頭に立ち、留学経験のある博士、教授、学者たちも自ら農村へ赴くようになり、農民と協調する道を歩んだが、こうした教育精神はこれまで前例のなかったことであり、現代においても再評価する価値がある。しかし、彼らは教育の力だけで理想社会を実現することに燃えたが、それは当時の社会的・歴史的条件下では現実的ではなかったのである。

第**8**章
現代中国の生活教育思想

　外国のある評論家は、中国現代史において世界的影響力を持つ教育家が二人いるとし、その名としてそれぞれ毛沢東と陶行知をあげている。この評価が的を射ているかどうかはさておいて、この二人の偉人には驚くほど似たところがある。すなわち、二人とも超人的意志と人を引き付ける魅力があり、郷村問題と大衆教育に情熱を燃やし、伝統教育に対し容赦のない攻撃を行った。陶行知の逝去後、毛沢東が書いた「偉大なる人民教育家陶行知先生を永遠に追悼する」という題辞は、すぐさま延安の『解放日報』に載せられ、陶行知に対する崇敬と追悼の念が示された。また、毛沢東のその後の教育理論と実践活動の中でも、常に陶行知の影響は何らかの形で表れ、彼の生活教育思想の痕跡を垣間見ることができる。

1、生活教育運動の過程

　陶行知の生活教育思想は、その生活教育運動の過程の中で形成され、発展していった。陶行知が指導した生活教育運動は、一般的に郷村教育運動期（1927〜1930年）、普及教育運動期（1931〜1935年）、国難教育運動期（1935〜1937年）、戦時教育運動期（1937〜1939年）、全面教育運動期（1940〜1945年）、民主教育運動期（1945〜1946年）の六つの時期に分けられるが、その思想の形成と発展を体系的に研究する中で、もっと早い時期の平民教育運動期に、さらには陶行知の若い頃の経歴にまで遡ることができる。

1. 生活教育思想の萌芽期
　安徽省歙県に生まれた陶行知は、家が貧しかったため学校に入ることができなかったが、その後、私塾の先生と祖母の助けのおかげで、歙県と休寧県で学

223

問をすることができた。少年時代を通じて、彼は中国の伝統文化から影響を受けただけでなく、伝統的教育の負の面も認識することとなった。また、貧しい人々の苦しい生活の実態のみならず、官吏や金持ちの偽善と彼らに貧しい人々が虐げられている現実も目の当たりにした。

1914年、陶行知はトップの成績で1年繰り上げて金陵大学を卒業した。「共和精義」と題した卒業論文の中では、親民、愛民、救民の思想的感情を吐露し、教育を共和的理想の実現に向けた重要手段と考えた。彼は次のように書いている。「私が考える共和的社会における危険な兆候については、すでに詳しく説明した。しかし、危険を警戒し、手を尽くしてそれを回避すれば良いのである。危険に尻込みし諦めてしまってはだめだ。回避する方法とは何か？曰く、人民は貧しいが、教育を受けることなしには豊かになれない。人民は愚かだが、教育を受けることなしには賢くなれない。党派にとらわれた考え方は、教育がなければ取り除くことができず、強い忠誠心は、教育がなければ生まれてこない。教育が良く行われれば、偽の指導者は淘汰され、真の指導者が自然に現れ、様々な横暴も跡形もなく消える。さらには、自由や平等も人民によって実現され、正しい名分の下で明確になる。心を一つにすることも教育によって養成され、真の道理や意義も教育によって盛んになる」[1]。陶行知は、この時すでに教育の社会的機能および国民精神の自由と個性の発展に果たす役割を十分に認識していた。これは陶行知が教育家としての人生の出発点であり、生活教育思想の源泉の一つでもあった。

同年、彼は「武力によってではなく、教育を通じて民主主義国家を樹立する」という理想を抱き、アメリカに留学した。最初はイリノイ大学の市政部に入り、政治学修士の学位を取得した後、コロンビア大学師範学院でデューイとモンローの弟子となって、教育を研究した。彼は憧れの学問の聖地で、教育家として必要な理論的薫陶を受けるとともに、「アメリカ大衆教育管理」、「学校と社会」、「教育史」、「教育哲学」、「進歩的社会と教育」、「実践教育社会学」など様々な課程を履修した。陶行知が若い頃に抱いた伝統的教育への不満から中国社会を改造するという願望は、この時期体系的な理論武装を果たしたのである。伝統的教育に反旗を翻し、新しい教育の創始者となったデューイのイデオ

---

*1　董宝良『陶行知教育論著選』人民教育出版社 1991 年、6 頁。

ロギー、特に彼が打ち出した「教育即生活」、「学校即社会」、「児童中心主義」、「為すことによって学ぶ」の四つの教育綱領は、陶行知の中でまだ明確な形をとっていなかった教育理念を深化させ確固たるものとした。その後、陶行知は中国の国情に従い、デューイの学説の「順番を入れ換え」、「生活即教育」および「社会即学校」とし、「為すことによって学ぶ」を「教・学・做合一」という考えに発展させ、自分の生活教育理論を構築した。なにはともあれ、陶行知の生活教育思想の形成にとって、デューイの学説は直接的な源泉であったことは間違いない。

　1917年秋の帰国後に発表された陶行知の演説や論文には、デューイの影響を受けた痕跡が散見される。例えば、安徽省立第一師範学校と第一女子師範学校で行った「師範生としてあるべき観念」という演説[*2]では、「教育とは、社会が必要とするものを作り上げる事業である」という命題を打ち出し、「教育は、社会を改造するために実施し、社会の人材を育成するために実施する」とした。これはデューイが『私の教育学的信条』の中で、「教育は、社会意識を形成する過程で調節機能を果たすが、こうした社会意識の個人活動における調節機能は、社会改造における唯一の方法である」と述べたことと非常に似ている。また、陶行知は「教育は学生を教育するために実施し、すべてを学生中心とする」と考えたが、これはデューイが言う「学校の諸科目との関連性において真に中心となるものは、科学でも、文学でも、歴史でも、地理でもなく、子供自身による社会的活動である」という主張と共鳴している。一方、「新教育」という論文[*3]の中では、「新学校」の特徴について、「学校は小さな社会で、社会は大きな学校である」と述べたが、これもデューイの「学校即社会」という思想から影響を受けていることを示している。

　1919年5月、陶行知と胡適の奔走で、デューイは北京大学、南京高等師範学校の招待により中国を訪問した。その時はまさに五四運動が発生した時期であったが、デューイは11都市で公開講演を行い、彼のプラグマティズム哲学思想、教育思想、政治道徳観念などを体系的に解説した。そのうち、平民主義

---

*2　この演説の内容は、『陶行知全集』に収録されていないが、蒋元卿が解放初期に買い集めた古本の中から発見され、1986年に公表された。現在は『陶行知教育論著選』に収録されている。16〜20頁。

*3　『教育潮』1919年第1巻第4期。

教育の思想および伝統的教育の青少年に対する締め付けや束縛に反対する姿勢、そして子供の個性の自由な発展、教育の民主、教育を受ける権利の拡大、学校の民主的管理などを主張したことは、中国教育界の一部の知識階層が求めていた「革新への道」に対する要請に合致し、五四運動期の科学と民主を求める社会的思潮に沿うものとして歓迎された。

　デューイの南京と上海における滞在日程は、陶行知が同行することを前提に計画された。南京で行われた「平民主義の教育」という講演で、デューイは次のように述べている。「中国社会の教育を視察してきたが、教育を受ける者の大半が権力や財産のある貴族の子弟で、平民に対する教育が行われておらず、男子が偏重され、女子が軽視されていた。このような教育を階級教育という。平民教育は公共的視点からの教育であり、国民の誰もが享受すべきものである」、そして「私たちが平民教育を実施する目的は、個々人が自分の要望に合致した教育を受けられるようにすることにある。平民教育を実施する方法は、学校生活を実際の社会生活と同じ状況にすることである。こうしてみると、人民が学問する主たる意義は、良好な生活を送るための道筋を追求することにあり、これが真の目的である」とも述べた。

　デューイの訪中以前から中国の平民教育に関する取り組みはすでに始まっていた。陳独秀、李大釗らが教育を「平民」のために開放するよう呼びかけただけでなく、毛沢東が湖南省で指導した労働者夜間学校や、鄭中夏が北京に設置した「北京大学平民教育団講演団」も、十分な効果を現しながら活動を進めていった。こうした状況下で、デューイの平民教育の講演は、中国の平民教育運動をさらに活性化し、平民教育を政治的性格を持つ運動から真の教育運動へと発展させ、壮大な平民教育思想の波が中国の国土を覆うこととなった。

　これ以降、陶行知自身も徐々にこの潮流に身を投じていくこととなる。1923年11月12日夜、彼は妹の文湲に宛てた手紙の中で次のように書いている。「私は元来中国の平民である。如何せん十数年間の学究生活は、徐々に外国の貴族的思考に私を向かわしてしまった。学究生活は私の思考形成に絶対的利点を授けてくれたが、このような貴族的思考方法は、重大な欠点となるものである。幸いにも私の中国人的気質、平民的背景はまだ十分に保たれている。同僚からは"最も中国的な"留学生だと言われるほどである。ここに覚醒を経て、黄河の堤防が決壊して流れ込む洪水のように、私の中国平民に対する活動

への思いは勢いよく流れ出したのだ」*4。1923 年から 1926 年まで、陶行知は全身全霊をもって平民教育に取り組んだ。朱其慧、晏陽初らとともに中華平民教育促進会を設立し、朱経農と共同で『平民識字教科書』（『平民千字課』とも呼ばれている）を作って、平民教育の教材問題を解決した。また、平民教育の教師と校舎の不足に関する問題を解決するために、「連環教授法」と「平民読書所」を作った。

　平民教育運動発展の最中、陶行知は、農民問題と農村教育の重要性に気づき、平民教育の方向性を変えていかねばならないと考えた。1924 年 10 月、彼は『中華教育界』に発表した論文において、「中国は農業国であり、人口のほとんどが農村で暮らしている。平民教育とは、大衆の中に飛び込んで行く運動であり、農村へ飛び込んで行く運動である」*5 と述べている。同時に、彼の生活教育思想も徐々に明確な形をとるようになった。「私の学校観」という論文の中では、「学校は生活を中心とする」という観点を打ち出すとともに、学校生活は社会生活の一部であり、社会生活の起点でもあり、社会環境の改造は学校環境の改造から始めなければならないと指摘した*6。

2. 生活教育思想の形成期

　1926 年 11 月 21 日、中華教育改進社は各地の郷村実験学校の代表者を招待し、南京明陵小学校で第 1 回研究会および郷村教育研究会設立大会を開いた。陶行知は「我々の信条」と題した公演を行い、自らの教育的観点を明確に述べるとともに、生活教育の思想についても初めて体系的に表明した。その際、彼が述べた信条は計 18 項目にまとめられている*7。

　　我々は強く信じる。

　　①教育は国家万年の根本大計である。

　　②生活は教育の中心である。

　　③健康は生活の起点であり、教育の起点でもある。

　　④教育は生活力を養い、学生を向上させなければならない。

＊4　董宝良『陶行知教育論著選』、126 頁。

＊5　董宝良『陶行知教育論著選』、150 頁。

＊6　董宝良『陶行知教育論著選』、175〜176 頁。

＊7　董宝良『陶行知教育論著選』、184〜185 頁。

⑤教育は環境から受ける障害を助力に変えるべきである。

⑥教えること、学ぶこと、為すことを一体とすべきである。

⑦教師と学生は生活を共にし、苦楽を共にすることが最も優れた教育である。

⑧教師は身を以て範を示すべきである。

⑨学ぶことに飽きることのない教師は、学生を教え導くことにも飽きることがない。

⑩教師は困難な状況を逆手にとって、思想と不屈の精神を発展させるべきである。

⑪教師は人民の友になるべきである。

⑫郷村学校は郷村生活を改造する中心的存在となるべきである。

⑬郷村教師は郷村生活を改造する精神的拠り所となるべきである。

⑭郷村教師は農夫の手腕、科学者の頭脳、社会改造者の精神を持つべきである。

⑮郷村教師は科学的方法を以て自然を征服し、美術的観点を以て社会を改造すべきである。

⑯郷村教師は最少コストで最高の教育を行わなくてはならない。

⑰最も高尚な精神は人生の宝であり、金で買えるものではない。金に頼って奮い立とうとせず、金が不足するからと言って消極的になってはならない。

⑱全国の教師が児童教育に対し、「献身的に力を注ぎ、死ぬまでやり抜く」ことを心に決めれば、我々民族のために偉大なる新生命を創出することができる。

「信条」で述べられたいくつかの観点、例えば、生活は教育の中心、教えること・学ぶこと・為すことは一体、教育は生活力を養う、などは生活教育思想において最初に示されたものである。さらにこの「信条」において、彼は農民のために全身全霊で奉仕する気持ちを表現し、「我が心のすべてを3億4,000万人の農民に捧げる」と宣言した。その後まもなく、中華教育改進社のために起草した「全国郷村教育改造の宣言書」の中では、「百万元の資金を集め、百万人の同志を募り、百万校の学校を設立し、百万ヵ所の郷村を改造する」という壮大な郷村教育計画の構想を打ち出した。この計画は、当時の社会的・歴史

的条件下では実現不可能であったが、陶行知は消沈することもなく、暁庄試験
師範学校の設立を始め、その実践において労農層や勤労大衆と共に歩む道を突
き進んだ。

　1927年から1930年までは、陶行知の生活教育思想の全体像が形作られた
時期である。この時期、彼は「行うことは知ることの始まり」、「教・学・做合
一」、「力を労した上に心を労する」、「生活即教育」などの論文を発表し、理論
の体系化を図っていった。

　この時期、生活教育思想は革命的な変化と質的内容の面での飛躍を遂げた。
陶行知が過去に示した生活教育思想の主な論点は以下の通りであった。

　　生活は教育であり、生活と関係のないものは教育ではない。

　　良い生活は良い教育から生まれ、悪い生活は悪い教育から生まれる。

　　真摯な生活は真摯な教育から生まれ、いい加減な生活はいい加減な教育か
　　ら生まれる。

　　合理的な生活は合理的な教育から生まれ、不合理な生活は不合理な教育か
　　ら生まれる。

　　生活と関係しなければ、教育ではない。

　　生活と銘打っていても生活とは関係ない場合もあり、それは必ずしも教育
　　ではない[8]。

　ここで陶行知は、生活における教育の重要性を強く認識し、生活から遊離し
た教育には未来がないと考えていたが、この段階ではまだ教育が生活に及ぼす
能動的役割については明確な考えを示さなかった。そこで、彼はデューイの
「教育即生活」を半転させ、「生活即教育」に変えたのである。そのとき生活教
育思想の中心的論点も変革をとげた。

　　健康的な生活は健康な教育から生じ、不健康な生活は不健康な教育から生
　　じる。

　　生産的な生活は生産的な教育から生じ、非生産的生活は非生産的教育から
　　生じる。

　　科学的な生活は科学的な教育から生じ、非科学的生活は非科学的教育から
　　生じる。

---

[8]　董宝良『陶行知教育論著選』、292〜293頁。

芸術的な生活は芸術的な教育から生じ、非芸術的の生活は非芸術的教育から生じる。

社会改造を目指す生活は社会改造を目指す教育から生じ、社会の改造を望まない生活は社会の改造を望まない教育から生じる。

計画的な生活は計画的な教育から生じ、無計画な生活は無計画な教育から生じる。

このように、教育は生活に対して、もはや受動的に適応する存在ではなく、自発的に社会を改造し、能動的に創造を行うものとなったのである。そして、教育の力によって、不健康、非生産的、非科学的、非芸術的、無計画な生活を、健康的、生産的、科学的、芸術的、計画的な生活へと変え、生活と社会の改造を通じて教育自体も改造しようとした。しかし、社会の改造は明らかに革命を要する行為である。そのため、「陶行知のその後の教育活動と民主的政治活動を知ることは、彼の理論を知るための最も良い注釈となる。もし未だに改良主義的観点、教育が社会を改造するという観点から陶行知を見ただけでは、彼の後半生における革命的で妥協しない戦いぶりを説明できない」[*9] のである。

こうした理論の下で、陶行知が指導する暁庄学校は、社会改造における革命的活動をいくつか展開したが、その結果、国民党政府により学校は閉鎖され、陶行知も指名手配されることになり、1930年の秋に日本に亡命した。日本での半年間、彼は日本の教育普及と科学技術の発展を目の当たりにしながら、心の内に生活教育の次なる長期計画を育てていた。

1931年の春、陶行知は秘かに帰国し、その後、生活教育運動は教育普及運動の時期に突入することとなった。科学知識を普及させるため、彼は科学下嫁運動（科学の普及運動）を始めたり、自然科学園を設立したり、『児童科学叢書』や一般向けの科学教科書を編集したりした。彼に対する指名手配が取り消された後は、『申報』に教育小説「古廟敲鐘録」を発表し、文学の形式をもって生活教育思想を述べた。また、上海市郊外に「山海工学団」を作り、子供たちが民衆を教えるという、かの有名な「小先生制」を生み出し、普及させていった。

1931年から1935年の間、陶行知は、「郷村工学団実験における初期計画の

＊9　袁振国、張翼『偉大なる人民教育家陶行知』江蘇教育出版社 1991 年、93 頁。

解説」、「教・学・做合一の下での教科書」、「教育を普及させる人材をどう育成するか」、「小先生と民衆教育」、「現代生活教育の普及への道」、「中国教育普及案の検討」などの論文を発表し、生活教育思想をさらに詳しく解説した。この時期における生活教育思想は、主に伝統教育への批判および教育普及への関心、という二つの面に表れている。

　伝統教育への批判において、陶行知は伝統的教育の七つの弊害を列挙した。すなわち、学校と社会が分離している。生活と教育が分離している。教師と学生とを隔てる溝が深い。教師は教えるだけに終わり実践せず、学生は学ぶだけで実践しない。心を労している人に力を労しないことを教え、力を労している人に心を労しないことを教える。知識量が一定程度まで達してから実践に移るよう指示する。一握りの人だけに出世して金持ちになれる方法を教える。また、「伝統教育と生活教育はどこに違いがあるのか」という論文では、「伝統教育は食人の教育であり、生活教育は食人の教育を打ち壊すものである」[*10]と深い考察から指摘し、伝統教育には食人の方法が二つあると指摘した。一つは、学生に自分自身を食らうよう教えること、すなわち学生に死んだ本を読み、死にそうになるほど本を読み、ついには本を読んだまま死ぬしかないと教え込む。もう一つは学生に他人を食らうよう教えることで、出世して農民と労働者の血と汗を食らうよう教え込む。一方、現代の教育は、正しい人間になること、正しい生活を送ること、有益な本を読むこと、柔軟に本を読むこと、本を読んだ結果を活かすことを教える。また、力を労した上に心を労すること、自分自身の主人になること、国家の主人になること、そして機械の主人になることを教える。「国英への手紙」の中で、陶行知は、生活教育が伝統教育と異なる根本原則をさらに簡潔に述べている。すなわち、①社会即学校、②生活即教育、③労働即生活、④教・学・做合一、⑤力を労した上に心を労することこそ、真に為すことと言える、⑥行うことは知ることの始まりである、⑦子供に自分自身の先生になれるよう教える、⑧子供に〝小先生〟の務めが果たせるよう教える、⑨勤労大衆に自分自身の先生になれるよう教える、⑩できる者ができない者を教え、できない者はできる者から教わるようにする、⑪他人に教えようとしない者は、教育を受ける資格がない、⑫労働を以て生活を養い、学問を以て生活

＊10　董宝良『陶行知教育論著選』、400頁。

を明らかにし、団体を以って生活を保つ[11]。

　教育普及の面では、陶行知は自ら体験、実践しながら『老少通千字課』や科学普及読本を出版しただけでなく、「小先生制」を用いて教育の普及を加速させる方法を提示した。また、「中国教育普及案の検討」という論文の中では、教育を普及させることに関して、その原則と方法を示し、詳細な計画案を制定し、教師不足問題（例えば、全国の小学生を総動員して小先生とする、全国の識字成人を総動員して情報伝達の先生とする、全国の知識人を総動員して現代生活教育の推進に向けた指導・普及を行わせる、小先生の養成所を建設する等）や教材不足問題、財政の安定と法律の保障、評価措置や組織体系に至るまで、具体的な論証と規定の作成を行った。もし、この計画案が実施に移されていたら、中国の現代教育史は大きく書き変えられていたかもしれない。

3. 生活教育思想の発展期

　1935年の「12.9運動」以降、中国各地で抗日救国運動が発生した。救国運動は、生活教育の内容に新たな意味付けをし、生活教育を民族解放運動の方向へと導いた。すなわち、「どのような生活をしているかは、どのような教育を受けたかによって決定される」という陶行知の理論に従えば、国が危機的情況にある中で求められるのは当然のごとく救国教育であった。

　「12.9運動」が始まって3日目、陶行知は宋慶齢、何香凝、馬相伯、沈鈞儒ら名の知れた人々と一緒に、「上海文化界救国運動宣言」を発するとともに、上海文化界救国連合会を組織した。さらに翌年の2月には「国難教育社」を設立するとともに、「国難教育方案」などの文書を議定した。理論面では、救国教育を順調に発展させていくために、「中国大衆教育問題」という長編の論文を書き、救国教育の目標、対象、教師、課程、組織、方法などについて、以下のように体系的に論じるとともに、救国教育のための具体的計画案を示した。

　救国教育の目標は、大衆文化の推進、中華民族の自由と平等、および中華民国の領土の保全と主権の維持である。

　救国教育の対象は、大衆と知識人であり、大衆には連携して困難を解決するよう教え、知識人には民族の危機的状況について大衆に伝えるよう教える。

---

[11]　江蘇省陶行知教育思想研究会他『陶行知文集』江蘇省人民出版社 1981年、361頁。

救国教育の教師は、進歩的な大衆、進歩的な子弟、進歩的な教師、進歩的な技術者である。

　救国教育の課程は、政治・経済の専門家の講演や討論、防衛作戦遂行の技術的訓練、医療救護の実習、交通手段利用の実習、国防科学の研究、大衆教育の推進研究である。

　救国教育の組織は、学生や教師、各界の大衆による救国会や救国連合会を組織し、学生や教師、大衆に向け救国教育を実施する。

　救国教育の方法は、新聞、雑誌、演劇、映画、講演、ラジオ放送を通じて、積極的に民族解放の宣伝を行う。各校の授業内容に柔軟性を持たせ、国難の解決に向けて必要に応じて内容を変更する。県、市、郷の既存の組織および集会を利用し、民族の危機および国難の解決に向けた路線を宣伝する。家庭および商店会組織の国難討論会や読書会の開催を推奨する。識字学校の設立、参加を促すとともに、そうした学校が国難の解決に役立つよう組織を整える。全国行脚をしながら、民衆の組織化を進め、救国に向けて覚醒させる。必要とあらば、デモを行う。

　陶行知は救国教育に従事する同志たちに向かい、中国はすでに存亡の瀬戸際に立たされており、「ただ教育のために教育し、行動を起こすことを許さない教育は、国難を解決する教育ではなく、国難に拍車をかける教育である」[12]とし、民族の生命を生命とする教育こそ、真に意義のある教育であると呼びかけた。

　救国教育の方案を打ち出したこと、そしてその実施を促したことは、陶行知の生活教育思想の発展過程において、重要な役割をした。上からの指示は正確に下部組織に伝達され、生活教育運動の発展を深化させるとともに、生活教育の思想をますます豊かなものにした。1936年3月16日、『生活教育』において、陶行知は「生活教育の特質」を発表し、生活教育が持つ「生活的」、「行動的」、「大衆的」、「進歩的」、「世界的」、「歴史的関係性」などの特徴について分析するとともに、国難の状況下における生活教育が担うべき使命について述べた。

　　中国はすでに生死の境目に立たされており、民衆の解放を目指す生活教育は、自ずと負うべき歴史的使命がある。民衆の解放を勝ち取るためには、中華民族の解放を勝ち取る必要があり、中華民族の解放を勝ち取るために

＊12　江蘇省陶行知教育思想研究会他『陶行知文集』江蘇省人民出版社 1981 年、537 頁。

は、力を合わせて国難の解決を図るよう民衆を教育しなければならない。そのため、大衆文化を振興して中華民国の領土の保全と主権の維持を図り、中華民族の自由と平等を勝ち取ることは、生活教育を志す同志の一人一人に天より授けられた使命である[13]。

　救国教育は、大衆教育の普及と民族解放を有機的に結合し、「大衆教育と民族解放運動」は分かつことができない一大革命であると強調した。これは、生活教育思想を過去の平民教育、郷村教育、教育普及の水準から民族解放と人類解放の高みへと至らしめ、生活教育を理論と実践の両面から新たに発展させるものであった。

　1936年7月、ロンドンの「世界新教育会議」に招待された陶行知は、全国各界救国会の要請を受け、国民外交使節の身分として、抗日運動に関する主張を訴えるとともに、海外の華僑に対し国難に向かい共に戦うよう働きかけた。また、28ヵ国と地域を回りながら、国際的支援を勝ち取った。抗日戦争が勃発すると、生活教育運動は「国難教育」から「戦時教育」へと移行し、雑誌『生活教育』も『戦時教育』と名称を変え出版されるようになった。そして、陶行知は、桂林で「生活教育社」設立大会を開き、生活教育者が抗戦建国の時代の中で取り組むべき四つの任務について述べた。すなわち、「①可能な限りの努力によって、自分の集団を抗戦建国の真の力にする。②共同で前進し、抗戦建国の真の力になるよう、教育界全体に影響を与える。③抗戦建国思想を広める生活教育運動に参加し、全民族が抗戦建国の真の力になれるよう支援する。④反侵略思想を広める生活教育運動に参加し、全人類が反侵略の真の力になれるよう支援する」[14]、である。

　陶行知は、生活教育理論は「戦時中、さらに真価が発揮されることになった」とし、抗戦においては以下のような貢献ができるとした。①生活教育は、民族・大衆・人類解放のための道具である。日本帝国主義が我々の生存を脅かすとき、生活教育者は授業ごとに、この授業は抗戦のため役立っているかどうかを自らに問いかける必要がある。②生活の変化に応じて教育も変化しなければならず、真の抗戦教育は、抗戦に向けた生活の視点が必要である。③社会即

---

[13]　董宝良『陶行知教育論著選』、464頁。

[14]　董宝良『陶行知教育論著選』、506頁。

学校、すなわち、後方で眺めてばかりいるのではなく、前線を思い描き、教育の力を前線と占領地区へ届けるよう力を尽くす。④人民の集まる場所は教育が赴くべき場所で、戦時教育を傷兵病院、難民収容所、壮丁訓練所、防空壕、洞窟の中にまで広げる。⑤集団の教育力量は個人の教育力量より大きいので、学生を団結させ、戦時中の集団的自己教育を行う。⑥「生活が生活に影響を与える」ことから、誰でも自分が知ったことはすぐさま他人に伝え、全民族、老若男女を問わず、砲火の下で力を発揮できるようにする。⑦「教・学・做合一」、「力を労した上に心を労する」ことは、生活と教育における最も有効な実践法であるため、抗戦建国の行動を中心とし、空虚な世界に浸らない。⑧どこでも生活はできるし、どこでも教育ができるので、生活教育の学校は消滅することはない。陶行知は、生活教育の行く末に対し自信を持ち、「生活教育は必ず偉大な力を発揮して、日本帝国主義を打ち倒し、自由平等な新中国を作るとともに、平和互助の新しい世界を作る助けとなるだろう」と深く信じた。

　生活教育運動の12周年記念の際、陶行知は月刊『戦時教育』誌に「生活教育社同志への書」を発表した。そこで、生活教育の歩みをまとめるとともに、「これまでの仕事を続けること」、「当面の任務を負うこと」、「我々の力を強化すること」などの主要な任務を配置し、当面の任務は、全面的な教育を展開することによって全面的な抗戦に歩調を合わせ、全面的な勝利を勝ち取ることだと強調した。

　抗日戦争の困難な時期に、すでに勝利の曙光を見た陶行知は、未来の社会のための人材育成を始めていた。彼が創設した育才学校は、抗戦と建国に焦点を当てた新システムの学校で、教育要綱原案には次のように記されていた。「今日の育才学校の児童は戦時生活を送り、抗戦のために奉仕し、抗戦のるつぼの中で鍛え上げなければならない。さもなければ、彼らが将来の建国に役立つ人材になることは望めない。育才学校の教育は、名ばかりの建国教育ではなく、抗戦と建国を一つにまとめた教育、すなわち抗戦建国教育である」[15]。

　育才学校を創設し、選ばれた子供たちを教育することは、生活教育運動にとって新しい理論と実践とを試す機会となった。生活教育運動は、この時から人材教育、そして全面的な教育運動の段階に入った。この段階で、陶行知は

＊15　董宝良『陶行知教育論著選』、525頁。

「育才学校教育綱要草案」、「私の民衆教育観」、「我々の校章」、「生活教育を語る」、「我々は学校教育の破壊を企てる者ではない」、「2歳児教育の前夜」、「育才十字訣」、「創造宣言」、「創造的児童教育」、「創造年献詩」などの重要な論文と著作を書き、学生の生活創造能力を養成するという思想を論じることで、創造的意義という面から、生活教育思想をより一層豊かにした。

この時期、陶行知の生活教育思想はより深化し、砲弾が飛び交う中で大著を構想する余裕は持てなかったが、教育理論の思索は止むことはなかった。彼は主に、育才教育の性質、集団生活の教育、真善美の教育、創造教育などの問題について研究した。その中で、創造教育の理論は、生活教育思想を新しい境地へ高めることとなった。

日中戦争後、陶行知は革命的情熱と大胆な戦略を以て、反内戦、反独裁、平和と民主主義を求める闘争に身を投じ、時機を逸せずに生活教育運動の重点を民主教育の段階へと移行させた。「民主教育実施大綱」および「全民教育（4億の中国人のために民主教育を提唱する初期計画）」の二つの論文の中で、彼は生活教育の原理に従い、生活教育の特色を有した民主教育思想を打ち出した。

陶行知は次のように指摘している。生活教育が追求する民主主義は、少数の人のための旧民主主義ではなく、形ばかりの低俗な旧民主主義でもない。それは人民のための、人民による民主主義であり、一人一人の創造力を発揮させる新民主主義である。

民主教育の目標は、「文化をもって公となす」と「教育をもって公となす」を、相手に応じ適切な教育を施すことと結びつけ、国民教育と人材教育を統一することにある。

民主教育の方法においては、生活と教育を結びつけ、一つの方法に限定せず、多種多様なやり方を用いながら、相手に応じ適切な教育を行うことが最も重要である。次に、「来る者は拒まず、来られない者はこちらから出向く」という姿勢を持って、社会を学校と見なす。さらに、学生の目、手、頭、口、時間と空間を解放し、学生を創造の道へと導き、手と脳をともに使い、力を労することと心を労することを結合させるようにする。

民主教育の教師は、謙虚さや寛容さの資質を持ち、学生と苦楽を共にし、民衆に学び、子供に学ぶ姿勢を持たなければならない。また、形式的な対応や威張った態度といった教師と学生の間に溝を作るような行為は一掃しなければならない。

第 8 章　現代中国の生活教育思想

　民主教育の教材は、多くのものから選りすぐりのものを選定し、教科書以外にも課外授業から題材を求め、大自然や社会から生きた教材を捜し出す必要がある。

　民主教育の課程においては、人々が社会を理解し、科学的な生産労働の知識を持ち、抗日戦争の勝利と民主の自由を勝ち取るよう啓発する内容とする必要がある。多様な課程を組み合わせ、教育の普及と向上をともに重視し、系統的であるとともに弾力的でなければならない。

　民主教育の学制は、出発点は一つであり、その後様々なコースを辿ってもゴールは同じであり、途中コースを変更することは容易であるという三つの原則に従わなければならない。試験は個人の順位ではなく、集団の成績を重視し、点数ですべてを決めない。

　民主教育の行政においては、人民自らが学校を運営するよう励まし、学生には自分のことは自分でできるよう励まし、官僚的なやり方に反対する。民主教育の校長には四つの任務がある。一つ目は、現場の教師が絶えず進歩するよう育成する。二つ目は、教員を通じて学生を進歩させる。三つ目は、民衆のために働く人、例えば、小先生などを学校の中から抜擢する。四つ目は、開かれた学校を作り、社会の力を利用して学校を進歩させ、学校の力を動員して社会を進歩させる。こうして学校は、民主主義の温床になり、人材の苗を育てる。

　以上、陶行知の民主教育思想は、生活教育運動における 20 年以上の経験と教訓に対して行われた初めての総括であり、新民主主義革命発展の客観的な必要性に応え、生活教育思想をさらに豊かにしたものである。この時期、陶行知は、生活教育の新しい方針、すなわち民主的、大衆的、科学的、創造的方針を打ち出すとともに、未来の民主主義国家が建設すべき民主教育制度に対し、周到な構想を巡らし、理想に基づく計画を描いた。

　1946 年 7 月 25 日、陶行知は過労により病死したが、彼の生活教育運動はそれで終わったわけではなかった。彼の言葉を借りれば、「真の生活教育は、昔から今日までずっと存在し、発展し続けていたのである。それは今後ともずっと存在し、発展し続け、最高の生活こそ最高の教育そのものであることを明らかにする」[16] のである。その「最高の生活」を創造するために、生活教育

＊16　董宝良『陶行知教育論著選』、547 頁。

は常に時代と並行し、常にその時代の生活を把握しているのであるが、これは生活教育が絶えず発展していることの証であり、生活教育思想が豊かな生命力を持っている証でもある。

2、生活教育理論の真髄

陶行知の生活教育は、完成された理論体系を持ち、内容も豊かな教育思想の宝庫である。生活教育運動の歩みを外観しながら、その優れた部分に数多く触れてきたが、ここではさらに三つの視点から、生活教育理論の真髄について分析を進めることにする。

1. 三大原理

陶行知の生活教育理論は、三大原理、すなわち「生活即教育」、「社会即学校」、「教・学・做合一」で構成されている。

「生活即教育」は、陶行知の生活教育理論の中心部分である。彼は生活教育に対する社会からの誤解を一掃するため、「生活教育とは、生活に元々内包され、生活によって自ら営まれ、生活から希求されるところの教育である。教育の根本的意義は、生活の変化にある。生活は常に変化することから、生活は常に教育の意義を含む」[*17]と述べた。ここから「生活即教育」とは、まずどのような生活があればどのような教育があり、生活自体に内包された教育が存在することを指しており、生活自体の教育的意義を強調したもので、良い教育には必ず良い生活が伴うと主張していることがわかる。これは、同時に二つの従属的関係を生み出している。すなわち、生活は絶えず変化しているため、教育も絶えずこの変化に適応する必要がある。そして、生活はとどまるところがないので、生活教育も一種の生涯教育である。「生活教育は、生まれながらにして始まっており、死の訪れとともに終わる。すなわち、生まれると同時に学び始め、棺桶に入ってようやく卒業できる」[*18]ということである。これが「生活即教育」の最初の意味である。

---

*17　江蘇省陶行知教育思想研究会他『陶行知文集』、423頁。
*18　江蘇省陶行知教育思想研究会他『陶行知文集』、424頁。

第8章 現代中国の生活教育思想

教育が生活と同一でないことを我々は知っている。教育の根本的意義は、意識的に生活を良い方向に導き、生活を改造し、より健康的に、より合理的に、より高みの境地へと人々の生活を導くことにある。これは教育の真の目的であり、生活自体が希求するものでもあり、さらには陶行知が自らの生涯を教育に捧げた原動力でもあった。彼が1936年に発表した「生活教育の特質」という論文の中でも述べているように、「古来より、生活があればそこに教育があるということを我々はよく知っていた。しかし、同じ社会の中でも、ある者は進歩的な生活をし、ある者は後れた生活をしている。我々は進歩的な生活を以て後れた生活を導くことで、全員が進歩的な生活を送り、進歩的な教育を受けられるようにする必要がある」[19]。そのため、「生活即教育」の暗黙の了解とは、教育を通じて生活を良い方向に導き、生活を改造し、新しい生活を創造するということである。実際、生活教育運動の歩み自体、この暗黙の了解を証明している。

「社会即学校」は、生活教育理論のもう一つの重要な原理である。「社会即学校」という表現自体が、社会と学校を同一視しており、それは学校不要論だと主張する者も中にはいる。しかし、ここでいう「社会即学校」とは、学校と社会の連携を強化し、社会に及ぼす学校の良い影響を拡大し、学校の教育的機能を学校内にとどめないことを目的としている。

「社会即学校」は「生活即教育」と同様、二つの基本的な意義がある。その一つは、デューイの「学校即社会」の欠点を克服し、社会の教育的機能を発揮させようとすることである。陶行知は次のような例えを使って述べている。「学校即社会とは、自由に空を飛び回っていた小鳥を籠の中に閉じ込めるようなもので、小さな学校で社会の様々な事を吸収させようとしても無理がある。一方、社会即学校はそうではない。それは籠の中の小鳥を空へ離して大空を自由に飛翔させること、すなわち、学校のすべての事をより広い空間の中で行おうとするものである」[20]。陶行知は、社会生活の一部だけを切り取って学校内で真似してみせたり、体裁だけを整えたりするのではなく、学校を実際の社会の中に投げ入れ、社会全体を学校とする教育環境を主張した。そうなると、教育の材料、教育の方法、教育の道具、教育の環境も大幅増大し、学生や先生も

---

[19]　董宝良『陶行知教育論著選』、463頁。

[20]　董宝良『陶行知教育論著選』、294頁。

多くなる。こうして、伝統的教育と生活、そして学校と社会とが分離していた弊害を解消することができる。

　学校が社会と同一でないことも我々は知っている。学校の根本的価値は、人々の生活の中で教育の持つ役割を広範に発揮し、社会を前進させる力となることにある。これは学校の本当の意義であり、学校が社会生活に求められているものであり、さらには陶行知が苦心惨憺して暁庄、育才などの学校を興した原動力でもあった。陶行知は例をあげて、次のように解説している。「昨年は大干ばつであったため、和平学園ではすぐにも水が必要になり、井戸を掘った。井戸は学校側が掘ったものであったが、村人たちも使えるように開放すると、やがて二つの大きな問題が発生した。その１としては、毎日200桶の水しか湧き出てこないので、村全体で使うには足りなかった。そこで、皆早起きして水汲みをすることになり、遅れて来た人は水が汲めなくなった。その２としては、人々は我先に水汲みをするため、時には暴力沙汰で事を解決しようとするようになった。こうした事件は、学校即社会の場合、学校側の強権で事を解決することができる。すなわち、学校が命令し、人々に従わせば良いのである。一方、社会即学校の場合、その方法は異なる。これは全校の人たちの生活と関係しているので、村人全員で解決しようとする気運が高まり、村民総会を開いたのである。全部で6，70人が集まり、一緒になって水問題について、"教・学・做"を行った。参加者には老婆もいれば、12，3歳の子供もいて、十数歳の小学生が取りまとめ役に推挙された。私も多くの師範大学生とともに諸葛亮団というものを組織して村民の中に入って、この阿斗（劉備の子）皇帝を守った。老婆は話が長く、さらには大勢の人が同時に話すため、それぞれの意見がよく聞こえず、しかも阿斗皇帝ではうまく対処できない。そこで、諸葛亮が前に出て支援した。結果、共同でいくつもの事案が議決された。……これこそが、社会即学校の方法である」[21]。この村全体の水問題に関する「教・学・做」の実例は、「社会即学校」とは学校が社会の上に立って上から目線で口出しするのではなく、学校の役割を無視するのでもなく、学校を社会の中心に置いて、教師と学生が民衆の生活に直接参加し、その中で指導的役割を担うということである。

＊21　董宝良『陶行知教育論著選』、297〜298頁。

第8章　現代中国の生活教育思想

　「教・学・做合一」は、生活教育理論の第3の原理であり、陶行知の教育理論の中心をなすものでもある。「教・学・做合一」の原理は、伝統的教育における教えることと学ぶことの遊離や、書物の知識と現実生活との隔たりを嘆く中から打ち出されたもので、初期の頃の表現は「教・学合一」であった。1919年に発表された論文では、「教・学合一」の論点と論拠が明確に述べられている[22]。

　第1、陶行知は、「教師の責任は教えることにあるのではなく、学ぶことを教えること、すなわち、学生にどのように学ぶかということを教えることにある」とし、教えることは大きく三つの類型に分けることができるとした。一つの類型は、ただ教えるだけで、1冊の本を子供たちに読ませ、覚えさせるだけである。利発な子供たちは本棚や屑かごのようになり、教師は本棚や屑かごの作り手となり、学校は本棚や屑かごの製造工場となる。これは、「本に学生を宛がう」方法であり、学生にひたすら本の内容を丸暗記させることである。もう一つの類型は、「学生に本を宛がう」ことで、教師は注意力を本から学生に移し、「学生が必要とするものはすべて与える」というやり方である。この方法は、最初の類型よりは優れているが、「先生は、生涯学生の傍らにずっといてくれるわけではない」ので、学生は相変わらず受身の立場のままである。世界には新しい理論が次々と登場し、天地の間に神秘的なことが限りなく存在するため、この方法では、教師が学生と「一緒に発明する」ことなどできないのである。最後の類型は、「学生に学ぶことを教える」という方法で、教えることと学ぶことが有機的に結びついたやり方である。すなわち、「一方では先生に指導の責任を負わせ、他方では学生に学習の責任を負わせる。一つの問題について、先生が既成の解決方法を学生に伝授するのではなく、その解決方法をどのように探し当てるかという手続や手順を教え、学生が最小時間で、類似した経験を通してその解決方法をつかみ取り、別の問題には別の解決方法を自分で探し当てるように教える」ことである。こうした教育こそ、学生は「自らで獲得し、自らで動く」という習慣を形成し、積極的に知識の水源を探り、知識のダムを求めるようになる。これは、学生の学習過程における主導的役割を肯定したものである。

---

[22]　董宝良『陶行知教育論著選』、33〜35頁。

第2、陶行知は、「教える方法は学ぶ方法に基づく必要がある」とした。彼は、伝統的教育方法を批判しながら、教師は自分の考えに沿って教えるだけで、学生の才能や好奇心などには気を配っておらず、学生に「教師の教え方に従い、教材に自分を合わせる」ようにしているが、こうすると教師は教え甲斐がなく、学生には苦痛が多いとした。逆に、「教える方法を学ぶ方法に合わせるようにすれば、教師は少ない労力で成果が多く、学生も楽に学べるようになる」。そのため彼は、教師に学生の状況に応じて授業を行うよう求め、「多くを学べれば多くを教え、少ししか学べなければ少なく教える。速く学べれば速く教え、ゆっくりしか学べなければゆっくりと教える」とした。こうした学生の興味をかき立て、すべてを学生の実際から出発する教授法は、現代の教育理論とも密接につながっている。

第3、陶行知は、教師は必ず「一面では教え、一面では学ばなければならない」、「自分の教える方法と学生の学ぶ方法を連動させるだけでなく、自分の学問とも連携を保つようにしなければならない」と指摘した。彼は、当時の教育界は「すべて過去に学んだものをそのまま学生に伝授している」と批判しながら、教師は絶えず新しい学問を研究して、新たに前進しなければならないと主張した。一方では学生を指導しながら、他方では学問を研究することで、「教える方も学ぶ方もともに向上していく」ことを忠実に実行していかなければならない。言い換えれば、教師はまず「学ぶことに飽きない」ことによって初めて、「人を教え導いて倦むことがなく」、才能ある学生を育成する楽しみを味わうことができるということである。

以上、陶行知の「教・学合一」の理論は、10年にわたる模索と研究の時を経て発展し、特に暁庄学校の教育実験の後にさらに充実する中で、「教・学・做合一」の命題が正式に打ち出されることになった。1928年、上海亜東図書館から出版された『中国教育改造』には、この命題に関する彼の論文が収録されている。そこには次のように書かれている。

> 教・学・做は一つのことであって、三つのことではない。我々は、為すことに基づき教え、為すことに基づき学ばなければならない。為すことに基づき教えるのが先生であり、為すことに基づき学ぶのが学生である。先生の学生に対する関係から言えば、為すことがすなわち教えることであり、学生の先生に対する関係から言えば、為すことがすなわち学ぶことである。

第 8 章　現代中国の生活教育思想

　　先生が為すことを以て教えれば、本当の意味での教えになり、学生が為す

　　ことを以て学べば、本当の意味での学びになる。為すことに力を注がなけ

　　れば、教えは本当の教えにならず、学びも本当の学びにならない[23]。

　「教・学・做合一」の重要部分は、「為すこと（做）」にある。本当の意味で
の「為すこと」とは、「力を労した上に心を労し、心を以て力を制する」[24] こと、
すなわち、手と脳をともに使うことを指す。単純に力を労することは、要領が
ないので、為すこととは言えない。単純に心を労することも、ぼんやり考えて
いるだけで、為すこととは言えない。為すことは、心、口、耳、手など様々
な感覚器官を総動員するだけでなく、身体以外の道具も用いなければならない。
為すことは、行動、思考、新しい価値の創造といった三つの特徴を有する。

　1931 年、陶行知は「教・学・做合一の下での教科書」という論文を発表し、
「教・学・做合一」の原理の指導課程、教科書活用に関する問題などについて
述べた。彼は、これまでの教科書は文字を中心とし、しかもまとまりのない記
述が中心なので、学生に断片的な知識しか伝授できなかったが、「教・学・做
合一」の原理の指導下で編集された教科書は、重要な特徴が 3 点あるとした。
1 点目は、人の行動を導く力で、一つの行動を終えた後にまた別の行動をした
いと思うように導くことができる。2 点目は、人の思考を導く力で、どこまで
も考え抜くように導くことができる。3 点目は、新しい価値を創造するよう導
く力で、これまでの価値にさらに価値を付加し、新しい価値を創造するように
導くことができる。そのため、彼は「為すことは発明であり、創造であり、実
験であり、建設であり、生産であり、破壊であり、奮闘であり、新たな活路を
探求することである」[25] と述べている。こうして、「教・学・做合一」の原理は、
「生活即教育」と共鳴し、現実生活の豊かな土台の上に構築されたのである。

2. 六大解放

　創造的教育は、生活教育理論の発展過程における重要なテーマである。
1941 年 6 月、陶行知は育才学校設立 2 周年記念を前に、創造的教育の問題に

---

[23]　董宝良『陶行知教育論著選』、225 頁。

[24]　董宝良『陶行知教育論著選』、227 頁。

[25]　董宝良『陶行知教育論著選』、348〜361 頁、581 頁。

243

ついて最初の提起をし、以来、その問題に心血を注ぐようになった。彼は、育才学校のために「創造年計画大綱」を制定するとともに、「創造年献詩」を書いた。また、「育才学校創造奨励金方法」を制定、「育才幼年研究生」活動を展開し、育才学校の教師と生徒に「共に努力して学校を創造しながら学んでいくこと、共に努力して新中国、新世界を創造すること」[26] を求めた。

　陶行知は、画竜点睛の如くして、創造的生活へと至る道筋を描いたが、彼の記した「育才3方針」は、創造的教育方法を最も簡潔にまとめ上げたものと見ることができる。以下はその全文である[27]。

　　①「迷」では、子供たちがある特定の活動に没入する特性に基づき、その活動に合う環境や設備、方法を通じて、彼らの成長を助け、未体験の領域へと導く。

　　②「悟」では、子供たちの一般的な知力に基づき、啓発的な学習教育を通じて、彼らが特別な活動に対し、さらには人生の各方面の関係や世界人類の歴史的発展に対し、より広く深く理解するよう指導する。

　　③「愛」では、子供たちが人を助けたいと考える傾向に基づき、集団生活を通じて、彼らが民族や人類に対し、より積極的な慈愛の精神を持つよう育成する。

　つまり、第1に、創造的教育はまず学生の興味を引き出し、その上で未体験の領域へ導く。第2に、学生の知力を発展させ、思考の覚醒を通じて客観的法則を理解させる。第3に、学生の情操を培い、彼らが人を助けることを徳とし、民族と人類を愛する境地に達するようにする、ということである。

　育才学校の学生による創造的生活の成功は、陶行知に大きな啓示を与えるとともに励みとなり、新中国建設の展望も、彼の活力と原動力となった。彼は、「創造宣言」および児童の創造的教育理論を体系的に述べた「創造的児童教育」を書き、生活教育思想をより高みへと発展させた。

　「創造宣言」の中では、「創造主の未完成の仕事を我々が引き継ぎ、引き続き創造への活動を行う」と情熱的に書いている。彼は、教育者が創造しようとするのは真善美の生身の人間であり、「教師の最大の喜びは、自分が崇拝するの

＊26　董宝良『陶行知教育論著選』、581頁。

＊27　董宝良『陶行知教育論著選』、588頁。

に値する学生を創り出すことである」と述べている。彼は、環境が平凡だ、生活が単調だ、年齢が若すぎる、人が無能すぎる、窮地に陥った、などの言い訳をして、創造への取り組みをしようとしない怠け者たちを批判しながら、人々に次のように呼びかけた。

　　…至る所が創造の場であり、毎日が創造の時であり、一人一人が創造を行う人間である。二歩進み一歩退きながら少なくとも前進し、創造の道へと向かって歩いていこう[*28]。

　　…1滴の汗、1滴の血、1滴の情熱がある限り、そこは創造の神が降臨する仮宮である。そこでは、創造の花が咲き、創造の果実が実り、創造の森が繁茂する[*29]。

「創造的児童教育」や「民主教育実施大綱」などの中で、陶行知は創造的教育理論の精髄である「六大解放」について詳しく述べている。子供たちは元々創造力というものがあるが、それを解き放ってあげてこそ、その創造力が埋もれ消滅するようなことはないとしている。そして、児童の創造力を解放するための六つの方法をあげている。

　第1、児童の目を解放する。伝統的教育下では、子供たちに封建的な色眼鏡をかけさせるので、子供たちは現実社会や生活から遊離し、社会にも生活にも役立たない「小さな本の虫」になってしまう。一方、創造的教育では、封建的色眼鏡をかけさせるようなことはせず、自分の目で事実を見るようにさせるので、生活と社会を観察する能力が育成される。陶行知は、「世界が見たい」という詩を書いたり、「目を見開いて見る」という詩を翻訳したりして、児童の目を解放したいという願いを表現している。

　第2、児童の頭を解放する。伝統的教育下では、子供の創造力を昔からある迷信、先入観、曲解、幻想などの布で幾重にも巻きつけ、彼らの思考を束縛している。一方、創造的教育では、女性を纏足にしている布を解きはがすように、子供たちに巻きついた布をはがして、頭を解放させる。それによって、新たな信仰や力が生まれるとともに、最終的には「中華民族の創造力が包囲網を突破することができる」のである。

---

*28　董宝良『陶行知教育論著選』、585頁。
*29　董宝良『陶行知教育論著選』、586頁。

第3、児童の手を解放する。伝統的教育における弊害は、子供たちに手を動かすことを許さなかったことにあり、「手を動かすと掌を叩いて叱ったので、それにより子供の創造力が破壊された」のである。一方、創造的教育では、エジソンの母親のように、子供に積極的に手を動かす機会を与える。陶行知は、次のような詩を書いて子供たちを励ました。「人生には二つの宝があり、それは手と脳である。脳を使っても手を使わなければ、すぐに倒される。手を使っても脳を使わなければ、飯も食べられない。手と脳をともに用いる者こそ、道を切り開き大成する」[*30]。彼は、手と脳をともに使うことを、創造的活動における基本的条件としている。

第4、児童の口を解放する。伝統的教育下では、子供は無口になりがちで、言論の自由がない。大人が言うことを、子供は何でも聞き、その通りやらなければならないので、子供の創造力を健やかに発展させることができない。一方、創造的教育では、子供が質問することを奨励し、言論の自由、特に質問の自由を与えている。陶行知は、「事ごとに問う」という詩を通じて、子供の口を解放する意義を肯定している。「幾多の発明も、その起点は問うことから始まった。禽獣が人に及ばないのは、問うことを知らないためだ。知恵のある者は問うことが上手で、愚かな者は問うことが下手である。人の力が天のわざに勝るのは、ただ一つ、事ごとに問うことにある」[*31]。問うことが発明の出発点であり、人と動物の境界線であるならば、子供の口を解放することは、創造的活動のために重要であることは言うまでもない。

第5、児童の空間を解放する。伝統的教育は鳥かごのようであり、改良された学校ですら樹木や築山がある程度の大きな鳥かごであり、授業で使われるのは漬物のような教科書で、彼らの精神的栄養は不足し、視野は狭められてしまう。一方、創造的教育は次のように主張する。子供の空間を解放し、彼らに大自然の中の草花や樹木、青々とした山や川、日月や星辰、さらには社会の中の士、農、工、商、三教九流と接し、自由に宇宙に質問を投げかけ、万物と友になり、国内外、古今東西の様々な職業を学ばせる。創造には、広範な基礎的知識が必要となる。空間を解放してこそ、豊富な情報が集められ、認識の視野が

---

*30 董宝良『陶行知教育論著選』、669〜670頁。

*31 董宝良『陶行知教育論著選』、652頁。

広がり、内在する創造的力が発揮できるのである。

第6、児童の時間を解放する。伝統的教育の試験制度は、「顔の血色を失わせ、健康を損なわせ、親への孝行を蔑ろにさせ、民族や人類に対する義務を軽んじさせ、さらには抗戦への責任さえ放棄させている。そして、一番けしからんのは、時間を遠くに追いやったことである」。学校が子供たちの時間をすべて奪ったため、彼らは人生について学ぶ機会を失い、創造への意志を持たない性格に育てられ、「大人になって時間ができても、自らの創造力をどう発揮すれば良いかわからなくなっている」。一方、創造的教育では、創造的な児童教育とはまず子供の時間を解放し、彼らに観察の時間、思考の時間、手を動かす時間、質問する時間、生活に触れる時間を与えることだと主張する。

陶行知は、1945年にこの「六大解放」を簡潔にまとめ上げ、それを創造力を発揮するための前提条件と位置づけた。彼は次のように述べている。「目を解放する。色眼鏡を叩き壊し、人々が真実を見るよう教える。頭を解放する。精神を締め上げている布を引き裂いて、人々が真実を理解できるようにする。両手を解放する。爪を切り、目に見えない手袋を投げ捨て、頭からの命令に従わせ、手を動かすことによって道を切り開くことができるようにする。口を解放する。人々に言論の自由を享受させ、雑談的な会話の中からでも、真理の法則を見つけられるようにする。空間を解放する。人民と子供を旧文化の鳥かごから解き放ち、大自然や社会の中から豊かな栄養源を見つけ出せるようにする。時間を解放する。人民と子供を時間に追われてあくせく苦労することから解放し、問題についてじっくり考えたり、国事について語り合ったり、本を読んだり、民衆のために有益なことをしたり、遊んだりする余裕を与えることにより、人間として生きているという実感を湧かせる。この六つの解放があってこそ、創造力を有効に発揮させることができる」[*32]。

3. 小先生制

1931年より、生活教育運動の中心議題として、教育の普及が取り上げられるようになった。教育の普及拡大を加速するためにはどうしたら良いのか？教育の普及に伴って発生する教師不足という矛盾をどのようにして解決できる

＊32　江蘇省陶行知教育思想研究会他『陶行知文集』、792～793頁。

247

か？陶行知は、新安旅行団の成功から啓示を受け、「小先生制」を打ち出した。そして 1934 年、宝山県民衆教育館主催による民衆教育服務人員訓練班の入学式で、「小先生と民衆教育」と題する講演を行い、小先生制について以下のように述べている。

　民衆教育は、教育や知識を空気のようなものにし、宇宙に充満させ、世界の汚れを浄化させ、大衆の間に遍く行き渡らせなければならない。空気はすべての人に必要なもので、誰にとっても欠くことができない。教育もすべての人に必要なものであり、誰にとっても欠くことができない。ここで知識を空気に変えるために、最も良い方法は小先生制である。「小先生はどうして知識を空気のように簡単に普及させることができるのか？それは、小先生が小学生であり、昼間学んだ文字を、夜には他人に教えることができるからである。学んだばかりの知識や技能を即座に他人に教えることができ、一般の教師のように給料を払う必要がない。そのため、私たちは経費をかけずに教育の普及が図れるのである」。さらには、中国で全く普及が進んでいない女子教育、学校と家庭や社会との連携強化、そして民族の衰退や怠惰に対しても、小先生制は有効性を発揮することができるのである。

　陶行知は、「小先生の歌」というものも作り、小先生の優越性を賛美した。

　　私は小学生、小先生になる。

　　知識の独占を打ち壊し、時代を切り開く。

　　私は小先生、授業は農作業の支障にならない。

　　あなたが学びに来る時間がなければ、牛の背中で口ずさめるように教えてあげる。

　　私は小先生、鳥かごを見ると頭がくらくらする。

　　私が小鳥を鳥かごから出してあげると、鳥は森へ向かって飛んでいく。

　　私は小先生、このように学生を指導する。

　　「学んだことはすぐに他人に教えに行き、教え終わったらまた戻って来て学びなさい」。

　　私は小先生、激しい炎は火山の噴火のようだ。

　　生まれつき壁にぶつかることを恐れない、何かにぶつかったらそれを我が身の糧とする。

　　私は小先生、病気の根絶のため熱心に戦う。

第 8 章　現代中国の生活教育思想

ハエやハマダラカをことごとく駆除し、この世に疫病が発生しないように
する。

私は小先生、人の考えを害する落とし穴を埋める。

帝国主義を打倒し、妖怪を生け捕って一呑みにする。

私は小先生、民衆とともに暮らしていく。

天に道がなければ道を作り、地に門がなければ門を作る[33]。

陶行知の指導の下、小先生制はすぐに国内に広がり、全国 23 の省と地域で
小先生制が実施され、東南アジアの一部の国でも小先生制が採用された。小先
生の実践活動を望ましい方向に導くために、陶行知は具体的実施方法について
以下のように詳述した。

①学生探し。「学生を探す」ことが、小先生の最初の課題である。学生とは
初対面であるから、話の内容は慎重に選び、適切な話で相手の関心を引き込む。
そのためには、話す内容について、「この話は言うべきか。私はどうしてこの
ように話をするのか？」など、事前に考えて見る。

②教科書の必要性。文字は生活のために必要な記号で、できるだけ民衆生活
から求められる内容に合致した教科書を採用する。なぜなら、教科書がないと、
学習の進歩を引き続き求める興味を持続させることが難しくなるからである。
しかし、小先生は教科書に頼るだけでなく、「補助教材や目の前にある教材を
用いて、特殊なニーズや現実生活からの要請に応えられるようにしなければな
らない」。

③識字と読本。識字は一文字一文字を理解させるのではなく、文章作成を
行ってこそ、字の持つ本来の意味を発揮することができるため、学んでいても
面白く、「識字の目的を達成できた」と言える。

④学習活動の教材。小先生が初めて人に文字を教えるとき、教科書の力を借
りてこそ、人々を絶えず向上するよう導くことができる。しかし、その場の状
況に応じて、生活にありふれたものを教材にするというのも、より高い効果が
期待される。

⑤蓄音機とラジオ。「小先生は、蓄音機やラジオを有効に使うことによって、
民衆の音楽教師と国語教師になれる」のであり、新しい現代化教育の手法を用

───────────────

＊33　董宝良『陶行知教育論著選』、673〜674 頁。

いることによって、さらに人々の興味を引き出し、関心を引きつけることができる。

⑥絵本の効能。様々な絵本は民衆の心を強く引きつけるので、小先生は絵本探しに力を入れて学生を指導し、必要に応じて自分で絵本の制作を行う。

⑦学んだものは教える。小先生の任務は文字を教えるだけでなく、「教えることができることはすべて教え」、「学びとったことはすべて教える」ことで、衛生小先生、科学小先生などの多方面にわたって活躍できる人となる。

⑧人に教える時間。時間をかけても人の集中力は持続しないため、小先生が人に教える時間は１日あたり30分を越えないようにする。「毎日30分の授業は、学生にも有効で、本人も得はあっても損がない。こうすることで、生きる限り学び続け、教え続け、挫折することはない」。

⑨威張らない。小先生は学生を友達のように接し、彼らの問題を理解し、彼らの困難に思いを馳せ、すべてにおいて面倒がらず、学生の勉強を助けたい姿勢を示してこそ、学生が離脱することを防ぎ、学生から慕われるようになる。

⑩謙虚で勉強好き。小先生は一生懸命学び、本から学ぶだけでなく、自分の学生からも学ぶという「相互に学び合う」教育を行う。「彼があなたの学生であることを忘れるだけでなく、相手にもあなたが彼の先生であることを忘れさせる。こうしてこそ、進歩的な小先生になれる」のである。

⑪学生たちにも小先生になるよう指導する。小先生の責任は教えることにとどまらず、小先生や情報伝達先生となるよう学生に指導し、「知ったものはすぐ伝える」という精神を育てる。

⑫小先生団の育成。個人の力は小さいが、集団の力は大きい。一人一人の小先生を組織化し「小先生団」を作り、各人の力を集結し、共通の対象と共通の目標に向け発揮させる。

⑬１は２にもなる。小先生は、訪問や連絡、総会、巡回指導、図書貸出、相互見学などの方法を通じて学生たちと連携を深める。こうすることによって、「小先生団は、１を２とし、２は４となり、４が８へと増えていき、教育普及のために大きな貢献をなすことができる」。

⑭学生と互いに監視し合うようにする。小先生は、根気を持って指導に当たるべきで、始めは熱心で途中から中弛みするようではいけない。「知ったことはすぐ伝える」ことを生涯の仕事とし、学生を数日あるいは数ヵ月教えただけ

で見捨てたりせず、共に向上する関係を築くべきであり、これは貴重な人間関係の構築である[34]。

　小先生は、教育普及の運動において活躍するだけでなく、生活や社会の中に積極的に入り込み、時代の発展とともに前進する必要がある。例えば、陶行知が1936年に書いた「民族解放における小先生の使命」の中では、小先生に対し、国難の解決に貢献するよう求めている。彼は次のように述べている。「我々の小先生は、最も偉大な学校活動に参加している。この学校には5億人の教師、5億人の学生、5億人の学友がおり、そこには民族解放運動という1科目だけが教えられている。識字教育や科学教育、あらゆる授業は、民族解放運動のために教えられている。真に自由で平等な中華民国が建設され、抑圧に苦しめられている大衆に良い暮らしが訪れたとき、ようやく卒業の時が訪れる。全国の小先生よ！これは一人一人が共に負うべき新たな使命である」。

3、生活教育思想の価値

　陶行知の生活教育思想は、中国教育思想史において重要な地位を占める。大衆教育、愛国教育、創造教育はその思想的価値の根幹をなす。

　生活教育は、大衆のための教育である。陶行知は生活教育の特徴について、「本当の生活教育から見れば、大衆は先生であり、大衆は学友であり、大衆は生徒である。"教・学・做合一"、"知ったことはすぐ伝える"ことは大衆の生活に適応した大衆のための教育法である。総括すれば、生活教育は大衆の教育であり、大衆自らが行う教育であり、大衆が生活を解放するために行う教育である」[35]と述べている。生活教育思想の基本的な立脚点は大衆にあり、勤労大衆の現実から出発し、勤労大衆のために奉仕する。それは「美しく着飾った女性が指にはめたダイヤモンド指輪ではなく、極寒の地における貧乏人のまんじゅうと綿入れの上着なのである」。生活教育は、大衆のための教育で、常に大衆の生活と密接につながっていたからこそ、受け入れられ、歓迎されたのである。そして、その提唱者である陶行知も、文字通り「人民教育家」と位置づ

---

[34]　董宝良『陶行知教育論著選』、447〜461頁。
[35]　董宝良『陶行知教育論著選』、463頁。

けられている。

　生活教育は、愛国教育である。陶行知は、1923年に妹の文渼に宛てた手紙の中で、「この時代に生まれた我々には、一つの使命がある。その使命とは、我々すべての精神を費やし、国家の衰退を覆し、人々が安穏に暮らせる社会を創って後代に引き渡すことである。これは、数万年に遡る祖先や烈士に対する我々の責任であり、億万年後の子孫に対する責任でもある」[36]と述べている。このような情熱的な愛国心を持って、衰退する国を救い、後の世に幸福をもたらすという崇高な理想があったからこそ、生活教育思想は尽きることがない力の源泉を保つことができた。祖国の存亡がかかった重大な時期、陶行知は絶えず変化する情勢に応じて戦略的任務を常に調整しながら、生活教育と国家の命運とを緊密に連携させたのである。

　生活教育は、創造のための教育である。これは、提唱者陶行知が創造教育の「六大解放」を打ち出したことによるだけでなく、生活教育思想自体が持つ創造性も関係している。1919年、陶行知は、「教育界において、創造する度量がある者は創造の教育者であり、道を切り開く度量がある者は開発の教育者であり、ともに優れた人物である」[37]と述べていた。また、「新学制草案」を評価するとき、建築を例えとして、教育が物真似を最も嫌う理由について、次のように説明した。「建築は物真似を最も嫌う。他人の図面を使って家を建てても、満足できないだろう。経費が合わないとか、景観と合わないとか、あるいは使いにくいとかあって、後悔しても後の祭りとなることが多い。我が国の学校制が始まってから、最初は西洋の真似をし、続いて日本の真似をし、民国4年にはドイツを手本とし、近年は特にアメリカの方法を熱心に取り入れるようになっているが、これらすべてが正しい方向ではない。いくら真似しても、いずれとも同じにならないのである」[38]。すなわち、陶行知はそのまま真似するのではなく、先人の経験から多くを学び取りながら、先人の学説を発展させた上に新たな理論を構築するよう主張しているのである。1946年6月14日に行われた講演の中で、「私の生活教育思想の多くは、資産階級、大地主、そし

＊36　董宝良『陶行知教育論著選』、127頁。

＊37　董宝良『陶行知教育論著選』、48頁。

＊38　董宝良『陶行知教育論著選』、92頁。

て庶民からの啓発によって成立したものである。もちろん、私の考えは彼らの主張を鵜呑みにしたものではない。ある一部分から啓示を受けた場合もあれば、それを逆にしたら真理になった場合もある。あるいは何の考えもなく、大衆が実践するのを見ていて突然の啓示を受けた場合もある。実践は重要である。それがすべての創造の始まりである」[39]と述べている。こうした思想の指導下で、陶行知は、デューイの「教育即生活、学校即社会」の命題それぞれを前後入れ換え、「生活即教育、社会即学校」として打ち出し、王守仁の「知ることは行うことの始まりであり、行うことは知ることの完成である」という視点を入れ換え、「行うことは知ることの始まりであり、知ることは行うことの完成である」と主張するとともに、それを「教・学・做合一」の教学論の基礎に据えた。また、読書する息子から連環教授法の着想を得、新安旅行団の経験から小先生制を創り出し、ついには従来の教育思想とは一線を画す生活教育思想を完成させたのである。

　生活教育思想には、陶行知の人となりが良く表れ、彼の精神が隅々まで行き渡っている。銭俊瑞は、彼を次のように評価している。「陶氏は、真に調和がとれた人物である。真剣でまじめである一方、活発でユーモアあふれる一面も持っている。高い科学的教養を持ち、同時に高い芸術的素養と創造力を兼ね備えている。度量が大きく、仕事の進め方は厳格で綿密である。他人には優しく自分には厳しい。身の回りの物にはこだわらず質素であるが、精神的には非常に豊かである。世界の様々な知識と恵まれた中国的気質を持っている。冷静な思考と熱い感情、そして人民への愛と人民の敵に対する憎しみを持っている。簡単な表現で奥深い箴言をよく言い、人を大いに笑わせる冗談も言う」[40]。陶行知の人となりは、彼の教育論の著作からも見て取ることができるが、特に彼が作った教育の詩からよく理解され、またそれは中国教育思想史における貴重な財産でもある。彼は、難しい教育哲学を、生き生きとした分かりやすい詩歌の形式で表現し、大衆に理解・納得させることによって、生活教育の理論を広く行き渡らせ、多くの大衆と読者の共感を獲得し、最終的に教育を象牙の塔か

＊39　潘冷雲他『現代生活と現代教育―陶行知生活教育理論と教育実践の啓発』復旦大学出版社 1991 年、21 頁。
＊40　銭俊瑞「一代巨人陶氏」『解放日報』1946 年 8 月 12 日。

ら外に出して、教育を生活の中へ、大衆の中へと向かわせるという教育の理想を実現した。

　もちろん、生活教育思想も完璧な理論として完成したわけではなく、ある程度の歴史や時代の制約を受けつつ限界を持った理論であった。例えば、デューイの教育思想を半転させ、生活教育独自の理論的構造と特徴を作り上げたが、知識の伝達システムと教師の主導的役割、および学校の役割などの問題について、もっと重視する必要があった。

　陶行知の生活教育理論は、彼が新教育や平民教育運動と関わりを持つ中で形成され、その後の長期にわたる革命的実践と教育的実践の中で絶えず発展を遂げた。その理論の中心は、教育は大衆の生活を向上させるために不可欠な存在であり、それは社会生活の実践や生産労働との密接な関係の中で成立しているという主張である。しかし、彼の生活教育は、デューイのように、資本主義社会における生活ニーズに適応するためだけに唱えられた実用主義教育ではない。その後の事実が証明するように、彼の教育思想にはまだ議論の余地があるものの、半植民地半封建時代の中国においては、高い理論的水準にまで達している。五四運動以降の中国教育の発展に重要な影響を与えただけでなく、多くの視点や分析方法は、今日においてもその理論的価値が失われていないことから、彼の理論を参考にしつつ、さらなる研究を推し進める価値がある。

第9章
現代中国の「活教育」思想

　1979 年 7 月 14 日、陶行知夫人である呉樹琴に頼まれ、陳鶴琴は行知中学開校 40 周年記念のために題辞を書くことになった。すでに高齢になっていたこの教育家は感激し、震える筆で次のように書き記した。

　　　我々は教育戦線の同志であり、

　　　我々の闘争目標は同道であり、

　　　我々の実践基準は同行であり、

　　　我々の生まれは同年であり、

　　　我々は海外留学の同級生であり、

　　　我々は帰国後の同僚であり、

　　　我々の志は手本となることであり、

　　　陶行知は私の人生にとって模範である[1]。

　現代教育史において、これだけ多く「同」の字が付く教育家というのはそういないだろう。といっても、ここで陳鶴琴が登場するのは、陶行知の同志、同道、同行だからというわけではなく、教育思想の面で独自の探求と貢献をした教育家だからである。特に、彼が創始した「活教育（生きた教育）」の思想は、現代中国の教育思想における貴重な財産である。

1、「活教育」思想の誕生

　1914 年、アメリカに向かう客船の中で、中国現代教育史において非常に興味深い出来事が起こった。この客船には、陶行知と陳鶴琴が同乗し、陶行知が現代科学技術を賛美する「海風歌」を書いているとき、陳鶴琴は医学の道を捨

＊1　北京市教育科学研究所『陳鶴琴教育文集(下巻)』北京出版社 1985 年、896〜897 頁。

255

て教育に携わることを心に決めていた。「医者は病気を治すが、私は人を治そうとしている。医者は患者と一緒になるが、私は子供が好きであり、子供たちも私を好いてくれる。私はやはり教育を学び、帰国したら彼らを教育する道を進もう」。それ以来、彼は子供たちと、そして教育と固い絆で結ばれることになる。そして未来の教育界の巨人二人も、深い友情の絆で結ばれることになる。

アメリカ留学中、陳鶴琴は、キルパトリック、モンロー、ソーンダイク、デューイなど著名な教育家に学んだが、特にデューイからは反伝統的教育精神の薫陶を強く受けた。そして帰国後は、中国幼児教育の改革に尽力し、知能テストや学力テストの紹介と作成、幼児教育の実験的研究を実施するなど、先駆的な仕事を数多く行った。

1927 年は「活教育」思想の誕生において、重要な 1 年となった。この年、陳鶴琴は、実験的試みとして設立した鼓楼幼稚園での結果をまとめ、雑誌『幼稚教育』に「私たちの主張」という長編論文を発表し、中国の内情や児童の特殊性を考慮に入れた幼稚園を創設することについて、15 の主張を行った。彼は、幼児教育には中国独自の方法が必要であり、「中国で教育事業が始まった頃のように、今日は日本の真似をし、明日はアメリカの真似をするなど真似ばかりすれば、優れた教育は創造できない」[*2]と述べた。また、幼稚園と家庭の連携、幼稚園のカリキュラム、設備、教員と教育方法などの問題について、自らの考えを展開したが、そこにはすでに「活教育」思想の萌芽が見られる。例えば、「幼稚園のカリキュラムは、自然や社会を基礎として作る」[*3]というカリキュラム論は、「大いなる自然と大きな社会を教材の核とし、教科書は参考資料にする。それによって、直接的生きた知識が得られ、直接的体験となる」[*4]というその後の考えに非常に近いのである。

さらにこの年、彼は「幼児教育の新しい趨勢」という論文を発表し、世界の幼児教育の新しい趨勢、例えば、自由活動の重視、戸外活動の重視、カリキュラムの改良、学習基準の設定、幼稚園児心理の研究、幼稚園と小学 1 年との連携、蒙養園の運営などについて体系的に紹介した。陳鶴琴は、幼児教育も時

---

*2 　北京市教育科学研究所『陳鶴琴教育文集（下巻）』北京出版社 1985 年、8 頁。

*3 　北京市教育科学研究所『陳鶴琴教育文集（下巻）』北京出版社 1985 年、12 頁。

*4 　北京市教育科学研究所『陳鶴琴教育文集（下巻）』北京出版社 1985 年、20 頁。

代の変化とともに変わるべきだと指摘する。時代の趨勢が変わっても、教育が変わらなければ、その教育は「死んだ」も同然で価値がない[5]。新しい趨勢に応じて、そこにある教材を「生かし」てこそ、幼児教育を発展させることができると述べている。ここで初めて、「死」と「生」という彼の教育思想にとって重要な概念が述べられたのである。

また1927年には、陶行知が創設した南京暁庄師範学校を全力で支援するとともに、同校指導員および第二院（幼稚師範院）院長を兼任し、陶行知とともに桜花村幼稚園を作り、農村部における幼児教育の普及事業にも着手した。暁庄師範学校での仕事を通じ、彼は陶行知の生活教育理論と実践から大きな影響を受けた。彼は次のように追憶している。

> 私は、今も暁庄師範学校開校日の情景を覚えている。広々とした黄土の大地で、数百人もの学生と農民が集まる中、入学式が行われた。陶先生は、青い空を学校の天井に、黄金色の大地を学校の床に見立てながら、学生や一般庶民に、学校設立の経緯、学校の目標、教育の方法、将来の計画について話された。私は、聞くそばから感動のあまり涙が流れた。陶先生の不屈の精神、偉大な創造力、進歩的な思想は、これまでこの国に無かったものである[6]。

暁庄における実験的精神に励まされ、教育改革への自信を深めた陳鶴琴は、西洋の教育理論を参考にしながらも、中国の現実を考慮に入れ、科学的かつ現地の実態に合った教育理論を創造し、伝統的教育に対する変革を進めた。また、1937年抗日戦争勃発後、上海に難民教育協会が設立されると、70以上の難民収容所における難民教育を担当した。さらに趙朴初らとともに難民教育協会の主要な責任者にもなり、上海国際救済会教育股の主任も務めた。そして、国難極まるこの時期に、「緊急事態に対処できる特別な施設があればこそ、非常事態における児童教育の機能を発揮することができる」[7]とし、「教育、特に児童教育も、戦時下の活動に積極的に参加できないのであれば、その教育は役に立たず、中止し、解散すべきものである」と主張した。すなわち、特殊な状況下

＊5　北京市教育科学研究所『陳鶴琴全集(第五巻)』江蘇教育出版社 1991 年、32 頁。

＊6　北京市教育科学研究所『陳鶴琴教育文集(下巻)』北京出版社 1985 年、856 頁。

＊7　北京市教育科学研究所『陳鶴琴教育文集(下巻)』北京出版社 1985 年、303 頁。

では、旧来の方法に従うのではなく、臨機応変に対応し、抗戦下の実態に合う新しい教育改革を行わなければならないと考えたのである。陳鶴琴は、このような新しい教育を「活教育（生きた教育）」と名付け、「現在の中国は、自由と民主を勝ち取り、科学と未来を勝ち取るための重要な時代に置かれている。対外的には侵略に抵抗しつつ、国内的には新たな建設が求められるが、それは新しい教育を実施する新たな環境である。私はこの新しい教育を"活教育"と呼ぶことを提唱する。抗戦が始まって、改めてこの時代の重要性に思い至る。この重要な時代に、教育が背負う使命はどれほどに重いか！」[8]と述べている。

「活教育」が正式に登場したのは 1939 年である。陳鶴琴は、『小学校教師』という本に書いた巻頭語の中で、陶行知が伝統的教育を批判する際に発した「死んだ本を教え、死にそうになるほど本を教え、ついには本を教えたまま死ぬしかない。死んだ本を読み、死にそうになるほど本を読み、ついには本を読んだまま死ぬしかない」という名言に基づき、沈滞しきった伝統的教育を、進歩的で主導的、活発で活気的な教育に変えなければならないと述べた。そのためには、教師は「生きた本を教え、柔軟に本を教え、本を教えることを喜ぶ」、学生は「生きた本を読み、柔軟に本を読み、本を読むことを喜ぶ」ことがなければならないとした。彼はこの目標に沿って、「過去を反省し、将来を策励し、すべての教材を見直し、すべての教育法を検討し直す」ことで、教師が真に生きた本を教えることができ、子供たちは生きた本を読むことができる[9]とした。その後、彼は日本の占領当局とその傀儡政権からの妨害や迫害を受け、やむなく上海の地を離れた。

1940 年、陳鶴琴は、江西省政府主席の熊式輝らに招かれ、省内の教育に携わるようになり、自らの活教育の実験的取り組みを始めた。5 月 15 日、彼の努力により、南昌実小新池分校が泰和新池村に誕生すると、それを「生きた林間学校」と呼んだ。彼はその入学式で、暁庄師範学校の入学式で行った陶行知の講話に勝るとも劣らない次のような講話をした。「生徒諸君！今日君たちがここに来たのは、死んだ本を読むためではなく、新しい世界を創造するために

＊8　北京市教育科学研究所『陳鶴琴全集(第四巻)』江蘇教育出版社 1991 年、349 頁。

＊9　北京市教育科学研究所『陳鶴琴全集(第四巻)』江蘇教育出版社 1991 年、314、317、319 頁。

第 9 章　現代中国の「活教育」思想

来ています。この学校は普通の学校とは違って、壁に掛けられた数枚の写真以外は何もありません。しかし、壁に掛けられている鋤やスコップは、私たちの世界を創造するための良い道具でしょう」*10。そう言って彼は、ロビンソン・クルーソーが無人島を開発した物語を語り、学生とともに「茨の道を切り開く」ための最初の授業を行った。「"両手は万能" という言葉を今日現実のものとしました。生きた教育は今日始まったのです」*11 と彼は嬉しそうに語った。

　南京に鼓楼幼稚園を創設してすぐに、陳鶴琴は幼児教育師範学校を創設する必要性を感じていた。彼は次のように述べている。「私が南京鼓楼幼稚園を設立したのは、中国式の幼稚園を作ろうとの決意からである。その幼稚園は中国式の指導ができる教師を必要としたが、その必要性は 20 年も前から感じていたことである。しかしその時点では、教師は外国式の指導法を身につけた人たちであった。というのも、ほとんどの教師は教会が運営する幼児教育師範学校や幼児教育師範科から来ており、彼らが受けたのは外国式の指導法であったため、"教・学・做" という視点からの中国的な指導法にはなじみが薄く、強い指導力を持って中国に求められている教育に応えることができなかった。あの時、私は真の中国式の幼稚園を作るためには、中国式の幼児教育を行える教師の教育機関を作らなければならないと考えた。しかし二十数年間、この理想を実現に移すことができないでいた」*12。そして、彼はこの機会を利用し、幼児教育師範校を創設する宿願を実現しようと動き出す。江西省政府から提供された 25,000 元を手に、この限られた費用で最高の学校を作ろうと心に決め、自ら建材を仕入れ、自ら校舎を設計し、わずか 3 ヵ月で校舎の基礎を築いたのである。こうして 1940 年 10 月 1 日、江西省立実験幼児教育師範校が泰和県文江村大嶺山の松林の中に正式に誕生した。陳鶴琴は、自らの心血と汗を注ぎ込んだこの学校のために、次のような情熱あふれる校歌を書いている。

　　幼師！幼師！美しい幼師！松林から聞こえてくるのは樹々のさざめき、
　　谷間を流れるのは澄みきった湧き水。放鶴亭と鳴琴館は、我々の新しい仲
　　間。あの古塔斜陽と武山晩翠は、我々の精神を陶冶し、我々の情緒を育て

---

*10　北京市教育科学研究所『陳鶴琴全集(第四巻)』江蘇教育出版社 1991 年、317 頁。

*11　北京市教育科学研究所『陳鶴琴全集(第四巻)』、319 頁。

*12　北京市教育科学研究所『陳鶴琴全集(第五巻)』、51 頁。

る。幼師、幼師、美しい幼師！

　幼師！幼師！前進する幼師！実践の中で教え、実践の中で学び、実践の中で習得する。生きた教材、生きた学生、生きた先生。大いなる自然、大きな社会は、我々の作業場。手と脳をともに使い、文武両道。新しい国家を建設し、小さな天使たちを教え導く。幼師、幼師、前進する幼師！[*13]

　生きた教材、生きた学生、生きた先生により構成されたこの生きた教育の「楽園」は、陳鶴琴が活教育理論の体系化を実現するための「聖地」となった。この地で彼は、活教育の三つの目標を定め、実現を目指した。その1、人間になる、中国人になる、現代中国人になる。その2、大自然と大社会、すべてを生きた教材とする。その3、実践の中で学び、実践の中で教え、実践の中で進歩する。こうした取り組みの下、彼が編集する雑誌『活教育』が正式に刊行されることになり、そこで活教育の12ヵ条の教育原則（その後、17ヵ条となる）を打ち出した。また、活教育の「五指活動」、すなわち、児童の健康活動、児童の社会活動、児童の科学活動、児童の芸術活動、児童の文学活動を打ち出した。さらに、「活教育とは何か」、「生きた教育と死んだ教育」などの論文を発表したが、特に1941年1巻2期の『活教育』誌に発表した「生きた教育と死んだ教育」は、それぞれの根本的な違いを総合的に論述するとともに、カリキュラムや授業、教師、学生、行政、設備など各面における違いを詳細に解説している。

　その後、陳鶴琴は、『活教育―理論と実践』、『活教育の創造』、『活教育の原則』などの著作を出版し、活教育の理論をまとめるとともに、詳しい解説を行い、教育界に大きな影響を与えた。

2、「活教育」の理論体系と原則

　現代における活教育思想は、比較的に理論体系の整備が進んでおり、三つの綱領（目的論、課程論、方法論）、17ヵ条の教育原則、そして13ヵ条の指導原則から構成されている。

---

*13　北京市教育科学研究所『陳鶴琴全集(第五巻)』、4頁。

第9章　現代中国の「活教育」思想

1．活教育における三つの綱領
活教育の三つの綱領は、目的論、課程論、方法論からなる。

1）活教育の目的論
活教育の目的論は、活教育理論の基本的出発点である。陳鶴琴は、「活教育の目的は、人間になる、中国人になる、現代中国人になる」[14] ことであると明確な指摘をしている。

活教育の理論では、「人間になる」ことはすべての人が直面する問題であり、真の教育であれば第一に解決しなければならない問題だとした。「進学のために知識の獲得を目指す」伝統的教育とは違い、活教育は「児童を環境に適応し、環境を制御し、環境を利用できるように養成する。どのようにして正しい人間となり、どのようにして物事に対峙し、人と接するか」[15] を重視する。しかし、人は抽象的世界の住人ではなく、定められた特定の時間と空間の中に置かれており、特定の社会や歴史的環境の中に暮らす者であるため、教育は民族的側面を有しなければならず、人間になるだけでなく、中国人となるよう指導すべきである。陳鶴琴は、中国社会には発展段階の特質があり、中国人の生活内容や存在意義もこの特質の影響下にあるとした。そして、当時の歴史的背景下で、現代中国人になるためには、「対外的には帝国主義の干渉に反対し、民族の独立を勝ち取る。対内的には封建的残滓を一掃し、科学と民主の国を樹立する」[16] 必要があり、このような責務を果たすためには、以下の条件を備えなければならないとした。

①健全なる身体。活教育の理論では、身体の良し悪しが生活や仕事、そして大志に大きな影響を与えると考える。健康的な人ほど高い理想を持ち、楽観的かつ積極的で、根性があり、現代中国と世界が与えた責務を全うすることができるのである。

②創造する能力。活教育の理論では、児童は豊かな創造力を内に秘めており、適切な訓練を施せば、この創造力を伸ばすことは難しくないとした。そし

＊14　陳鶴琴「伝統的教育と活教育」『福利消息』1946年第5期。

＊15　北京市教育科学研究所『陳鶴琴全集（第四巻）』、349頁。

＊16　北京市教育科学研究所『陳鶴琴全集（第五巻）』、63頁。

て、創造力を養成する方法とは、科学の力で理論武装を図り、実践の中で学ば
せ、実践の中で創造させ、手と脳をともに使いながら労働と創造をさせること
だとした。

③奉仕の精神。活教育の理論では、我々が育成した人が「知識や技能ばかり
で奉仕の精神がなく、私利私欲に走れば、教育の目的が失われる」が、動物と
人間の違いもここにあるとした。そのため活教育は、児童の奉仕精神を養成し、
他人の役に立つことを通じ、大我の精神が理解できるよう指導する。

④協力的態度。活教育の理論では、教育を通じて、協力的精神が乏しい中国
社会と国民性を正し、「ばらばらの砂」のような現状を変えるとした。教育に
おいて、協力的精神の養成に重きを置き、学生に役割分担を与えて協力し合う
習慣、譲り合う習慣、相談する習慣などを身に付けさせる。

⑤世界的視点。活教育の理論では、中国人になるのみならず、世界人となり、
宇宙を学校としなければならないとした。「世界人」という概念の提出は、活
教育理論が民族という枠を飛び越え、さらに高い視点から教育のあるべき姿を
論述しようとする試みであり、世界的視点を持つことは、世界人になるため
の前提条件である。陳鶴琴は次のように指摘する。「世界的視点とは、世界に
対する見方であり、我々はその正しい見方を持たなければならない。大いなる
自然はどのように動き、大きな社会はどのように発展するのか、そうした世界
のことをよく知る必要がある。大自然と大社会は人生と密接な関係があり、そ
れを十分に認識し、理解する必要がある。世界がよく認識されるようになると、
視点も広がり、個人の利害損得にとらわれないようになる」[17]。そして、世界
人になるために、「国を愛する」、「人類を愛する」、「真理を愛する」という三
つの条件が掲げられた。

まず、「国を愛する」とは、国の歴史を愛し、国の将来を愛し、国の人民を
愛することであり、歴史の重責を担い、国を持続的に発展、繁栄させることを
いう。同時に、民族への抑圧に反対し、民族の独立を勝ち取り、他国からの侵
略に何らかの行動を起こすことをいう。

次に、「人類を愛する」とは、真理の側に立つ全世界の勤労大衆を愛し、「一
握りの人々の利益のために、大多数の人が奴隷のように扱われ、大多数の人に

＊17　北京市教育科学研究所『陳鶴琴全集（第五巻）』、66頁。

危害が加えられる」実態を憎むことをいう。陳鶴琴は次のように述べる。「全人類の幸福は、必然的にこの苦難を受け入れた大多数の勤労大衆によって作られ、人類の歴史は彼らによってその輝きを増すのである。私たちはこの大多数の人々を愛し、彼らを理解し、彼らに同情し、彼らを助け、彼らと団結し、共に世界の明るい未来のために尽力し、"世界大同"、"天下一家"という人類究極の理想を実現しなければならない」[18]。

最後に、「真理を愛する」とは、真実を求める姿勢を養成し、しっかりと足を地につけ、現実に合わせて正しく行動し、「真理を発見することができれば、たとえ命を投げ捨てても惜しくない」ことをいう。活教育の理論では、真理は消滅することがなく、それは私たちが人として、中国人として、世界人として、最高の規範とすべきものであるため、「真理を知り、真理を追求し、全身全霊でそれを愛さなければならない」[19] とした。

2) 活教育の課程論

活教育の課程論では、伝統的教育が学校と社会、教室と自然を分断し、学校を「知識の牢獄」に変えたと考える。このようなやり方は、「開いた教科書で子供たちの目を隠したので、その見える世界は、ただ縦6インチ、横8インチの本の世界である。子供たちをこんな小さな世界の中で知識を求めさせ、学問を求めさせ、正しい人間になるよう求めるのは、虚構の世界ではないか？」[20]。そのため、活教育の課程論は、「私たちは大自然、大社会を生きた教材として利用する」[21] と宣言したのである。

活教育の提唱者である陳鶴琴は、大いなる自然、大きな社会は生きた知識の宝庫であり、教育の主たる任務は、子供たちに知識の宝庫から栄養を吸収させることであり、直接的体験こそが「学習における唯一の入口である」[22] と指摘した。直接的体験を教育の中心にすることによって、本当の意味で「生きた本を読み」、「生きた本を教える」ことになる。書物からの知識や間接的体験は、

＊18　北京市教育科学研究所『陳鶴琴全集(第五巻)』、68〜69頁。
＊19　北京市教育科学研究所『陳鶴琴全集(第五巻)』、69頁。
＊20　北京市教育科学研究所『陳鶴琴全集(第五巻)』、80頁。
＊21　北京市教育科学研究所『陳鶴琴全集(第五巻)』、1頁。
＊22　北京市教育科学研究所『陳鶴琴全集(第五巻)』、79頁

学習の副読本あるいは参考資料程度に過ぎない。すなわち、「野外活動に重点を置き、生活体験に重点を置き、実物を研究対象とし、書籍を補助参考にする」[23]べきである。陳鶴琴は、マメとムギの見分けが付かず、善悪の区別ができない「本の虫」たちは、本を読んだから本の虫になったのではなく、「本を読むばかりで、真の本である大自然や大社会に触れようとしなかったため、本の虫になったのである」[24] とした。そのため、「本は万能」という誤った観念を捨て、生きた直接の「知識の宝庫」を研究してこそ、成果をあげることができるとした。

　直接的体験は、大いなる自然や大きな社会の中で、様々な活動を通じて得られるものなので、活教育の課程論は本質的には活動課程を論じるものである。陳鶴琴は、活教育の中身を五つの面、いわゆる「五指活動」としてまとめたが、その主な内容と目的は次のようになる。

　　健康活動。体育活動、個人の衛生活動、公衆衛生活動、心理衛生活動などを通じて、児童の心身を健全に育てる。

　　社会活動。公民、歴史、地理、時事などの学習活動を通じて、児童に個人と社会の関係を理解させ、社会活動への参加を通じて技能や興味を育てることで、郷・鎮・県・省と全国との関係、および中国と世界の相互関係を理解させ、国を愛し、集団と民族を愛する精神を高めさせる。さらに、時事の変化を捉え、今後の世界情勢の方向性を探る。

　　科学活動。生物、論理、工業および生産労働を学習対象とし、児童の科学的知識を増やし、実験への興味を育てるとともに、創造力を啓発する。

　　芸術活動。そこには、音楽、美術、工芸、演劇などの内容が含まれる。児童の感情を陶冶し、審美感を啓発し、鑑賞能力を発展させ、創造力を育てる。

　　文学活動。そこには、童話、詩歌、なぞなぞ、物語、脚本、演説、弁論、児童応用文や書道が含まれる。その目的は、児童の文学に対する鑑賞能力と発表能力、漢字に対する理解と使用、文法や修辞法に対する関心と研究、そして文学的創造力などを養成することである[25]。

＊23　北京市教育科学研究所『陳鶴琴全集（第四巻）』、365〜367頁。

＊24　北京市教育科学研究所『陳鶴琴全集（第四巻）』、365頁。

＊25　陳鶴琴『活教育（理論と実践）』上海華華書店 1950年、65〜78頁。

第9章　現代中国の「活教育」思想

「五指活動」が順調に進むよう、陳鶴琴は具体的な実施大綱も制定し、目標、性質、教師、組織、集会、教育、経費などの事項を詳しく規定した。「五指活動」における教材は、実践が中心となっており、敷居が高く細かく分割された伝統的教育の科目別教材よりはるかに優れている。彼は、伝統的課程設置と科目別細分化の最大の問題は、「教育原理に合わず、四分五裂しており、児童の生活に反し、児童の心理に反することにある」*26 と述べている。一方、「五指活動」はこの誤りの反省の下、すべてにおいて児童の生活から出発し、課程の整合性や一貫性、浸透性を大切にしており、これまでにない前進的な意義を持っていた。

3）活教育の方法論

活教育の方法論は、実践活動を中心とした課程論と同様、「為すこと」を基本に展開している。陳鶴琴は、1941 年に刊行された『活教育』誌の巻頭言において、活教育の方法論とは、「為すことによって教え、為すことによって学び、為すことによって進歩する」ことであると明確に述べている。

この方法論は、「為すことによって学ぶ」というデューイの主張を基にしているが、彼の主張の一歩先を行くものである。というのも、為すことによって学ぶだけでなく、為すことによって教え、さらには為すことによって絶えず進歩していくことを説いているからである*27。

活教育の理論では、「為すこと」は、児童が真の知識を得るための基本的な道であり、彼らが学習することの本当の意味であるとしている。陳鶴琴は、「児童の世界は、児童自らが研究し、発見するものである。自らが求めて得た知識こそが真の知識であり、自らが発見した世界こそが、彼らにとって本当の世界である」*28 と述べている。児童にできることをさせず、何も考えさせなければ、彼らの心身の発達は阻害され、彼らにとって最も重要な自発的探究心は制約される、と陳鶴琴は考えたのである。

活教育が主張する「為すこと」とは、単純なゲームや労働、学習ではなく、

---

*26　北京市教育科学研究所『陳鶴琴教育文集（下巻）』、106 頁。
*27　北京市教育科学研究所『陳鶴琴全集（第四巻）』、366 頁。
*28　北京市教育科学研究所『陳鶴琴全集（第五巻）』、81 頁。

失敗を経験させることでもない。それは、手と脳を同時に動かしての「為すこと」であり、思考を参加させた「為すこと」であった。陳鶴琴が述べたように、「すべての教育は、為すことを基本にするだけでなく、思考面も重視しなければならない」、「思考は行動の母であり、思考が鍛えられていなければ、その行動は盲目の動きに等しく、行き当たりばったりとなる」[29] のである。そのため、児童にとって「為すこと」とは、心身をともに発達させるための必要条件となる。

　さらに、活教育の理論では、「学生は為すことによって学び、教師も為すことによって教え、ただ一方的という単純な図式ではない」[30] とした。教師の「為すことによって教える」ことの意味するところは、学生に「為すことによって学ぶ」ことを教え、学生の「為すことによって学ぶ」ための環境と条件を用意するということである。すなわち、教師側も、学生とともに「為す」ことが重要なのである。陳鶴琴は、水練を例えに説明している。「子供に水泳を教えるときは、水の中に入って教え、子供にも実際に水の中に入らせなければならない。ただ自分の泳ぎを子供に見せるだけでは意味がないのである」[31]。「為すことによって教える」という過程の中では、教師は学生に知識と技能を正しく学ぶように指導し、彼らが科学的方法を用いて事を為し、科学的方法を用いて知識を探求するように導くのである。陳鶴琴は次のように指摘する。「教えもしないで、子供自らに試行錯誤させて学ばせるのは、あまり効率的ではない。我々人類が持つあらゆる経験を利用すべきである」[32]。しかし、このような指導は強制的に行うのではなく、学生の自発性と積極性が十分に発揮されるようになった段階で行うべきであり、これがいわゆる「為すことによって教える」ことである。

　そのため、活教育の理論では、教育過程を4段階に分け、段階ごとの指導方法を論じている。

　第1段階は、実験と観察である。実験と観察を通して、直接的体験を獲得させる。そして、観察の仕方を指導するときは、以下の点に注意させる。全体

＊29　北京市教育科学研究所『陳鶴琴全集(第五巻)』、77頁。

＊30　陳鶴琴「児童教育の新方向」『活教育』第6巻第1期。

＊31　北京市教育科学研究所『陳鶴琴全集(第五巻)』、79頁。

＊32　北京市教育科学研究所『陶行知教育文集(下巻)』、260〜261頁。

を観察し、全体を把握する。比較しながら観察し、緻密に分析する。体系的に観察し、明確な目標を設定する。五感を動員し、それぞれの感覚が互いに補完するようにする。これは学生の感性を磨くための教育で、自らで問題を発見し、問題を提起するよう導く。

　第2段階は、読書と文献調査である。活教育の理論では、すべての知識が実験や観察から得られるものではなく、経験だけに頼っても完全に理解できるものではないとした。そのため、「為すことによって学ぶ」過程の中で、問題を発見したら、できるだけ多くの本を読んで参考にし、疑問点を解消するようにする。こうして、学生は感性と経験の不足を補うことができるとともに、「偏った主観主義や経験主義に陥る」ことも防ぐことができる。

　第3段階は、成果の取りまとめと発表である。この段階では、学生に観察や文献調査によって得られたものを整理し、完全に理解することによって、自らの経験にし、自分の学習成果とするよう求める。学生はこの段階で自分の創造力を十分に発揮し、物語、報告、講演などの形式で成果を発表することができる。

　第4段階は、批評と検討である。この段階では、教師と学生はともに勉強の成果を精査し、互いに学び合い、互いに批評し、経験を総括し、教訓をくみ取る。総括して得られたものを生活の中で応用するだけでなく、それを次の新たな学習の出発点とすることもできる。

　以上の4段階は、活教育における指導方法の全容である。こうした過程を経るたびに、学生の知識と学習能力は向上し、教師の学識や指導能力も上達することができる。教え方の進歩は、学び方の進歩でもあり、これが「為すことによって進歩を図る」という意味である。

2. 活教育の教育原則[*33]

　陳鶴琴は、児童心理学の研究成果および自らの教育経験に基づき、活教育の教育原則について体系的な論述を行った。それらの原則は、当初月刊『活教育』誌の各巻に発表されていたが、1948年に1冊の本にまとめられ、華華書店によって出版された。活教育の教育原則の主な内容は、以下の通りである。

[*33]　北京市教育科学研究所『陳鶴琴全集(第五巻)』、72～131頁。

①子供が自分でできることは、自分でやらせる

　活教育の理論では、「為すこと」は教育の基本的原則であり、学習に関わるすべて、すなわち肉体的、感覚的、精神的なものを問わず、すべてにおいて「為すこと」によってうまくいくとしている。「為すこと」によってこそ、直接事物と接し、直接的経験を獲得し、事を為す難しさを知り、事物の本質を知ることができる。そして、すればするほど興味が湧き、能力を高めることができる。そのため、子供たちが自分でできることは、可能な限り自分でやらせることが重要である。

②子供が自分で考えられるものは、自分で考えさせる

　活教育の理論では、学校教育において「最も危険なことは、子供に考える機会を与えないことである」としている。教師は、学生が自分の頭で考えられるよう指導しなければならない。学生にすべての結果を説明する必要はなく、彼らが自分で実験を行い、よく考え、結果を自らで求めるよう導くことが重要である。教師の責任は、「どのように研究し、どのように考えるかを近くで指導し」、その実験結果について深く考えさせることで、問題解決の正しい方向が導かれるよう啓発することである。

③子供にどのようにしてほしいなら、どのように学ぶかを教える

　活教育の理論では、理論と実践が乖離した教育に反対するとともに、実際の生活の中で何事かを為し、実践の中から学ぶことの重要性を強調する。陳鶴琴は、水泳を例に、陸地で水泳を習ってもほとんど意味がなく、水の中に入れば相変らず溺れてしまうとした。また、料理を例に、授業でご飯の炊き方や野菜の炒め方、魚の焼き方や肉の煮込み方をいくら説明しても、実際に料理は作れないとした。そのため、学生たちには「適切な環境を用意して、効果的に学ばせる」ことが必要であると述べている。

④子供に自分の世界を発見するよう励ます

　活教育の理論では、子供の世界は非常に大きいと考えている。すなわち、偉大なる自然、例えば、四季折々の草花や樹木、奇怪な姿の魚虫禽獣、変化が予測できない風霜雨雪、深淵なる奥妙な日月星辰など、そして大きな社会、例えば、家庭の組織、郷鎮の管理、風俗習慣の形成、国家の富強、世界の発展などがそこには含まれている。これらはすべて子供の知識の宝庫であり、「生きた教材」である。教師は学生の知識欲を呼び起こし、彼らに自ら探究し、発見す

第9章　現代中国の「活教育」思想

るように仕向けなければならない。

⑤積極的な激励は消極的な懲罰に勝る

　活教育の理論では、消極的な懲罰はあまり教育的効果がなく、学生の反感を引き起こすだけで、積極的な行動を阻害させるとしている。そのため、よく褒めてあまり怒らず、「上手に激励することによって、子供の行動を良い方向へ仕向け、子供の学習を促す」ことが必要であるとしている。

⑥大いなる自然、大きな社会を生きた教材とする

　活教育の理論では、書物上の知識はすべて間接的知識であり、直接的知識を得るためには大自然や大社会の中で求めなければならないとしている。陳鶴琴は、当時行われていた地理や歴史の授業を例に、「私たちはなぜ生きた地理を地域ごとに細かく分け、型にはめて、子供に丸暗記させる必要があるのか？　私たちはなぜ中華民族の発展の歴史を王朝ごとに分断、つながりを無視し、型にはめて、子供に丸暗記させる必要があるのか？」と指摘した。例えば、抗戦を歴史と地理を研究する中心テーマおよび出発点とすれば、先生の教えは生き生きとして内容が深まり、学生も興味と関心を持つようになるだろう。

⑦比較対象を用いた教授法

　活教育の理論では、比較対象を用いた教授法は、学生に事物を識別させるための最も有効でかつ最も簡単な方法だとしている。この教授法によって、学生は学んだことを「正しく認識し、脳に深く刻み込み、永続的に記憶する」ことができる。

⑧試合形式によって学習効果を高める

　活教育の理論では、多くの子供たちは試合形式で互いに競い合うことを好むと考えている。教師は、こうした子供の心理をうまく利用して、彼らの興味を喚起させながら、学習効果を高めていく必要がある。例えば、学校で作文コンクール、スピーチコンテスト、読書コンクール、図画コンテスト、球技大会、科学コンクール、健康コンテストなどを開催し、これらの互いに競い合う機会を通じて、協調的精神、犠牲的精神、互助精神など、「人としての美徳」や、「勝っておごらず、負けてくじけず」の精神を養うことができる。

⑨積極的な暗示は消極的な命令に勝る

　活教育の理論では、子供は暗示を受けやすい傾向があり、言葉からの暗示でも、文字からの暗示でも、絵画からの暗示でも、動作による暗示でも、そのす

269

べてが消極的な命令よりも子供に受け入れられやすいとしている。そのため、教師は自ら手本を示しながら、学生に積極的な暗示を与えていく必要がある。

⑩代替的方法を用いた教授法

活教育の理論では、子供たちは強い好奇心と探求心を合わせ持っていると考えている。子供たちは活動的であるので、「これがしたいとかあれがしたいと言ったとき、子供たちに何も与えないと、彼らは破壊的行動を取ったり騒いだりする。そのため、子供に何かをさせ、何かを建設させ、何かを創造させる必要がある」。また、子供は集団で一緒に遊ぶのが好きなので、ちゃんとした組織の中で彼らの能力を発展させ、集団的行動を育成する必要がある。すなわち、各種の代替的方法を利用して、子供たちの欲求に応え、彼らの個性を発展させ、彼らの人格を養成することができる。

⑪環境を重視し、環境を利用する

活教育の理論では、大自然や大社会の中から、生きた教材や教具を見つけることができるとしている。優秀な教師になるためには、環境を重視し、環境を利用する方法に熟知しなければならない。陳鶴琴は、「環境の中にはたくさんのものがある。一目しただけでは、自分が教えていることと関係がないようなものでも、よく研究すると、優れた教材、優れた教具に変えることができる」と述べている。彼が発明した玩具や教具は、巷で用いられている賭け事や娯楽の道具を改造して作ったものであった。

⑫小グループを単位とした学習と共同研究

活教育の理論では、集団学習は教育の中心的な方法だとしている。これは、個人の思考には外的刺激が必要であり、刺激を受けることによって思考は活発化し、能力の進歩につながるからである。集団学習には、小グループ単位による議論や授業が含まれるが、小グループに分かれた研究と共同議論が中心的方法となる。

⑬教育の遊戯化

活教育の理論では、遊戯は人生において欠くべからざる活動であり、年齢、性別を問わず皆が好むものだと考えている。そのため、もし学習活動を遊戯化すれば、勉強を「より面白く、より楽しく、より進歩的」に変えることができるとした。教育を遊戯化する過程では、遊戯がただの遊びにならないように、教師は方法と目的の組み合わせに注意しなければならない。同時に、より多く

の子供たちに活動の機会を提供できるように気を配り、「一人一人の子供が全員参加することを基本とする」。

⑭教育の物語化

活教育の理論では、物語は子供の重要な精神的糧と考える。物語は、子供の感情と交信することができ、子供は自らの感情を物語の中に投影させる。物語の内容は、子供の好奇心を満たすとともに、子供の想像力を引き起こし、無限の問いかけを行う世界へと導く。また、物語の完璧な構成は、子供の学習意欲を高める心理に沿っている。そのため、授業においては、なるべく「教材の物語化」を図り、物語の体裁を用いて教材を編集し、利用することが重要である。「教材の物語化」を進め、物語を利用した授業を行うことによって学習意欲を高めることができる。

⑮教師同士で教え合う

活教育の理論では、教師がいかに自分を充実させ、いかに自分を高められるかは最も重視すべき問題だとする。教育実習を行ったり、巡回教育指導団を組織したりする方法によって、教師が教師を教えることは、授業レベルを高めるための有効な方法である。

⑯子供同士で教え合う

活教育の理論では、子供同士で教え合うことは、大人から教えを受けるより利点があると考える。子供同士が理解し合う程度は大人が理解するより深く、子供が子供を励ますときの効果は大人からより大きく、子供が子供を教えれば、教える方も学ぶ方も同時に向上することができる。陶行知の「小先生制」は、子供が子供を教えることを原則としたものである。

⑰緻密に観察する

活教育の理論では、観察は知識を得るための基本となるものであり、緻密な観察は真理の扉を開ける鍵だとする。この鍵を手に入れれば、科学の真理に一層近づくことができる。現場の観察を通じて教育を行い、実際の研究を通じて観察に基づく学習態度を子供に体得させるなどして、観察による教育手法を導入すれば、その効果をより高めることができる。

活教育の教育原則17ヵ条は、現代中国の教育思想史において体系的にも整っており、その後の児童教育理論に強い影響を及ぼした。この17ヵ条は、すべて「為すこと」の精神において一貫しており、理論と実践を結びつけよう

とする原則と整合性を持つ。

3. 活教育の訓育原則

　活教育の理論では、訓育は教育事業全体において最も大変で、最も重要な仕事の一つと考えている。訓育の基本原則を制定することは、「旅には案内人が必要、航海には磁石が必要なことと同じである。なぜなら、こうした導きの存在があって初めて、何から手をつけてよいのか、誰の言うことを聞いたらよいのかという迷いから解放されるのである」[34]。陳鶴琴は、活教育の訓育原則について、以下のような13ヵ条を制定した。

　①小さい頃から始める

　活教育の理論では、訓育は小さい頃から取り組まなければならないとした。例えば、「話し方、意見の仕方、人としての心構え、他人に対する接し方など、そのすべては小さい頃から養成する必要がある」。「最初の段階で慎重に取り組めば、その後の負担は小さい」ため、小さい頃から訓育を実施し、良い習慣が身に付くのであれば、半分の苦労で倍の効果が得られる。

　②人治から法治へ向かわせる

　活教育の理論においては、人治では環境によって結果が影響を受けるが、法治では定められた尺度の下でのみ結果が決まると考える。例えば、子供が先生に言われて手を洗うのは、人治による観念からの決定事項であるが、健康のために必ず手を洗うというのは、法治による観念からの決定事項である。

　③法治から心理へ向かわせる

　活教育の理論では、人治から法治へ向かうことは一種の飛躍であり、進歩であるが、「法律の原理原則に従うだけでは、訓育における様々な問題を完全に解決することができない」とした。学生を、服従から自発的へ、受動的態度から能動的態度へと変化させるためには、心理面での訓育が不可欠である。そのため陳鶴琴は、「教師は学生の心理を十分に理解するようにしなければならない。小学校の教師は児童心理を、中学校や大学の教師は青年心理と大衆心理を理解する必要がある。教える対象の心理を理解していない者が教育の仕事に就くと、必ず失敗に終わるだろう」と述べている。

---

[34]　北京市教育科学研究所『陳鶴琴全集（第五巻）』、132頁。

④対立から一体化へ向かわせる

　活教育の理論では、教師と学生の間の壁を取り除き、双方が同じ戦線に立つ友人のような関係を作らなければならないとする。すなわち、共に学問に励み、人としての道理を学ぶのである。「教師は学生を自分の子弟のように思い、学生は教師を自分の父兄のように慕う。学校の中で共に生活し、共に研究し、共に人としての生き方を学ぶ」のである。

⑤無自覚から自覚へ向かわせる

　活教育の理論では、人は誰しも心の中に1頭の獅子という巨大な潜在力を有していると考える。しかし、大多数の人の心の中で、この獅子は眠ったままなので、その巨大な潜在力を発揮できないのである。訓育の任務は、この無自覚なままの獅子の存在を自覚させ、学生の心の中の潜在力を目覚めさせることにある。

⑥受動から能動へ向かわせる

　活教育の理論では、学生は訓育の過程で三つの段階を経験するとした。すなわち、完全に教師に管理される段階、集団から管理される段階、自分自身が管理する段階である。第1段階と第2段階は受動的で、第3段階は能動的態度である。受動的態度から能動的態度に移行させるということは、自己管理能力を習得させることであり、例えば、試験のときに監督者を置かず、学生自らが自覚と誇りをもって自己を監督させるといったことである。

⑦利己から利他へ向かわせる

　活教育の理論では、人間と動物の決定的な違いは、動物の利己性は自制できないが、人間の利己性は崇高な道徳観念によって自制できることにあると考える。「他者のために自らの利益を捨てる」ことは、人としての最高の理想である。訓育の過程の中で、学生を利己から利他へと、そして最高の理想へと徐々に向かわせるよう教育する。

⑧知ることだけから為すことへ向かわせる

　活教育の理論では、知っているだけで為すことがなければ、単なる理屈を知っただけであって、「実践」を伴わないため成果も得られないとする。「絶えず実践する習慣を身につけてこそ、取り組みが持続し、結果も現れてくる」。そのため、訓育の重要な使命は、学生に知ることだけでなく為すこともさせ、理論と実践が結びつくようにすることにある。

⑨形式から精神へ向かわせる

活教育の理論では、表面的ばかりで精神面を伴わない訓育は失敗であり、その実施に当たっては形式ばかりにとらわれてはならないとした。「例えば、一部の教師は、お辞儀や挨拶などで自分に敬意を表すよう、学生に要求する。学生は喜んでしているのか、お辞儀をしながら心の中では反感を持っていないかなど、全くお構いなしである。このように形式ばかりで精神面に思いを寄せない教育にいったい何の利益があるというのか？」。訓育の到達点は、学生の「言行と考えが一致し」、形式から精神へと高められることである。

⑩分離から統一へ向かわせる

活教育の理論では、訓育と教育（徳育と知育）は本来一体化されるべきものとし、この二つが分離されることによって、双方ともに不利益を被っていると考える。そのため、学校で訓育を担当する者が訓育の実施計画や指導方法を制定しても良いが、実際の現場で学生を教え導くのはすべての教職員であり、分離された訓と教を再び一つに統合しなければならない。

⑪分断から連携へ向かわせる

活教育の理論では、学校と家庭との距離が大きすぎると、有効な共同措置がとれず、それにより訓育の効果が弱まると考える。そのため、訓育を担当する教師は、家庭訪問をよく行ったり、保護者を学校の様々な活動に参加させたりして、学校と家庭の連携を密にする必要がある。

⑫消極的な対応から積極的な対応へ向かわせる

活教育の理論では、学生が過ちを犯したり不正行為をしたりした場合、その動機を積極的に取り除く必要があり、ただ消極的な防止策や制裁を実施するだけに終わってはならないとした。陳鶴琴は、子供のケンカを例に次のように述べている。「子供たちがなぜよくケンカするかを十分に調べる必要がある。子供たちは血気盛んなため、体力や気力を発散する場所が必要である。そのため、学校は運動器具や娯楽設備を多く用意し、子供たちの合理的な要求を満たし、彼らの心身の健康を高めなければならない」。こうした理由から、訓育では、できるだけ積極的な激励を取り入れ、消極的な制裁を避けるべきなのである。

⑬「口先だけの説教」をやめ、「自らが手本を示す」

活教育の理論では、訓育の鍵は、学生に教師を信頼させることにあるとした。

第9章　現代中国の「活教育」思想

こうした信頼は、教師の道徳心や学識に対する尊敬から生まれるもので、決してごまかしや権威によって作られるものではない。もし教師の道徳や品行に問題があれば、「たとえ毎日うるさく人間としての道理を語っても、子供の心には届かないのである」。そのため、訓育を担当する者は、高尚な道徳心を保持し、あらゆる所で自らが手本を示すことができる者でなければならない。

3、「活教育」思想の現代教育思想史における貢献とその限界

1940年2月、江西省主席熊式輝に要請され、陳鶴琴は同省で教育事業を推し進めることになった。その際、熊式輝は「中国の教育界には4名の聖人がいるが、陶行知先生は郷村教育の聖人、晏陽初先生は平民教育の聖人、黄炎培先生は職業教育の聖人、そして陳先生は児童教育の聖人の名に恥じない方です」[35]と言って、陳鶴琴を称賛した。熊式輝の評価が、現代中国教育史を正確に総括したものとは言えないが、陳鶴琴の現代教育に対する貢献についての評価は正しく、的を射たものである。陳鶴琴が打ち出した活教育の思想は、以下に示す四つの特徴を有しながら、現代教育思想史の発展に貢献した。

①活教育の思想は、五四運動以降に登場した中国ならではの教育改革理論である。その貢献は、中国に求められる教育理論を独自に探究し、科学に根ざした教育を構築するために貴重な試みを行ったことにある。活教育思想の誕生以前には、中国でも設計教育やドルトン・プラン、ウィネトカ・プランといった教育指導法がもてはやされた時期があったが、いずれも外国の教育理論や主張をそのまま真似したものであり、中国教育界の土壌に根を下ろすことができず、「結局、中国社会の中で淘汰され消え去った」のである。一方、活教育思想は「中国社会ならではの産物」で、中国社会をその発展基礎とし、中国社会の実情を反映させ、中国の人民の要請に応えて発展していったため、「中国の地で強い影響を及ぼすことができた」[36]。

言うまでもなく、活教育の思想も陶行知の生活教育同様、多くの面でデューイのプラグマティズムの影響を受けている。初期の頃は、「例えば、歩いた道

＊35　北京市教育科学研究所『陳鶴琴全集（第五巻）』、52頁。
＊36　北京市教育科学研究所『陳鶴琴全集（第五巻）』、143頁。

275

筋や用いる方法には共通部分があった」[*37] が、プラグマティズムの影響を一方的に受けることなく、活教育は当初から積極的な創造性を表していた。陳鶴琴は、「我々が提唱している活教育は、世界の新しい教育思想の潮流から影響を受けつつ、デューイと同様に新たな理論を構築し、方法もまた新たに創造している」と宣言している。そして、彼が陶行知の生活教育理論を評価した際の言葉、すなわち、「陶行知の主張とデューイの主張は、言葉を前後入れ換えただけのようにしか見えないが、実際のところは、陶行知の主張したことは現代で最も進んだ生活教育理論である」[*38] というのはそっくり活教育の思想にも当てはまる。

　活教育思想が、陶行知の生活教育自体から受けた影響も無視できないものがある。陳鶴琴は、「これまで私が提唱してきた"活教育"と、陶先生の"生活教育"とには類似点がある」[*39] と述べている。活教育における「為すことによって学び、為すことによって教え、為すことによって進歩する」は、陶行知の「手と脳をともに用いる」と「教・学・做合一」という思想の影響下で打ち出された方法論である。また、「子供同士で教え合う」という教育原則も、陶行知の「小先生制」から啓示を受けている。

　活教育の思想は、古今東西の教育思想のエッセンスを吸収した上で、中国独自の教育理論を構築した。それは、中国の実情に適合しているだけでなく、世界の教育思想にも影響を及ぼし得る理論を構築しようとした陳鶴琴の理想と志をも表している[*40]。

　②活教育の思想は、伝統的教育思想への総攻撃を行い、それを打ち破る過程の中で形成・発展していった教育理論である。教育の目的においては、知識の詰め込みを重視する伝統的教育の弊害に反対し、人としての生き方を教えることに重点を置いた。「今後の教育においては、無知な人に知識を与えるだけにとどまらず、人間らしく生きることを教えることの重要性が増している」[*41] とし、健康な心身を有し、世界的視点を持つ人材を育成することを、活教育の規

＊37　北京市教育科学研究所『陳鶴琴全集(第四巻)』、352頁。

＊38　北京市教育科学研究所『陳鶴琴教育文集(下巻)』、856頁。

＊39　楊寅初「活教育試行記」『活教育』第1巻(第9、10期)」1941年。

＊40　北京市教育科学研究所『陳鶴琴全集(第五巻)』、43頁。

＊41　北京市教育科学研究所『陳鶴琴教育文集(下巻)』、649頁。

範とした。教育の内容においては、子供の思考を書物の中に閉じ込め、子供の活動を教室内に制限する伝統的教育のやり方に反対し、大いなる自然や大きな社会を生きた教材、教具、先生とすることを主張しつつ、開放型教育システムを創り上げた。先生と学生の関係については、先生を活動の中心とした伝統的教育に反対し、「すべての施設、すべての活動は、子供を中心とすべき」ことを強調した。学校での活動は、子供自らが行い、自らで学ぶことを中心に置く必要があるとし、これは子供の学習に対する自覚性を引き出し、学習の興味を引き起こすことに積極的意義があると主張した。教育の方法においては、伝統的教育における注入式や詰め込み式の教授法、丸暗記の勉強法、消極的な制裁による管理法に反対し、誘導式や啓発式の教育方法と積極的に激励する管理方法を提唱するとともに、子供の自主的な研究と創造を行う能力を養成すべきことを主張した。陳鶴琴は、故郷でよく歌われていた数え歌を使って、伝統的教育の弊害を次のように訴えている。「一容貌は堂々、両目は無光、三本の線香、四肢は無力、五臓は皆無、六神は無主、七竅は不通、八方からの参拝者。結局どうなるか？実に役立たずである！」[42]。透徹した視線から問題の急所をついたと言える。

③活教育の思想は、一連の研究と実験を根拠とし、科学的精神に根差した理論展開を行っている。陳鶴琴は、アメリカから帰国して2年目には、長男の陳一鳴を研究対象とし、詳細な観察と研究を行うとともに、文字と写真によって結果を詳細に記録したが、その日数は実に808日に達した。この観察研究は、児童の身体、動作、言葉、心理などの関係性について深く分析したが、後に教育原則を制定する際に基礎的データとなった。彼はまた、3年の年月を費やし、約90万字の白話文資料の統計分析を行い、常用漢字として4,719字を選定し、中国初の漢字辞典を編集するとともに、漢字の使用頻度に関する科学的研究方法の道を切り開いた。著書『児童心理の研究』や『家庭教育』から『語体文応用字彙』まで、そのすべてが実験に基づいた研究成果である。それ以外にも、鼓楼幼稚園を拠点に、張宗麟らの協力の下、数十年にわたる実験と研究を行った。陶行知は、1924年に書いた中国教育を概観する文章の中で、「国立東南大学の陳鶴琴教授の指導の下、実施されている幼児教育実験も、その学問的意義

＊42　北京市教育科学研究所『陳鶴琴全集（第五巻）』、283頁。

は大きく、その道の研究者たちを鼓舞するものである」と記している。鼓楼幼稚園では、幼稚園のカリキュラム、物語、識字、設備、園生に求められる習慣や技能などについて、総合的実験を行っている。これは中国初の幼稚教育実験センターであり、中国独自の幼稚教育理論の構築に大きな貢献をしただけでなく、活教育思想の形成においても重要な役割を果たした。

　実験による科学的実証精神の重視は、活教育思想における一貫した主張であった。1927年、『幼稚教育』誌の巻頭言で、陳鶴琴は、中国の教育研究は「その多くが理論偏重で、実験結果に基づく展開に乏しいので、机上の空論あるいは実態にそぐわないものになる」と批判し、教育実験を大いに推進するよう呼びかけるとともに、「実験には多くの時間と労力が必要であるが、得るものが大きく、益も多いのである」[*43] と述べた。活教育の思想の体系が徐々に明確になってくると、陳鶴琴が真っ先に考えたのは、「活教育の理論を実験に移す」ことであった。そこで、江西省国立幼稚師範学校を設立し、「国立中正大学附属小学校や省立南昌実験小学校などと連携し、活教育の実験と研究を共同で行った」[*44]。実験を重視したことにより、活教育思想は発展の原動力を得て、持続的に発展するとともに、中国の現代教育思想史における主要な学派と教育思潮を形成したのである。

　④活教育の思想は心理学を重視したが、その理論体系は児童の心身発達の法則に従って構築され、児童心理学の基本理論に合致するものであった。陳鶴琴は、「児童は"小人"ではなく、児童の心理は大人の心理と同じものではない。児童期は、大人になるための準備期間としてだけでなく、それ自体の価値を持つ。我々は児童の人格を尊重し、彼らの天真爛漫さを大切にしなければならない」[*45] と指摘している。そのため活教育は、児童を成人と同じように扱う児童教育の潮流に反対し、児童の生理的・心理的特徴に基づいて、児童中心の教育を行うことを主張した。陳鶴琴は、幼稚園のカリキュラム編成を例に、「児童の心理発達と能力に配慮する必要がある。大人の経験に基づき、硬く単調で高度な教材を作って、児童に愚かで乱雑な知識をわけもわからずに学ばせてはな

＊43　北京市教育科学研究所『陳鶴琴教育文集(下巻)』、7頁。
＊44　北京市教育科学研究所『陳鶴琴全集(第五巻)』、58頁。
＊45　北京市教育科学研究所『陳鶴琴教育文集(上巻)』北京出版社 1983 年、8 頁。

らない」*46 と述べている。

　活教育の思想体系における教育原則や訓育原則から見ると、その多くは心理学に依拠があることがわかる。例えば、「積極的な激励」を提唱し「消極的な制裁」に反対したこと、「積極的な暗示」を提唱し「消極的な命令」に反対したことなどは、児童の学習の自発性や積極性を引き出し、生き生きと学ぶよう導くことにおいて、積極的意義を持つ。

　活教育が、「教育の遊戯化」、「教育の物語化」、「試合形式による学習効果の向上」などを打ち出したことも、学生が勉強に興味を持ち、活性化された教育を通じて知識を獲得し、情操を陶冶するのに役立つ。また、児童教育の科学化を図るために、陳鶴琴はアメリカの心理学者フリードマンの名著『小学校各科の心理学』を翻訳した。彼は序文において、心理学の成果が教育へ与える影響の大きさを改めて強調している。「近代教育は児童の心理に依拠している。そして学科心理とは、児童心理を学科に応用したものである。しかし、教師として児童心理のみ理解し、学科心理を知らなければ不十分で、よい教育はできないのである。我々は、一方では児童がどのように学ぶかを研究し、他方ではどのような教材が児童の心理に適し、児童の能力に適するかを研究しなければならない」*47。現代中国教育思想史において、活教育の思想は、心理学を基礎とする理論構築を最も重視し、児童の心理研究に対して最も力を入れた教育学派であったと言っても言い過ぎではないだろう。

　以上、活教育の教育思想史における貢献を見てきたが、活教育思想にも克服できない欠陥がある。その限界は、主に次の2点でまとめられる。

　一つは、主に児童に適用すべき原則や方法を一般教育理論として普遍化し、あらゆる年齢の学生に当てはめようとした点である。活教育が対象としたのは、主に幼稚園から小学校6学年までの児童、および幼児師範学校の学生であり、主に幼児教育と初等教育の段階に適する。しかし陳鶴琴は、それが各科の教育、各種の学年、各場面の教育モデルに応用できると考えていた。例えば、「遊戯化はあらゆる人や児童に適し、あらゆる仕事や教育に適する」*48 として

＊46　北京市教育科学研究所『陳鶴琴全集(第二巻)』江蘇教育出版社 1989 年、611 頁。

＊47　北京市教育科学研究所『陳鶴琴全集(第四巻)』、510 頁。

＊48　北京市教育科学研究所『陳鶴琴全集(第五巻)』、117 頁。

いる。このように活教育思想を絶対化、普遍化するやり方は偏っており、自ら窮地に陥る可能性がある。

もう一つは、活教育思想は、伝統的教育を清算する過程で、行き過ぎた取り組みをしたことである。例えば、学生の主体的地位を強調するあまり、教師の主導的役割を無視し、「為す」ことを強調するあまり、系統的知識の教授を無視した。これでは、無意識のうちに伝統的教育の反面を走り、極端に陥ってしまう。特に、書物による知識の学習を無視し、間接的体験の役割を否定したことは、知らず知らずのうちに、直接的体験のとらわれ人になってしまう。毛沢東は、次のように述べたことがある。「感じたことを、我々はすぐには理解することはできないが、理解したことであれば、より深くそれを感じることができる。感覚は現象問題のみを解決するだけで、理解こそが問題の本質を解決することができる。これらの問題の解決は、少しも実践を離れることはできない」[49]。この言葉は、活教育思想の欠陥を示すためには、的を射たものと言えるだろう。

＊49 『毛沢東選集(第一巻)』人民出版社 1991 年、286 頁。

第10章
根拠地と解放区における教育思想

　1927年4月12日、上海において蒋介石が反革命クーデターを起こしたため、中国革命は頓挫することになる。血で血を洗う戦いの中で、「中国共産党と人民は屈服されることなく、戦死した仲間の遺体を埋葬し、再び戦い続けた」[*1]。8月1日、南昌蜂起の火蓋が切られると、中国革命において初の労農紅軍が誕生し、10月7日、毛沢東率いる労農革命軍は井崗山北麓の寧崗県茅坪に到着すると、そこに革命根拠地を作るための闘争を始めた。その後、土地革命戦争、抗日戦争、人民解放戦争の時期にわたって、共産党は、井崗山、湘鄂贛、鄂豫皖、閩浙贛、陝甘寧、晋察冀、晋冀魯豫、東北、華北などの革命根拠地と解放区を設けた。そこでは、政治、経済の革命と建設のほか、文化教育面でも新しい取り組みが進められ、毛沢東、徐特立、呉玉章らを代表とする革命教育思想が形成された。

1、根拠地と解放区の教育方針

　中国共産党は、その成立直後から、労農運動を指導すると同時に、教育問題も重視した。1922年7月、党の第2回代表大会の「宣言」では、「教育制度を改善し、教育普及を実現する」、および「女性は政治、経済、社会、教育において一律平等の権利を有する」ことを、中国共産党の任務および今後の闘争における重要な目標に定めた。また、労働者教育と農民教育運動を積極的に指導するとともに、湖南自修大学、上海大学、湘江学校、農民運動講習所を設立した。これらの教育活動は、中国共産党内に教育事業推進に関する経験蓄積を行わせただけでなく、教育によって人々の知恵や能力が生まれることを実感さ

---
*1　『毛沢東選集(第三巻)』人民出版社1991年、1036頁。

281

せた。

1931 年 11 月、中国共産党指導の下で、300 県あまりの管轄区域、3,000 万あまりの人口を有する中華ソビエト共和国が瑞金で樹立された。全国代表大会で採択された「中華ソビエト共和国憲法大綱」では、根拠地の教育趣旨について初めて述べられることになった。「中華ソビエト政権は、労働者・農民・勤労大衆の教育を受ける権利を保障することを目的とする。国内の革命戦争継続に支障が出ない範囲内で、教育を完全無料としてその普及を図る。まず青年労働大衆において、彼らのすべての権利を施行・保障し、積極的に彼らを導いて政治と文化の革命生活に参加させることで、新しい社会勢力の育成を加速させる」。これは根拠地教育の趣旨と教育政策に関する最初の記述である。

1934 年 1 月、第 2 回ソビエト代表大会において、毛沢東は根拠地の文化教育建設の経験と教訓を総括したうえ、ソビエト文化教育建設の全体方針を正式に打ち出した。すなわち、革命戦争勝利のために、ソビエト政権の強化と発展のために、大衆を偉大なる闘争に動員するために、革命の新時代を創るために、「ソビエトは文化教育の改革を行い、反動的な支配階級が労農大衆の精神に加えた束縛を解除し、新しいソビエト文化を創らなければならない」[2] と指摘した。それでは、どうすれば文化教育の改革を行うとともに、新しいソビエト文化を創ることができるのだろうか？ 毛沢東は、その基本となるのは次のことだとした。

共産主義の精神で大勢の勤労大衆を教育すること、文化教育を革命闘争と階級闘争のために行うこと、教育と労働を結びつけること、中国民衆全体に文明と幸福を享受させることにある[3]

以上の評論は、中国の現代教育史において非常に重要である。なぜなら、それは土地革命戦争期における中国共産党の教育方針であるだけでなく、その後半世紀にわたる中国教育の基本的方向を決定づけたものだからである。新中国における「教育はプロレタリア政治のために奉仕するとともに、必ず生産労働と結びつかなければならない」という基本的教育方針の原形は、先の毛沢東に

---

[2]　毛沢東「1934 年第 2 回全国工農兵代表大会における報告」中国現代史資料編集委員会『ソビエト中国、中国現代史資料編集委員会複製本』1957 年、282〜285 頁。

[3]　毛沢東「1934 年第 2 回全国工農兵代表大会における報告」中国現代史資料編集委員会『ソビエト中国、中国現代史資料編集委員会複製本』1957 年、282〜285 頁。

よる言葉が元となっている。

毛沢東が根拠地の教育のために制定した全体方針には、主に以下の三つの内容が含まれる。すなわち、①教育は革命戦争と階級闘争のために奉仕しなければならない、②教育は労農のために奉仕し、広範な中国民衆に文明を享受させなければならない、③教育は生産労働と結びつかなければならない。以上3点は、その後の抗日戦争と人民解放戦争期に異なる意味合いと表現がなされたが、基本的な内容は同じものであった。例えば、抗日戦争期に毛沢東は、教育の基本方針を「抗日戦争のための教育政策を実行し、教育を長期戦の継続のために奉仕させる」と決めた。抗日戦争期の教育政策の主な内容とは、以下の通りである。

第1、学制を改訂する。急を要しない、または不必要な授業を廃止し、管理制度を変え、戦争に必要な授業を教えることおよび学生の学習に対する積極性が発揮されるようにすることを原則とする。

第2、各種の幹部学校を設立・拡大し、より多くの抗日前線幹部を養成する。

第3、教育を民衆にまで広く普及・発展させる。各種補習学校、識字運動、演劇運動、詠歌運動、体育運動を組織するとともに、前線と後方で一般向けの新聞を発行し、人民に対し民族文化と民族意識の高揚を図る。

第4、義務教育として小学校を設置し、民族精神を以て新しい世代を教育する[4]。

毛沢東はこれらの政策のポイントは、抗戦教育運動を抗戦と結び付けること、そして全体の教育制度を抗戦からの要請に応えられるようにすることだとした。これらの政策の本質は、教育を革命戦争のために奉仕させ、人民大衆のために奉仕させようとしていたことは一目瞭然である。さらに1945年4月に発表された「連合政府論」では、新民主主義時代の教育方針について、「中国の国民文化と国民教育の趣旨は、新民主主義である。すなわち、中国は自らの民族的、科学的、大衆的な新文化と新教育を構築しなければならない」[5]、とそれまで以上に明確に述べつつ、教育における民族性、科学性と大衆性を強調した。

----

[4]　毛沢東「新段階を論ずる」李桂林『中国現代教育史教育参考資料』　人民教育出版社
　　　1987年、69頁を引用。

[5]　『毛沢東選集(第三巻)』、1083頁。

人民解放戦争期の 1946 年に、東北行政委員会は「学校教育の改造および冬期学校運動の展開に関する指示」を発布し、新たな歴史的時期に向けた教育方針を打ち出した。そこには、「日本の占領当局と傀儡政権による奴隷化教育、および蒋介石による封建的ファシスト教育が残した害悪と悪影響を完全に払拭し、民族的・民主的・科学的・新民主主義的教育を構築し、新民主主義のための政治闘争や東北人民による平和民主的社会の建設事業のために教育を奉仕させる」[6]と記されていた。この方針からは、教育を革命戦争と人民大衆に奉仕させるための具体的な展開が見て取れる。

戦いの日々の中で、毛沢東を代表とするプロレタリア革命教育思想家たちは、自らの理論体系を構築するだけの時間と精力を十分に割くことはできなかったが、理論構築に向けた考察を止めることはなく、教育理論と中国革命の現場、ならびに根拠地の教育実践とを結びつけることに注力した。こうした努力の下、彼らの革命教育思想は洗練されたものとなり、根拠地の教育実践に対する指導的役割を果たすようになった。

教育はなぜ「革命戦争や階級闘争のために奉仕する必要があるのか？」。これは根拠地が直面する情勢や任務によって必然的に突き付けられた問いであり、根拠地の存続と発展に関わる重要な問いでもあった。例えば、土地革命戦争期に、中華ソビエト政府が直面した直接的な任務は、労農民主による政権基盤を強固なものに発展させること、土地革命を徹底させること、反帝国主義・反封建主義の革命闘争を行うこと、特に国民党による包囲網に反撃を加えることであった。その際、「教育事業の中断」や「教育の政治闘争からの離脱」といった動きは、根拠地の強化と発展にとって不利に作用する。徐特立が言うように、「ソビエト区の文化教育は、平和建設のための事業ではなく、戦争動員に不可欠な力となるべき」ということである。1933 年 8 月、徐特立は教育人民委員部の代表として、青年団中央局と共同でまとめた連合会議の決議において、「この教育事業方針は、戦争の要請に応え、戦争への動員に役立ち、マルクス共産主義の教育を広く普及するものである」[7]と指摘した。

こうして決定された方針に従い、根拠地の各学校や教育機関は、意識的に革

---

[6]　王鴻賓他『東北教育通史』遼寧教育出版社 1992 年、686〜687 頁。
[7]　江西省教育学会『ソビエト区教育資料選編』江西人民出版社 1981 年、14 頁。

命戦争と階級闘争のために奉仕し、闘争を通じて根拠地の文化教育事業を発展させるとともに、教師と学生に対する政治思想教育を行った。例えば、解放区の学校や文化教育機関は、土地測量調査事業を積極的に行い、食糧を収集し、紅軍を拡大し、耕作生産を行い、赤衛隊や少年先鋒隊を整理拡大するなど、政治活動を中心的任務として従事した。これらの活動は、敵の包囲網突破や革命根拠地の拡大において、重要な役割を果たした。毛沢東は、「中央教育人民委員部第1号訓令による教育任務が発令されてから、以前の戦争時における教育軽視の流れや、青年や成年に対する教育（社会人教育）をなおざりにする傾向は是正された」[*8] と評価した。また、中央人民委員会第17号訓令でも、「文化教育は、ソビエト運動全体の中で重要な位置を占めており、敵による5回"囲剿"を粉砕する戦争動員において欠かせない力となった。教育事業を強化し、大衆の政治・文化レベルを高め、大衆の階級闘争の覚悟を啓発し、次世代の革命家を育成することは、我々にとって現在最も重要な戦闘任務の一つとするべきである」[*9] と強調した。教育を革命戦争と階級闘争のために奉仕させるという方針は、根拠地における教育の特徴と客観的法則をほぼ正しく反映したものと言える。

　教育はなぜ労農のために奉仕し、中国民衆にまで広く文明の恩恵を享受させる必要があるのか？この問いには、根拠地における教育の基本的性格や目的から答えが示される。毛沢東は、第2回ソビエト全国代表大会の報告において、「ここのすべての文化教育機関は、労農勤労大衆により管理されているがゆえに、労農層とその子供たちには教育を享受する優先権がある」と述べている。その後、「大衆性」と「科学性」、そして「民族性」が民主主義教育の基本的性質であるとも述べている。このことは、根拠地と解放区教育の人民大衆的性格が、人民大衆のために教育が奉仕しなければならないということを規定しており、その目的は人民大衆に文明と幸福を享受させることにある、ということを意味している。1940年、かつて陝甘寧辺区の文化教育委員会主任および新文字協会会長の任にあった呉玉章は、人民大衆の教育と文明や幸福との内在的関係について詳しく述べている。

---

*8　毛沢東「文盲一掃運動」贛南師院、江西教科所『江西蘇区教育資料選編』(第五冊)、72頁。
*9　毛沢東「文盲一掃運動」贛南師院、江西教科所『江西蘇区教育資料選編』(第五冊)、72頁。

大衆は社会を構成する基本単位である。大衆が進歩するか否かは、生まれつき聡明か暗愚かにあるのではなく、教育の善し悪しにある。教育が行き届いた国は、誰もが力があり国にも力がある。教育の後れた国は、誰もが能力がないか能力が劣っているため、国も強大になれない[10]。

呉玉章は、中国の教育は長い間大衆生活とかけ離れた存在であり、大衆は教育を受ける機会と権利がなかったため、「中国も力がない国となり、世界の強国により半植民地の状態となった」[11]と考えていた。こうしたことも解放区における深刻な現実問題であった。解放区建設以前の農村は、国民党と封建地主からの支配の下、文化的教育が立ち後れ、労働者と農民のほとんどが文盲であり、女性に至っては教育を受ける権利もなかった。さらに、地主とブルジョア階級は、封建的な迷信を利用して労働人民を欺き、彼らを長きにわたって暗愚な状態に置かせた。毛沢東は、「湖南農民運動調査報告書」の中で、こうした実態を詳細に書き記している。「中国では、これまでずっと地主だけが教養があり、農民には教養がなかった。しかし、地主の教養は農民によって作り上げられたものである。なぜなら、地主に教養をもたらしたものはほかでもない、農民から搾取した血と汗だからである。中国人口の90％が文化的教育を受けられずにいるが、その中で多数を占めるのは農民である」[12]。そのため、中国共産党が解放区を建設した後、そこに真の「文明的かつ幸福な社会」を打ち立て、解放区内の人民に文明と幸福を享受させたいなら、地主の教養を農民の教養に移し変え、教育を人民大衆のために奉仕させる必要があった。

実際、農民は根っこから教育を受けることを拒否しているのではなく、一度教育の重要性を認識すれば、教育を受けることに熱意を持つようになる。1927年時点で毛沢東はこの点を十分に理解していた。湖南農民運動が悪徳地主たちを打倒すると、農民たちは「夜間学校を熱心に設立して、その名称を農民学校とした。すでに開校した学校もあれば、これから設立の準備を進める学校もあり、平均的に一つの郷に一つの学校が建設されるように計画されてい

---

*10　呉玉章「大衆教育底一個目前緊急任務」中共四川省委党史工作委員会『呉玉章教育文集』四川教育出版社 1989 年、59 頁。

*11　呉玉章「大衆教育底一個目前緊急任務」中共四川省委党史工作委員会『呉玉章教育文集』四川教育出版社 1989 年、60 頁。

*12　『毛沢東選集(第一巻)』39 頁。

第 10 章　根拠地と解放区における教育思想

た。農民たちはこうした学校の設立に非常に熱心で、学校こそが自分たちのものだと考えていた」[13] と毛沢東は述べている。1933 年 12 月、毛沢東は「長崗郷調査」においても、解放区人民の教育に対する態度を記載している。「夜間学校は全郷に 9 ヵ所あり、各学校には学生が平均で 32 人、9 校合わせて約 300 人になる。その内訳は、男性約 30％、女性約 70％である。全郷に 16 歳から 45 歳までの人口は 412 人いるが、そのほとんどが夜間学校に通っており、54 歳以上でも学びにくる者がいる。人民大衆はこのような学校を歓迎し、"夜間学校は最高" と言っている」。だからこそ、根拠地では、人民大衆の文化教育事業の発展のために、夜間学校や半日学校、補習学校、識字班など、多種多様の広範な大衆組織を運営し、クラブやポスター、演劇、新聞、雑誌などの大衆的文化活動を展開した。1934 年の第 2 回ソビエト代表大会時においては、江西、福建、広東 3 省の統計によると、夜間補習学校が 6,462 所、学生数は 94,517 人であり、識字組が 32,388 個、組員は 155,371 人であった。その中でも江西省興国県が最も多く、全県の夜間学校の学生数は 15,740 人、うち男性が 4,988 人で 31％、女性が 10,752 人で 69％を占めており、識字組は 3,387 個、組員は 22,529 人であった[14]。抗日戦争期に、解放区では冬期学校や民間学校の建設も重視し、青年や壮年の農民を組織化し学ばせたが、例えば、陝甘寧辺区では 1940 年に冬期学校が 965 ヵ所、学生数は 21,689 人に達した。解放区における学校の多種多様な運営形態は、大衆の知恵と積極的活動の実態を表しており、多くの象牙の塔の教育研究者ではとても為し得ない成果であった。

　教育はなぜ生産労働と結びつかなければならないのか？これは、マルクス主義の理論と中国革命の実態が結びついた産物であり、解放区における教育の特殊な性格が答を出してくれる。マルクスは『政治経済学批判』において、「我々がロバート・オーウェンから詳しく学んだように、工場法の制定によって未来の教育が芽生え、その未来の教育は一定の年齢に達したすべての児童にとって、生産労働が知育や体育と結びついたものである。それは社会の生産性を高める一つの方法であるだけでなく、全面的に発展した人々を育成するための唯一の

＊13　『毛沢東選集(第一巻)』40 頁。
＊14　陳元輝『老解放区教育略史』教育科学出版社　1982 年、31〜32 頁。

方法である」*15 と指摘した。また、レーニンも「若い世代の教育と生産労働の結合がなければ、未来社会の理想は想像することもできない」*16 と述べている。マルクス主義における教育と生産労働の結合とは、当時は主に資本主義制度下の工業生産について述べられた言葉であり、マルクスとレーニンは未来の社会主義制度においてこれらの結合は歴史的必然であることは予測していたが、その具体的な内容と方法については多くを語っていない。解放区の革命教育思想は、これまで述べてきたマルクス主義の原理を中国の現状に応用する過程で偉大な創造性を発揮したのである。

解放区における教育と生産労働の結合は、二つ特別な意義を持っている。それについては、「中華ソビエト共和国小学校制度暫定条例大綱」に次のような規定がある。「生産労働から離れた寄生階級への教育を廃止すると同時に、教育を用いて生産労働に関する知識と技術を高め、教育と労働を統一する」。つまり、一つ目の意義は、教育と生産労働の結合は、まず「生産労働力を高める」機能を有し、解放区の存続と強化のために物質的基盤を成立させたということである。解放区設立当初は、知識の普及が遅れ、経済レベルも低いため、生産機能が不十分であり、敵からの経済的封鎖と軍事的包囲網を打破するためには、生産力を大いに発展させなければならない。そのためには、大量の労働力を投入する必要性から、農民だけでなく、幹部も学生も生産活動に参加させなければならない。また他方では、生産知識や技術を大量に投入する必要があるが、そのためには農家に教育を受けさせ、生産労働に関する知識を身につけさせる必要がある。すなわち、こうした経緯によって、教育の生産性が解放区で発揮されたのである。さらにもう一つの意義は、教育の政治性が発揮されたことである。つまり、知識人と労働者との結合の道を歩むことによって、解放区の文化人と幹部が労働を愛し、労働に参加する品格と習慣が育成され、学問と生産を分離させてきた寄生虫のための教育制度は一掃されることになった、ということである。

以上、解放区の教育と生産労働を結合させるという方針は二重の意義を持つ

---

*15　上海師範大学教育系『マルクス・エンゲルスの教育論』人民教育出版社 1979 年、159頁。

*16　『レーニン全集(第二巻)』人民出版社 1984 年、461 頁。

ことから、教育現場においても豊かな内容を持っていた。劉愷風は、1946年の雑誌『教育陣地』第6巻第3期において、解放区における国民教育と生産を結合させた経験を紹介している。その内容は、①教育の組織と時間を生産労働に適合したものとした。例えば、民間学校の教師は、農民の集会時間や休憩時間を利用し、新聞を読み聞かせたり、時事や生産の現状について教えたり、識字教育を行ったりして、教育を大衆の集団労働の場に持っていった。また、受講対象や季節によって授業時間を変更するとともに、その土地に応じ、人に応じ、時に応じ、教育を柔軟に行った。②教育内容と生産とを結合した。例えば、教育の中に生産に関する基礎知識を増やし、実際に役立つようにした。③児童を生産労働に参加できるように指導した。例えば、児童を組織して変工（労働互助の形式）を行い、家庭の生産労働を助けさせた。また、児童を組織化して学校の生産活動に参加し、害虫や害鳥や鼠といった三害を取り除き、自分たちの力で困難を排除させた[17]。

さらに教育と生産労働に関しては、当時発行されていた雑誌『婦女生活』に、延安女子大学の学生たちの活動が紹介されている。

> 彼女たちは勉強だけでなく、生産労働にも従事している。……収穫の季節、彼女たちは朝靄の立ちこめる山に登り、皆たくましい腕をまくり上げ、慣れた手つきで鎌を振う。きらきら光る刃先は滑るように豊かに実る稲穂へと分け入って刈り進んでいく。夕方になり、裸足で川を渡ってきた人の群れは、一人一人が女性労働の英雄たちで、彼女たちは顔に喜びをたたえ、黄金色の稲穂を背負っている。それは勝利の微笑であり、一粒の米は一滴の汗である。労働で鍛えられたたくましい身体、高らかで澄んだ歌声、夕日の中で彼女たちは学校に戻る。今年は大豊作で、彼女たちは収穫祭を開いた[18]。

毛沢東は、中国人民抗日軍政大学政治部が出版した『生産戦線における抗日軍政大学』のために書いた題辞の中で、解放区の教育と生産労働との結合における実践を高く評価し、「現在は勉強しながら生産を行い、将来は戦いながら生産を行う。これこそ、抗日軍政大学の作風であり、いかなる敵をも打ち負か

---

[17] 教育科学研究所籌備処『老解放区教育資料選編』人民教育出版社 1959年、224～231頁。
[18] 教育科学研究所籌備処『老解放区教育資料選編』人民教育出版社 1959年、209～210頁。

すことができる！」とその活動を肯定した。

2、根拠地と解放区の教育思想

根拠地の建設以前、中国共産党は様々な労農教育や幹部教育を行い、根拠地における教育のために経験を積み重ねてきた。そして土地革命期から、毛沢東が根拠地のために策定した教育の全体方針に従い、これまでにない教育上の探索を行うとともに、豊かな特徴を持つ根拠地ならではの教育思想を形成したのである。

1. 大衆に依拠する教育思想

毛沢東は、陝甘寧辺区の文化・教育従事者会議で行った講演で、大衆に依拠して学校を運営するという教育思想を述べている。「我々の文化は人民の文化であり、文化に携わる者は人民に奉仕するという強い情熱を持ち、大衆とつながり、大衆から離れることがあってはならない。大衆とつながるには、大衆の要求と自由意志に従う必要があり、大衆のために行う一切の仕事は、大衆の要求から出発しなければならない。"大衆に参加を願う一切の作業は、大衆の積極性と自発性がなければ、形だけで失敗に終わるだろう"[19]。こうして毛沢東が提唱する、大衆の要求と自発的意志から出発した教育は、解放区教育における基本原則となった。

大衆に依拠した教育原則の指導の下で、解放区は「民弁公助（大衆が建設し政府が援助する）」を基本とする教育と学校運営のためのモデルを打ち出した。これは、大衆が自らの必要性に応じて自分たちで学校を運営することで、教育を生産活動同様、自分たちに利益をもたらすことができるものと考え、政府機関がそれを補助するというものである。このような民営学校には、教育に熱意を持った者が始めたものがあれば、労働現場の英雄、さらには変工隊や合作社などの組織が設立したものや、識字組が改組されたものまであった。民営学校の運営費は、寄付、節約、学校経営による農田の開墾、文教合作社による利益、変工隊による薪の販売などから捻出された[20]。

---

[19] 『毛沢東選集（第三巻）』、1012頁。

[20] 周而復「人民文化の新時代」教育科学研究所籌備処『老解放区教育資料選編』、264〜265頁。

第 10 章　根拠地と解放区における教育思想

　こうした民営学校は、解放区の革命教育思想家たちに認められることになった。例えば、徐特立は、米脂県で紡績業を営む趙某が設立した米脂東関民営小学校に対し、これまで義務として考えられてきた教育を権利としての教育に変えたと称賛した。以前であれば処罰をしても学校に来なかったが、今日の人民は自発的に民営学校を設立しており、これは毛沢東思想における大衆の立場に立つという原則が勝利した結果であるとした。1944 年 4 月 19 日、陝甘寧辺区政府は小学校における「民弁公助」の提唱に関する指示を出し、大衆による学校運営の方法を肯定するとともに、いくつか指導的な意見を出した。

　①民営小学校の形式と本方針の進行においては、一般的には各地の具体的状況によって決定し、一律に定めない。現在、各地の人民から小学校建設を求める声が大きいが、これまでの状況をみると、新たに設立された学校には完全な民営学校があれば、政府と民間とが協同して設立した学校もある。小学校については、一般的に人民が民営とするよう求める場合、そして大衆にその運営を引き継ぐ能力が十分にあるときは、直ちに民営に移行させ、中央小学校以下の小学校はすべて民営とするよう段階的に実施していくこととする。

　②民営小学校の修業年限や教育内容などは、大衆の意見を尊重し、大衆自らの必要性に応じて決定し、修業年限の長さや授業時間を一律に定めない。授業科目は大衆の求めに応じて決定し、その時代に必要ないと判断された科目は廃止する。例えば、識字や習字、珠算だけを教えてもよい。教材については、大衆から既存の教科書ではなく、「雑字」や「百家姓」などの本を教えてほしいという要請があれば検討し、彼らに代わって従前の形式を保ちながらも新しい内容のものを作ることもできる。そして大衆は、教師の選定、学生の定員、学校の設立場所、運営費、教員待遇などについても決めることができる。

　③「民弁」は「公助」から切り離して、すべてを自由にさせることはできない。逆に、指導を強化していく必要がある。常に監督、検査、援助し、必要に応じて大衆の抱える問題を解決し、あってはならない偏りを修正しなければならない[21]。

　教育家たちと政府の提唱の下で、大衆の手による解放区の学校運営は、教

────────────

＊21　「陝甘寧辺区政府による小学校の民営公的補助の提唱に関する指示」『解放日報』1944
　　　年 4 月 23 日。

育の発展に新しい道を開いた。1944年末の統計によると、陝甘寧辺境地区の民営学校だけで730ヵ所に達し、それは全区1,181ヵ所ある公立学校全体の61%に相当した。

2. 新たな道を切り開く教育思想

　中国共産党が指導する中国革命は、世界共産主義運動の歴史において、新たな道を切り開き、成功した事例である。それは、まず農村で革命根拠地（解放区）を作ったあと、農村から都市を包囲し、最後に全政権を奪取するものであった。こうしたことから、解放区で実施される教育に、もし都市部の教育システムを機械的に当てはめようとすれば、それはまったく通用しなかったはずである。毛沢東は、中国革命戦争の特徴について述べるとき、マルクス主義における最も本質的なもの、マルクス主義の生ける魂、すなわち、具体的な状況を具体的に分析することを強調した。また、「中国における革命戦争の特徴を理解しなければ、革命戦争を指導することも、革命戦争を勝利へと導くこともできない」[22] とも述べた。こうした思想の指導の下で、解放区の革命教育思想家たちは、現状に基づいて正しく行動する方法および新しい道を切り開くための創造性を重視するようになった。例えば、呉玉章は、延安大学の入学式において、「中国の学術と教育は空虚で実際的ではない。これは大きな欠点である」[23] と指摘したことがある。これは、教育は必ず実際と結合することと、「仕事をする能力があり、中国の国情を理解する青年を育成する」ことを強調するものであった。彼が制定した延安大学教育方案は、教育方針や修業年限、教育課程、授業内容などの各方面において、新しい道を切り開いたことで独創的であった。

　徐特立も、解放区の教育実践を指導する過程で、解放区の現状から出発すること、ならびに創造的教育を実施することを重視した。彼は、「ソ連の経験も都市部の教育方法も、そのまま解放区に持って来ることはできない。我々は中国に、解放区に、戦時中に、農村部にいるため、もし他国を模倣したり、都市部の教育方法をそっくり真似たりすれば、活路を見出すことはできない。"我々

---

　*22　『毛沢東選集（第一巻）』、187頁。
　*23　中共四川省委員会党史工作委員会『呉玉章教育文集』、71頁。

第 10 章　根拠地と解放区における教育思想

の教育は、創造性と革命性を強調するものであり、物質的な困難や大衆の無教養に屈服したりしない"」*24 と述べている。徐特立が設立したレーニン師範学校、魯迅師範学校、延安自然科学院などは、修業年限、学生の募集、教育課程、授業内容などについて、伝統的な教育モデルを徹底的に打ち砕くものであった。例えば、1932 年に設立したレーニン師範学校は、学生は各級ソビエト政府から推薦された貧しい農民の子弟であり、就学期間は 3〜6 ヵ月であった。また、陝甘寧解放区設置当初に設立された魯迅師範学校が募集した学生は、文盲や半文盲で、彼らは新文字を学び、短期間の学習期間で卒業し、その後小学校や識字班の教師として着任した。解放区経済の建設に向け設立された延安自然科学院は、共産党が抗日戦争期に設立した初の理工科高等学校であり、一般教育とは異なり、大学部、高等部、中等部、そして青年技術学校が設置され、教師や職員の平均年齢は 30 歳に満たず、学生は最年少で 12、3 歳であった。こうした師範学校や学院は、現在のシステムから見れば極めて異例であるが、当時の歴史的条件下においては根拠地と解放区における革命の進行、ならびにその建設の要請に応えるべく初めての試みであった*25。

　根拠地と解放区の小中学校は、公営であれ民営であれ、それぞれにいくつかの創造性とともに新しい方法を有していた。例えば、修業年限は定めず、書くことや計算ができるようになれば卒業できた。授業時間も機械的そして主観的には決めず、具体的な状況に応じて、朝、昼、晩のクラスに分けられた。休暇については、都市部の学校のように、夏休み、春休み、冬休みのような決まりを厳守せず、農繁期休暇を採用した。授業内容については、実務文書、手紙、通行証明書、記帳、生産知識などを教えた。

3. 多様な形態による教育思想

　多様な形態によって教育を実施することは、根拠地と解放区における教育の注目すべき特徴である。毛沢東は、「興国調査」、「長崗郷調査」、「才溪郷調査」の中で、解放区のレーニン小学校、夜間学校、平民夜間学校、識字班、倶楽部、識字板、新聞輪読団などに触れ、高く評価しつつ、このような大衆自ら運営経

---

*24　『新観察』第 8 期、1953 年 4 月。
*25　孟湘砥、曹国智『徐特立教育思想講座』湖南教育出版社 1983 年、62 頁。

費や教師、設備問題を解決する方法は広く普及させる意義があると述べた。呉玉章や徐特立といった教育思想家たちも、解放区は多様な形態によって教育を行う道を歩むべきだと度々主張した。

　根拠地と解放区の教育は多種多様であるが、大きく、紅軍教育または軍隊教育、幹部教育、労農教育、児童教育の4類型に分けることができる。この4類型の教育は異なる教育形態をとっている。ここでは解放区で作られた識字教育を例に、その形態の多様性を見ていくこととする。

　①識字班あるいは識字組

　決められた教室、人数、時間はなく、教え方も柔軟で、個別で教えることも、集団で教えることもできる。涼んでいるときやお茶の時間に教えることができるし、畑のそばや台所で教えることもできる。最初は大地を紙とし、組長や班長が生徒たちに教える。上達してきたら、各自ノートを1冊持参するようにさせ、字の練習をさせる。教える字は、生活必需品や道具の名前といった身近なものから教える。

　②識字板

　村周辺の交差点や通行証の検査口に識字板を置く。夜間学校の先生や識字組の組長は、識字組の進度に合わせ、毎日または1日おきに、識字板に新しい字を2、3文字書き、まずは検問の立番に教え、彼が通行人に読み方を尋ねる。知らない者にはその場で教えるか、あるいは紙に答えを書いて渡し、歩きながら憶えさせるようにする。

　③文化の歩哨

　これは識字板と似たところがある。つまり、村の出入り口に識字板と質問板を置き、毎日小学校の先生が書いて、当番の児童が通行人に質問する。正解の者は通らせるが、不正解の者に対しては、児童が憶えるまで教え、憶えた後に通らせるようにする。

　④物を見て憶える

　陝甘寧辺区と晋察冀辺区の多くの村では、農作物を植えたあと、畑のそばの石や木札に農作物の名前を書いたり、農具や壁、樹木、家具にも字を書いたりと、人々が「頭をあげると字が見える」ようにして、識字の環境を作った。中には竈の神様の名を記した神札の代わりに識字板を置く家庭もあった。

　⑤文章にして憶える

事あるごとに、それに関係する文字を学ぶ。例えば、河北省阜平県五区大台の青年は、教師に4両の灯油を買ってくるよう頼まれたことを機会に、「灯油売りが来た。いい灯油を4両買った」という文章が書けるようになった。

⑥小先生が字を教える

小学生が小先生になって、自分の家族や勉学の機会を失った児童を教え、字を憶えた児童は自分の家族に教える。小先生はまた新しい文字を各家庭や労働の現場に持っていく。

⑦生産隊を単位とした識字

生産隊を単位に識字を行う。例えば、靴組、紡織組、変工（労働互助の形式）組、運送隊などを基本単位として、生産と結合させて識字を行う。運送隊は、ロバの鞍にメモ用紙か札を貼って、出発前に先生が1文字を書いて教える。出発のたびに新しい文字に変える。

4. 刻苦奮闘の教育思想

解放区内では、物質の流通は十分ではなく、敵からの攻撃と経済的封鎖のため、必然的に教育条件も満足いくものにはなっていなかった。特に、根拠地と解放区が設置された当初は、基本的な紙や鉛筆でさえも揃えることができなかった。毛沢東は、刻苦奮闘の下で教育を行う思想を打ち出し、「指を筆とし、大地を紙とせよ」と呼びかけた。紅軍兵士は積極的にこれに応え、各種の困難を克服し、勉学に勤しみ、木の枝を削った筆で、畑や丘で字の練習をした。根拠地にあるレーニン小学校は、ほとんどが旧祠堂や廟宇や大きな屋敷を利用して建てられていることから、机や椅子はそこにある食卓テーブルや長い腰掛けを使用し、チョークは山から掘ってきた「石膏泥」で作り、赤インクは「朱色の土」を加工して作った。こうして、小学校は生き残り、しかも大きな発展を遂げることができた。

徐特立は、人力、物資、財力が非常に乏しい状況下で、レーニン師範学校、魯迅師範学校、延安自然科学院を設立した。彼は楽観的な態度で困難に立ち向かい、「大きな困難があっても、本当の意味での世界の改造は、進歩的な党と人民によって為し得るものである。深い憂いは最高の知恵を生み出し、国が多事多難であればあるほど人民は却って奮起して国の興隆をもたらす。これは我々が経験から得た真実である」と述べている。そして抗日戦争の砲火の中、

荒れ地に延安自然科学院を建てたのである。困難な状況が続く中、建物がなければ山崖に穴を掘って校舎を作り、教師がいなければ自ら授業を行うとともに、あらゆる方法を講じて知識人を招聘した。学生には、設備がなければレンガや木の切れ端を椅子にさせ、曲げた両膝の上を机とさせた。そして、紙も鉛筆もなければ、ニワトリの羽根や木の枝で地面に書かせた。さらに、充分な教室や講堂がなければ、外に出て大地の上で合同授業を行った。ここに当時の刻苦奮闘の教育状況を描写した詩がある。

> 我々の生活は苦しく厳しいが、
> 革命の情熱は日々高まる。
> 教室がないなんて誰が言うのか？
> 我々には世界で最も大きな教室がある。
> 青い空は我々の屋根、
> 高い山は我々の塀である。
> 教具がないなんて誰が言うのか？
> 我々が作った教具はずっと美しい。
> 田舎者には学校が作れないなんて誰が言うのか？
> 我々の信念は泰山より堅固であり、
> 我々の意志は鋼鉄よりも強い。
> 祖国の新しいあり様のために、人民の解放のために、
> いかなる困難も我々を押しとどめることはできない[26]。

　中国共産党の解放区における教育は、物質的条件が悪い中、刻苦奮闘と勤勉によって成功したものである。解放区の教育は、当時の郷村教育や平民教育の思潮と比べると、新しい道を歩んだのである。

3、根拠地と解放区の徳育思想

　政治思想教育と道徳品格教育は、解放区教育の核心的内容である。紅軍が創設された初期、毛沢東は、政治活動は紅軍活動の生命線であり、一切の活動の本源であると述べている。1929 年 12 月、「中国共産党紅軍第 4 軍第 9 回代表

＊26　湖南省長沙師範学校編『徐特立同志を偲ぶ』湖南人民出版社 1979 年、56～57 頁。

大会決議案」においては、党内教育を強化することで、単純な軍事的観点、極端な民主化、非組織的行動、絶対平等主義など、非プロレタリア階級における誤った思想を正し、崇高な理想と強固な世界観を持てるように助けていかなければならないと述べている。そして抗日戦争の勝利に向けては、「思想教育を徹底することは、全党が団結し偉大な政治闘争を進めるための最重要事項である。もしこの任務を全うできないとすれば、党のすべての政治的任務は完結できない」[*27]と指摘した。

　根拠地と解放区において、多様な形態による教育は、すべて徳育を重要な位置に置いていた。紅軍に対する教育には、主に革命任務の教育、例えば、政治情勢の分析、紅軍の任務と計画、革命の段階と前途、土地革命などが含まれていた。また、紅軍に対する教養科目には、例えば、紅軍と白軍の比較、ソビエトロシア赤軍、紅軍スローガンの解説などが含まれていた。軍事知識に関する教育には、武装組織化およびその戦術、ゲリラ地域の地理や政治経済の常識などが含まれており、軍民教育には、三大規律と八項注意（初期の頃は六項注意）、大衆工作の方法などが含まれていた。労農教育にも徳育が導入され、例えば、当時興国県ソビエト政府が編集した識字教科書には次のような記述があった。「涼しい風が衣服に当たり、花の香りが鼻をくすぐる。農民は苦労して田を耕し、土豪劣紳は小作料を引き上げる。老若男女7、8人、1年中あくせく働いて飯も衣服も満足に得られない。度重なる搾取は本当に耐え難く、革命でも起こさないことにはいつまでも奴隷のままである」。永定県で作った大衆向け教科書にも次のような内容が記されていた。「我々には目があるのだから、誰が友人で誰が敵かを見極めなければならない。我々には耳があるのだから、同胞の苦しむ叫び声と闘争の声をしっかり聞き届けなければならない。我々には舌があるのだから、抑圧されるすべての兄弟を呼び覚まさせなければならない。我々には手足があるのだから、抑圧されるすべての兄弟と手を携え進んでいかなければならない」。

1. 根拠地と解放区における徳育工作内容

　毛沢東を代表とする革命教育思想家たちは、主に以下の三つの点を重視し論

[*27] 『毛沢東選集（第三巻）』、1094頁。

述している。

　一つ目は、愛国主義と国際主義の教育である。毛沢東は抗日戦争期に、「中国共産党員は、愛国主義と国際主義の両方を堅持しなければならない。我々は国際主義者であり、愛国主義者でもある。我々のスローガンは、祖国防衛と反侵略のために戦う、である」[*28]と述べている。「新民主主義」という論考の中では、愛国主義と国際主義の精神をもって、歴史上の優れた文化遺産を批判的に受け継ぐよう求めた。「中国は外国の進歩的文化を大量に吸収し、自らの文化の糧とするべきであるが、この作業は十分にはなされてこなかった。現在の社会主義文化や新民主主義文化にとどまらず、外国の古代文化、例えば資本主義国の啓蒙時代の文化など、我々が今日必要とするものはすべて吸収すべきである」[*29]。すなわち、愛国主義の素質を備えてこそ祖国を愛し、国の主権のために戦うことができ、国際主義の心を備えてこそ視野が広く、人類の優れた文化を学ぶことができる、と彼は述べている。そのため、毛沢東はあらゆる機会を利用し、幹部や兵士たちに愛国主義と国際主義に関する教育を行った。例えば、「民族闘争下における中国共産党の地位」という論考の中では、次のような戒めを行っている。「我が民族には数千年の歴史があり、そこには中国ならではの特徴があり、貴重なものが数多くある。こうしたことについて、我々はまだ小学生程度の知識しかない。今日の中国は、歴史的発展の真っ只中にある。我々はマルクス的歴史主義者であり、その連続性を断ち切ってはならない。孔子から孫文までを総括し、この貴重な遺産を引き継がなければならない」[*30]。これは、祖国の歴史的文化遺産を愛するよう求め、人々の愛国主義的感情を呼び起こすべきことを意味している。1939年12月、毛沢東は「ベチューンを記念する」という文の中で、不幸にも殉職されたカナダ人医師ベチューンを高く評価しながら、次のように述べた。「外国人でありながら利己的動機は全くなく、中国人民の解放事業を自らの責務としたこの精神は何だろうか？これは国際主義の精神であり、これは共産主義の精神であり、一人一人の共産党員が学ぶべき精神である」[*31]。この文章は、人々にベチューンの国際主義と共産主

[*28] 『毛沢東選集(第二巻)』人民出版社 1991年、520頁。

[*29] 『毛沢東選集(第二巻)』人民出版社 1991年、706～707頁。

[*30] 『毛沢東選集(第二巻)』人民出版社 1991年、533～534頁。

[*31] 『毛沢東選集(第二巻)』人民出版社 1991年、659頁。

第 10 章　根拠地と解放区における教育思想

義精神を学ぶよう呼びかけている。以降、愛国主義と国際主義精神は、根拠地と解放区における徳育の重要な構成部分となった。特に、抗日戦争期においては、愛国主義教育の内容は様々な教育機関に浸透し、民衆を覚醒させ、外国からの侮蔑に対抗するにあたって、大きな役割を果たした。

　二つ目は、時事政治教育である。劉松涛は、「華北抗日根拠地の農民教育工作における諸経験」の中で、「戦争状態の中で、交通は不便で、敵の状況は絶えず変化し、さらに傀儡政権は頻繁に情報操作をするので、時事政治教育を行うことは非常に重要である。この仕事を順調に進めることができれば、人民の政治意識を高めるだけでなく、大衆の勝利への確信を揺るぎないものとし、抗日工作全体を前進させることができる」[32]と記している。これは、解放区という特殊な環境と戦争という特別な環境の下、時事政治教育を行うことは重要な意義を持っていたことを意味する。毛沢東も、時事政治教育を重視し、革命の転換点には自ら文章や演説によって党や軍、人民に戦局の分析を伝えることで、時事政治教育を行った。例えば、「星星之火、可以燎原」（1930 年）、「上海と太原陥落後の抗日戦争の情勢と任務」（1937 年）、「持久戦を論ずる」（1938 年）、「国際情勢の新秩序について新華日報記者との談話」（1939 年）、「抗日戦争勝利後の時局と我々の方針」（1945 年）、「現在の国際情勢に関する展望」（1946 年）、「現在の情勢と我々の任務」（1947 年）などは、有名な時事政治報告や論文であり、その多くは当時の時事政治の教材として用いられた。根拠地建設当初、一部の人々は悲観的な見解を有しており、革命の続行に疑問を呈していた。毛沢東は、「星星之火、可以燎原」の中で、「時局の見通しとそれに伴う行動について、党内の一部の同志は正しい認識に欠けている」と、歯に衣着せぬ指摘を行った。そして情熱を込めて、革命の高潮期の到来を次のように予言した。

　　それは海岸から帆柱の先端を現す船であり、それは高い山頂から見える東から昇る朝日であり、それは母親のお腹で慌ただしく動く出産まぎれの赤子である[33]。

毛沢東の提唱と実践の下で、根拠地の時事教育と政治教育は精力的に実施さ

────────────────

[32]　『人民教育』1952 年 7、8 月号。
[33]　『毛沢東選集（第一巻）』、106 頁。

299

れた。その主なやり方としては、新聞や通俗本の発行、および時と状況に応じ
た時事政治宣伝などであった。例えば、戦争中の解放区においては、それぞれ
の区や県で石版刷りや謄写版刷りのミニ新聞が数多く発行されたが、中でも
「中国人民」、「抗戦生活」、「日本軍と傀儡政権の動向」などの新聞は高い影響
力を持っていた。また、大衆には「新聞を読む組」を組織させるとともに、黒
板、ラジオ、武装宣伝隊を利用して時事政治宣伝を行ったが、それらは解放区
の人民が情勢を見極め、士気を高め、元気を取り戻すことに一定の貢献を果た
した。

　三つ目は、道徳素養教育である。解放区の革命教育思想家たちは、共産主義
の道徳教育を非常に重視し、教育を受ける者は良好な道徳素養を身につけるよ
う求めた。毛沢東は、「ベチューンを記念する」という文の中で、「我々は彼の
私利私欲のない精神を学ばなければならない。この点から出発すれば、人民に
利益をもたらす者となれる。人の能力には程度の差があるが、この精神だけあ
れば、高尚な人、純粋な人、道徳のある人、低俗な趣味から手を切った人、人
民に有益な人になれる」[34] と述べている。毛沢東は、共産党員に崇高な精神を
持つよう求めたのであった。すなわち、言った以上は必ず実行し、やる以上は
断固としてやり遂げ、おごり高ぶってはならない。そして、各級政府の中で、
清廉潔白で、自分の仕事のために他人を煩わせることなく、多くの仕事をし、
報酬を多く望まない模範的存在になるよう求めた。また、「共産党員はいつで
もどこでも個人の利益を優先せず、個人的利益を民族と人民大衆の利益に合わ
せるようすべきである。私利私欲、消極怠惰、汚職腐敗、売名主義などは卑し
い行いである。一方、公平無私、積極的努力、滅私奉公、一生懸命な精神こそ
尊敬に値する」[35] とも述べている。道徳教育の面で、毛沢東は、大衆に視点を
置いた教育、集団主義の教育などを幾度となく論じるともに、道徳教育と個人
心理教育、世界観養成教育を有機的に結びつけたのである。

2. 徳育の原則と方法
　解放区の徳育思想における主な原則と方法には、以下のようないくつかの特

---

*34 『毛沢東選集(第二巻)』、660 頁。

*35 『毛沢東選集(第二巻)』、522 頁。

徴が見て取れる。

1) 理論と実際の結合

毛沢東は、マルクス主義理論を死んだドグマとしてはならず、書物上の個別の帰結や個別の原理を暗記するばかりあってはならず、中国の現実問題から目を背けてはならない、と指摘した。「マルクス主義理論に精通する必要があるが、その目的は現実問題に応用するためである。もしマルクス・レーニン主義の観点を応用し、一つか二つ現実問題を説明することができれば、それは称賛に値するし、いくらかの成果をあげたことになる。そして、説明できた事象の多くが普遍性を持ち、深みがあるほど、その成果は大きなものと言えるのである」[*36]。こうした主張から、徳育とは、いくつかの原理や概念を表面的に理解することではなく、重要なのはこれらの原理や概念を以て実際の問題を解決に導くこと、特に中国革命や解放区における現実問題を解決することであって、これによって揺るぎない道徳的認識が得られるということが理解できる。

2) 模範教育の重視

模範とは、道徳の体現であり、教育において強い影響力を持つものである。革命教育家たちは模範教育を非常に重視したが、例えば、毛沢東によって作られた張思徳やベチューンなどの輝かしいイメージは、数多くの人々を感化し、人民のために奉仕する精神を醸成させた。また毛沢東は、「延安文芸座談会講話」で、解放区の文化芸術担当者らに対しては、魯迅を模範とすることを薦め、「すべての共産党員、すべての革命家、すべての革命的文芸担当者は、魯迅を手本として学び、プロレタリア階級と人民の"牛"になって、献身的に力を尽くし、死ぬまでやり抜かなければならない」[*37]と述べた。こうして解放区においては、模範教育が道徳教育の一般的な方法となった。例えば、ある村で作られた「村情三字経」では、英雄を模範とし、彼らの様々な事績を用いて村人を教育した。その一節には、「我々の住む地は、規律正しく模範的で、英雄が輩出されやすい村である。梁文耀はまだ青年であるが、現在村の指導員をしてい

---

*36 『毛沢東選集(第三巻)』、815 頁。
*37 『毛沢東選集(第三巻)』、877 頁。

301

る。彼の指導の下、学習組は一生懸命学習し、各組員もますます勉学に力を入れている。6、7人を1組にし、3ヵ月で300字を憶え、簡単な手紙なら誰でも書けるようになった」とある。また別の節には、「政治参加における模範的人物梁春蓮は、革命烈士を家族に持つ英雄であるが、優先的に支給されるはずの食糧を受け取らず、食糧の代わりに送られた耕作者も使おうとしない。英雄は次のように言う。自力更生し、力は弱くとも辛抱強く、夜明けから日暮れまで一緒に変工をし、その先頭を切る。労働配分の計算法を作ったが、その結果は非常に公平であり、女性は男性の半分の労働時間で計算されていた」[38]という内容もある。具体的にイメージ化された教材は、人々を一層感化し励ます力を模範教育に持たせた。

3) 教育と自己教育の結合

　教育と自己教育の結合は、徳育ないし教育事業全体にとって最も重要なテーマである。現代の国際教育言論界でも、未来の教育の展望について、「未来の学校では、自分自身を教育する主体に自らを変えていなければならない。教育を受けた者が自分自身を教育する者となり、他人を教えることも自分自身の教育にしていなければならない。このように個人とその人自身との関係の根本的な転換は、今後数十年間の科学と技術革命において、教育が直面する最も力を入れていかなければならない問題である」[39]と予測している。解放区の教育思想家たちが、教育と自己教育の結合に関する原則と方法を当時よく理解していたかどうかは定かではないが、毛沢東が提唱した批判と自己批判の結合、および「官が兵を教え、兵が官を教え、兵が兵を教える」という図式は、教育と自己教育の結合という考え方を含んでいる。解放区内の多くの学校も、教育と自己教育の結合を、徳育を推進するにあたっての基本原則とした。例えば、三辺公学の中学部における思想教育の経験には、次のように書かれている。「思想の誤りは、行動の誤りをもたらす。思想問題の解決なくしては、行動面の誤りをなくすことはできない。しかし、思想問題の解決は、単純に組織力によって達成できるものではなく、彼らが自分で認識し、自らの自覚を高めなければな

---

[38]　教育科学研究所籌備処『老解放区教育資料選編』、313頁。
[39]　ユネスコ国際教育開発委員会『学会の存続』上海訳文出版社 1979 年、218〜219頁。

らない。自覚を一歩前進させれば、認識も一歩高められ、認識が高まれば、自然と自己反省を行う。このとき、少しの助力と啓発を与えれば、さらに進歩することができる。自己認識と自己反省を通じてこそ、その進歩はより強固なものとなる。しかし、学生の進歩は決して直線的に行われるものではなく、困難に直面したり挫折したりしたとき、思想も揺れ動くため、教師は常に注意を払いながら、事細かに助けの手を差し伸べなければならない。思想教育を絶え間なく行ってこそ、正しい思想を養成することができる」[*40]。ここからも、解放区の徳育理論の発展は一定の水準にまで達し、教育と自己教育の相互関係を論述しただけでなく、徳育過程は長期的、反復的に実施しなければならないという特殊性から、教育と自己教育との結合の必要性が生じることを論述していることがわかる。

4、根拠地と解放区の教育理論

解放区における教育事業を高い効率と高い水準を持って進めるために、毛沢東を代表とする革命教育思想家たちは、教育問題について思索を行うとともに各自の教育実践の経験を結合して、特色ある解放区の教育理論を打ち出した。

1. 理論と実際を結びつけた教育原則

理論と実際を結びつけた教育の原則は、徳育だけでなく教授法にも適用される基本となる基準である。毛沢東は、理論と実際の結合を非常に重視し、「世界各国の万事万物から学ぶためには、世界を旅すればよい」と、学生時代からすでに文字がある本を読むだけでなく、文字がない本も読むことを主張した。五四運動期に、彼は康有為ら改良主義者の「人生や社会の実際を踏まえない話」や、「実際を基にした事実と真理の研究」[*41] をしないことについて批判した。1930 年、毛沢東は「書物偏重主義に反対する」という論考の中で、「マルクス主義に関する"書物"は学ぶべきであるが、必ずわが国の現状との結び

---

*40　盧勤良「三辺公学の思想教育方面における諸経験」教育科学研究所籌備処『老解放区教育資料選編』、148 頁。

*41　毛沢東「健学会の成立および進行」『湘江評論』1917 年増刊（1）。

303

つきを考えなければならない」*42 と指摘した。彼は、教育を実際と結びつけることの必要性を特に重視したが、もし哲学の教師が学生に中国革命の理論を研究するよう指導せず、経済学の教師が学生に中国経済の特徴を研究するよう指導せず、政治学の教師が学生に中国革命の政策的戦略を研究するよう指導せず、軍事学の教師が学生に中国軍事の特徴を研究するよう指導しなければ、理論と実際の遊離した指導によって、「誤りの種をばらまき、人を害する」だけに終わるとした。その結果、学生は学問への興味を失い、「多くの学生の心に異常心理が生まれる可能性がある」*43 とした。

2. 教育改革の思想

　1921 年、毛沢東は「湖南自修大学創立宣言」の中で、伝統的な教育方法は、「一律に実施される機械的な教授法と管理法によって人間性が損なわれる。人の素質はそれぞれ異なっており、優れた才能を持つ者もいれば、能力的に劣る者もいて、理解力も異なるが、学校側はこうしたことに一切配慮せず、同じやり方で教えている」と厳しく批判するとともに、このような注入式、詰め込み式の教育は、「学生に受け身の対応をさせ、個性をつぶし、精神を消耗させ、普通の学生は浮き足立ち、優等生は前に進めない」*44 状況を作り出すとした。これは、毛沢東が教育方法の改革思想について、初めて述べたものである。本拠地の設立後、毛沢東は「中国共産党紅軍第 4 軍第 9 回代表大会決議案」において、教育方法の改革構想を正式に打ち出したが、それが以下に示す有名な「十大教授法」である。

　　①啓発式（注入式の廃止）。②近いものから遠いものへ。③易しいものから難しいものへ。④話の大衆化（新出の名詞は簡単な解釈を付ける）。⑤話はわかりやすく。⑥話は面白く。⑦身振り手振りで話の内容を補う。⑧次回の授業で前回の復習をする。⑨要点を明確にする。⑩幹部クラスは討論方式を採用する。

　毛沢東が打ち出した「十大教授法」は、根拠地の教育改革に対し大きな影響

＊42　『毛沢東選集(第一巻)』、111〜112 頁。

＊43　『毛沢東選集(第三巻)』、798 頁。

＊44　『新時代』第 1 巻第 1 号。

を与えるとともに、解放区の教育理論と実践にとっての基礎を打ち立てた。例えば、根拠地で1934年に発布された「小学課程教学大綱」の「小学校における教授法の原則」は、毛沢東の教育方法改革の思想に沿って具体的に展開されたものである。その主な内容は以下の通りである[45]。

①教育において、児童の年齢と特性に応じて、社会活動と教育を進めなければならない。例えば、「児童の能力に見合った条件下で、大衆革命闘争に参加させ、課外の社会活動や学生会、児童団といった組織や活動に参加させる」、「様々な遊戯を利用し、児童の知力と体力の発達に合わせて新しい問題、新しい現象と運動を理解するよう指導する」。

②教材ならびに教授法は、理論と実際の結合を強化する方向に進めなければならない。例えば、「小学校の教員は教科書以外に、その土地の題材（郷土の地理やその地の革命の歴史）、およびその地の学生会や児童団の生活といった題材を教材にする」。

③教育は、直観的理解と啓発的指導を重視した方法を取らなければならない。例えば、「ソビエトの教育においては啓発式を取り入れ、児童の自発性と創造性を発揮させるようにしなければならない。実演したり、様々な機関や団体を見学したり、自然界の産物や現象を観察することで、児童自ら選択させ、問題解決の訓練をさせる。また、具体的な問題を用いて、教科内容への興味を引き起こし自発的に考えて答えを出すよう指導する」。

④教育は、具体的ものから抽象的ものへと進む原則を守らなければならない。例えば、「ソビエト小学校の教授法では、具体的ものから抽象的ものへと進めなければならない。科学的法則や、極端に抽象化した概念と用語を教えた後、型にはまった解説や証明を行ってはならない」と規定した。

⑤教育は、事物間の相互関係を明らかにしなければならない。例えば、「総合化と統合化の教授法を取り入れ、現実生活におけるすべての現象を対象に、その各方面との関係（例えば、足し算と掛け算の関係など）や、すべての現象は絶えず変化または突然変化する（例えば、吹雪や植物の生長、果実の落下など）」ということなどを教える。

---

[45] 王鉄『中国における教育方針の研究─新民主主義教育方針の理論と実践(上)』教育科学出版社 1982年、115〜116頁。

⑥教育において、既知のものから未知のものへと進めなければならない。例えば、「連想のルールを使って、まず児童が知っている既存の観念を把握し、次第に彼らがその上に新しい観念を形成していくよう導く」ことが重要である。

以上のことから、根拠地では、毛沢東による教育方法改革思想の指導の下、実践経験に基づく取り組みを総括したうえで、弁証法的唯物論に由来する独創的教育法体系をすでに形成し始めていたことがわかる。

3. 独学の思想を強化する

独学に重きを置くことは、根拠地教育における重要な特徴である。それは、根拠地の人材と教師の不足、および教育環境が不十分であったことによって、やむを得ず行われたことが一つの理由であり、解放区の革命教育思想家たち自身の教育経験と教育思想がそうさせた、ということがもう一つの理由であった。例えば、毛沢東は、若い頃は独学によって知識を吸収していた経験を持っており、その忘れ難い独学生活について、次のように述べたことがある。

> 私は大学に入ったことも、外国へ留学したこともない。私にとって最も長い勉学の時を過ごしたのは湖南第一師範学校であり、そこが私の学問的基礎を築いた場所である。しかし、私の学問人生の中で最も実りが多い時間は、湖南図書館で独学した半年である。それは、辛亥革命が起きた1年後で、19歳頃のことである。それ以前は、本というものをあまり読んでいないばかりか、この世にどのような本があり、どれが読むべき価値のある本であるか全く知らなかった。湖南図書館には、各階の棚に本がいっぱい並べられていたが、それらはこれまでに見たことのない本ばかりだった。どれから読めば良いのか全く見当がつかなかった。その後、本を読むたびに新しいことを知り、新しい体験をすることができたので、できるだけ多くの本を読むよう最大限努力をしようと心に決めたのである。私はむさぼるように、一生懸命に読んだ。その様は、まるで菜園に迷い込んだ牛が野菜の味を知り、必死にむさぼり食らうかのようであった[46]。

独学の楽しみを知ったあと、1921年に、毛沢東は中国初のプロレタリア革命大学、湖南自修大学を設立した。湖南自修大学における勉強方法は、古代の

---

[46]　周世釗「勉学に励む毛主席青年期の物語」『中国青年』1961年、19頁。

学堂と現代の学校の長所を抜き出し、自由研究を主とし、自分で本を読み、自分で考え、皆で議論する、というものであった。すなわち、そこでは自由研究と総合討論が中心となり、教師の指導は補助的役割にとどまった。具体的には、教師が問題を提出し、学生が自分で本を読み、考え、議論しながら答えを導き出したあと、教師が学生の解答に修正意見を出す。あるいは、教師が図書目録を示し、研究方法を教え、研究過程で発生した学生の疑問に答えるといった方法が採られた。自修大学は、多くのマルクス主義者を輩出し、卒業生は全国に大きな影響を与えたが、蔡元培らは文章をもってその業績を称えた。

　徳育における教育と自己教育の結合の原則に呼応させ、毛沢東は、教師の講義と学生の独学の結合を推進するものの、やはりその中でも学生の独学を中心とするよう強調した。その後、毛沢東の独学重視の思想は、解放区に広く行き渡ることになる。例えば、延安大学の教育方針には、「本校は、独学を基本に集団で議論し協力しながら向上する教育を実践する。教員と学生は互いに学び合うとともに、書物上の知識と実際の経験について情報交換をする。同時に、教育における民主主義的方法を活用し、疑問点を討論し、熱心に議論するという方法を提唱することによって、その人ならではの思想の形成と批判する能力を養成するよう指導する」[47]と明確に書かれている。実際、延安大学だけではなく、抗日軍政大学なども独学を中心とし、教授を補助的位置づけとし、独学の上に集団的互助を行うことを教育の重要な要としていた。こうしたことは、学生に多くの書物を読み、書き、考え、聞く習慣を身につけさせ、独学能力と独立精神を養成するために推進的役割を果たした。

4. 課程設置と教材作りを重視した思想

　課程の設置と教材作りは、根拠地の教育思想家たちにとって重要な問題であった。中央ソビエト区では、教材編集審査委員会や教材編集審査局が設立され、徐特立が委員会の主任を務めていた。彼は、自ら教材を審査、決定しただけでなく、「自然常識」、「農業常識」、「地理常識」など、多くの教材を編纂した。毛沢東も、課程の設置と教材作りの社会化、政治化、労働化と実際化を強調し、課程や教材の政治的方向性および戦争遂行や経済発展のために役立つ内

＊47　教育科学研究所籌備処『老解放区教育資料選編』、120 頁。

容とするよう注意した。そして、解放区設立後の異なる時期に、毛沢東は前後して「教育の旧制度や旧課程を変え、抗日救国を目的とする新制度と新課程を実施する」[48]、「緊急性のない課程と不必要な課程を廃止する」、「戦争に必要な課程を教える」[49]と明確に述べている。この考え方に基づき、陝甘寧辺区の各中学校や師範学校は、「辺境区建設」、「生産知識」、「医薬知識」の三つの課程を新設して、学生が辺境区を愛し、辺境区を建設し、辺境区を防衛するよう、意識の向上と実践力の養成に努めた。

　解放区における課程設置と教材編集は、政治性と文化性、思想性と科学性を一体として進めることを重視し、知識教育、労働教育、そして政治教育を組み合わせるという原則で一貫した。例えば、1944年4月7日の『解放日報』は、「根拠地における普通教育改革」と題した社説を掲載し、課程と教材内容をつなげる問題に対し、次のように論評を行っている。「根拠地における大衆の生活基盤が家庭と農村である以上、我々が行う大衆教育は、児童に対しても、成人に対しても、女性に対しても、常に家庭と農村との関係を配慮しなければならない。家庭生活と農村生活において必要となる知識は、教育の中心的内容あるいは全体的内容に位置づけられなければならない」。これは、大衆教育に対して述べられていることであるが、幹部教育や小中学校教育においては、文化的基礎知識と科学的知識の問題が重要になる。毛沢東は、解放区中共中央党校の学生に対して、「各種の文化的課程を学び、文化的方法を理解することは、マルクス主義を学ぶ上での基礎となるから、"理論を学ぶためには、まず文化を学ばなければならない"、そして"文化を学んでから、ようやくマルクス・レーニン主義を学ぶことができるのである"」[50]と述べている。すなわち、学生に、国語、歴史、地理、自然科学の常識など、文化的課程をよく学ぶよう求めたのである。

　徐特立も、教材編集に関して、その指導における思想を次のように明解にした。「教材は思想性を持っていなければならないが、同時に、社会の実際と学生生活の実際とを密接に結合して、思想性と知識性をともに重んじたものとし

---

*48　『毛沢東選集(第二巻)』、356頁。

*49　『毛沢東同志が教育工作を論ずる』人民教育出版社 1958年、33頁。

*50　『毛沢東選集(第三巻)』、818頁。

なければならない。そして、各学年の教材の内容や難易度は適切であるほか、教材の編集は完璧ということはないため、教えながらその内容を変えていくことで、絶えず充実を図らなければならない」。例えば、1933 年 5 月、徐特立は解放区の小学校で用いる国語教科書の審査にあたって、政治的内容に偏重しており、日常生活に関する内容が少なく、しかも内容の難易度に差がなく、段階を踏んで学習していくという原則に従って編纂していないと指摘した。そして、小学校の国語教材は、「百科事典のように内容が豊富で、政治的思想とともに、自然科学の常識や社会の常識、生産に関する常識も含まれていなければならない」とも述べた。1948 年、華北人民政府教育部が編集した小学校の国語教科書の審査の際にも、「教科書間の連携や科目間の連携、および国民が必要とする最低限の知識内容を検討する全体計画は、すべて辛亥革命以降からあまり変わっていない。この問題は、ここ百年間未だ解決できておらず、早急に解決しなければならない問題である」[*51] と指摘した。そして、教材内容の科学的、思想的統一、および教材の論理体系と難易度を徐々に上げていくことなどに関して、見識のある意見を述べた。

5、根拠地と解放区における教育思想が教えてくれること

毛沢東が井崗山に最初の革命根拠地を建設した 1927 年から、中華人民共和国が成立した 1949 年まで、根拠地と解放区は革命戦争における戦略的基地としてだけでなく、政治、経済、文化、教育、それぞれの分野の歴史的変革の場でもあった。例えば、教育の面においては、奴隷化教育、封建主義教育、そしてファシズム教育を廃止し、中国教育史に新たな 1 ページを書き加えた。

1) **根拠地と解放区の教育思想は、創造的精神を基礎としていた。古いものをただ崇めず、外国に追従することもなく、マルクス主義の教育原理と根拠地・解放区の現状と教育実際を結合し、特色ある教育理論体系を作り上げた。**
根拠地と解放区の建設、それ自体が一つの創造性であった。毛沢東は、中国

＊51　李彦福『著名プロレタリア教育家による教育思想史』広西人民出版社 1990 年、112 頁。

はイギリスやフランス、ドイツ、ロシアと国情が異なり、半植民地かつ半封建的国家であるとした。当時、内部には民主主義的制度は存在せず、封建的制度による抑圧下にあり、外部からは民族の独立が奪われ、帝国主義国家からの抑圧を受けていた。また、当時の中国は、プロレタリア階級の人口が極めて少なく、農民が全人口の 80％以上を占めていたことから、中国革命の中心問題は農民にあり、革命戦争はプロレタリア階級の指導下における農民戦争と位置づけられたのである。そのため、毛沢東を代表とする中国共産党の主要メンバーは、革命運動が深化するにともない、土地問題を中心とした農民運動を重視するようになり、中国の実態から遊離した共産主義インタナショナルからの指示を拒み、革命運動の「都市中心論」に反対し、農村から都市を囲み、最終的に革命に勝利するという、中国の国情に合った革命運動論を打ち出した。解放区は、こうした思想の影響下で建設され、絶えずその建設の基礎が固められ、発展していったのである。

　根拠地と解放区で発展した教育思想も高い創造的精神に裏打ちされており、それは毛沢東を代表とする革命教育家および根拠地と解放区の人民が、20 年以上の刻苦奮闘の下で作り上げられてきたものである。根拠地と解放区の建設は歴史上前例のない仕事であったため、根拠地と解放区における教育思想は、参考にできる事例も、従うべき前例もなかった。それは、海外の教育理論や実践経験をそのまま模倣することも、当時中国で主流派となっていた教育理論を鵜呑みにすることもできず、だからといって、古代の封建的教育理論を再び適用しようとすることもできなかった。そのため、根拠地と解放区の教育思想家たちは、マルクス主義の教育原理と中国革命の具体的内容を結合し、教育事業を進める中で、マルクス主義の教育原理を創造的に運用・発展させるとともに、教師や学生、そして大衆の力を借りながら、現地の状況に適合した新しい教育法を数多く作り上げた。根拠地と解放区の教育は、教育方針から教育思想、そして徳育や教育理論に至るまで、明らかに解放区ならではの特徴が見て取れた。

　教育と生産労働を結合した教育方針を例にすれば、権威あるマルクス主義の著作においては、人間の全面的な発展について主に述べられているが、根拠地と解放区の教育思想では、そこに新たな意義を数多く付け加えた。すなわち、労働者の文化水準を高めるために、根拠地と解放区の生産を発展させるために、新民主主義革命の持続的戦略のために、幹部養成と児童教育のために奉仕する

第10章　根拠地と解放区における教育思想

ことであった。また、歴史的条件の制約から、根拠地と解放区の学校は、主に「教育と生産労働の結合を思想道徳教育の中心的方法とした。その後、実践的活動を通じて、肉体労働の技術と方法を学ぶとともに体力を強化する。これは当時の社会環境の特殊な条件下で進められたものであった」[*52]。もちろん、こうした特殊な状況は一言で言ってしまえば、新民主主義革命が有していた特殊性、および解放区における小農経済と手工業経済が生み出したものであった。

　これ以外にも、例えば、根拠地と解放区における部隊教育、幹部教育（在職幹部の教育と幹部学校生への教育）、労農大衆教育、学校教育の新体制および独特の形態をとる教育制度、学校運営方法など、そのすべてが中国教育史における創造的成果であり、財産である。

2) **根拠地と解放区の教育思想は革命性を有していた。それは、中国共産党の指導を堅持し、革命戦争と階級闘争のために奉仕することを堅持し、人民大衆を主体とするとともにその力を頼ることを堅持するなど、民族的、科学的、大衆的な新しい教育思想であった。**

　根拠地と解放区の教育思想は、共産党の指導原則を堅持したが、土地革命戦争、抗日戦争、解放戦争のいかなる時期においても、そこから打ち出された教育方針と政策は、すべて各歴史段階における中国共産党の全体路線が基礎となっていた。その一方で、根拠地と解放区の教育思想は、革命戦争や階級闘争のために奉仕することを堅持していたため、革命戦争に大量の幹部が必要となれば、その需要に応えるために、「幹部教育を第一」とする原則を打ち出した。そして、高級幹部を養成するために、紅軍大学、ソビエト大学、マルクス共産主義大学、延安大学、抗日軍政大学、中共中央党校などを設立し、解放区の各級政府も、部門ごとの需要に応える様々な幹部養成学校を設立するとともに、在職幹部への教育を行うなど、解放区のために多数の幹部を養成した。こうした取り組みは、多くの労農幹部や兵士から抜擢された軍政幹部に、文化的、科学的、政治的教育を受ける機会を提供し、労農幹部に多くの知識を授けただけでなく、革命に参加した多数の知識青年に政治思想と専門教育を受ける機会を与え、革命幹部として大きく成長させた。こうした幹部たちは、軍事、政治、

[*52]　王鉄『中国教育方針の研究(上)』教育科学出版社 1982 年、304 頁。

311

経済、文化など、戦時下のそれぞれの職場で、中堅的かつ前衛的役割を果たし、革命戦争と解放区の建設に多大な貢献をすることとなった。

根拠地と解放区の教育家たちは、教育が人民のために奉仕しかつ人民の力に頼って教育を行うことも重視した。毛沢東は、第2回ソビエト代表大会において、「ここにあるすべての文化教育機関は、労農大衆によって運営され、労農とその子弟が優先的に教育を受ける権利を有する」と述べた。すなわち、解放区教育が革命と人民によって成り立っていることを明言したのである。根拠地と解放区は、一方では若年教育を積極的に推進し、小学校教育を設立、改革、発展させ、新しい国民と未来の主人公の養成に力を尽くした。その一方では、大衆教育を積極的に行い、様々な形式の民衆学校、識字班（組）を開設し、人民大衆の階級意識と文化水準を絶えず高める活動を推し進めた。ここで再度強調しておきたいのは、当時広く普及していた平民教育運動や郷村教育運動と比べ、根拠地と解放区の大衆教育運動は、教育思想家の理想を単純に大衆に押しつけたり、救世主のごとく大衆の問題を一気に解決しようとしたりせず、人民大衆の積極性と参加意識を醸成させ、人民の教育は人民自らが行うという原則を守ったことである。そのため、根拠地と解放区の教育を受けた人民大衆は、平民教育や郷村教育運動とは比べものにならないほどの熱意と創造性を発揮した。解放区における数多くの学校運営の形態と中身は、その多くが人民大衆によって作られたものであった。

3) **根拠地と解放区の教育思想は、その後の教育理論のための基礎を確立した。それは、建国後の中華人民共和国の教育理論と実践的取り組みに多大な影響を与え、その解釈に基づく理論のさらなる発展や現代教育の構築につながっていったことで大きな意味を持つ。**

社会主義教育は、新民主主義教育の継承と発展の成果であり、根拠地と解放区における経験および教育思想は、社会主義教育と社会主義教育思想に対し、重要な啓示を与えた。しかし、こうした啓示のみで事がうまく運ぶわけではなく、次のような好条件があったことが幸いした。第1に、社会主義教育は、新民主主義教育と同様に、中国共産党の指導下で行われた。第2に、根拠地と解放区における著名な政治思想家、例えば、毛沢東、呉玉章、徐特立らは、新中国の教育指導者、教育思想家であった。このように、政治と思想のそ

れぞれの面における連続性と統一性は、新中国が根拠地と解放区における教育的取り組みを学ぶことに良好な条件を作った。新中国建設以降、解放区の教育思想を総合的に学び解釈することは、新中国の教育システム構築にとって積極的な意義を持った。新中国の教育思想は、教育方針から学校運営、教育の改革などに至るまで、解放区の教育思想の影響を多方面にわたって受けている。

　しかし言うまでもなく、社会主義教育は新民主主義教育と完全に同じものではなく、歴史と時代の発展の中で、その思想も状況に応じた発展と変化が必要であった。しかし、解放区の教育的取り組みと教育思想、特に戦争という異常事態でやむを得ず採用した方法をそのまま学んだことは、新中国の教育を若干回り道させたことも事実である。

訳者あとがき

　本書は、朱永新著『中国教育思想史』（上・下）（上海交通大学出版社発行）のうちの近現代篇を翻訳したものである。この『中国教育思想史』は、「中華文明史研究大系・思想史巻」のシリーズとして2分冊で刊行されたものであり、古代の『周易』、『詩経』の時代から21世紀の中国教育を概観するまでの壮大な内容が、様々な分析視角より網羅的に紹介されており、教育思想史大系の一冊として誠に相応しい内容となっている。

　著者は、これまで教育関係の学術誌に多数の論文を発表し、現在、中国における教育学の権威として広く名を知られている。江蘇省蘇州市副市長など、教育行政に関わる複数の役職も経験し、その活動は「教育を学び、教育を研究し、教育を主管する」第一人者としてメディアにも取り上げられるなど、実践面においても輝かしい功績を残している。

　こうした研究、実践両面に秀でた著者による本書は、各時代の教育思想を時代ごとに区切り紹介するだけの従来の思想史本とは異なり、各思想家の思想形成に影響を及ぼした社会的背景および理論的基礎に対して、過去の教育思想との比較検討をしつつ、哲学、宗教学、心理学などの様々な学問分野の視点から分析を行うとともに、その時代の教育実践の場における史的評価も行っている。

　多様な学問分野の間、鳥瞰と虫瞰を行き来する本書の内容を訳出することは、訳者として困難の連続であったが、十分な翻訳作業時間をいただき、出版にまで漕ぎ着けることができた。また『中国教育思想史』の現代篇は既に出版され、今回、古代篇と併せて出版することとなった。中国の教育思想史の全体像を日本の読者に紹介できる機会の一部を手助けできたことは訳者として大変光栄である。

　最後に、本書の刊行にあたり、翻訳の機会を与えてくださり、終始サポートしていただいた科学出版社東京株式会社社向安全社長、柳文子氏、細井克臣氏、そして編集の労をとっていただいた眞島建吉氏、その他の関係者の皆様に対し、この場を借りて感謝申し上げます。

　2017年12月吉日

張京花

著者・翻訳者略歴

著者
朱永新（しゅ　えいしん）

1958 年中国江蘇省生まれ。上海師範大学、同済大学、復旦大学など、複数中国の大学で主に教育心理学を学ぶ。中国教育学会副会長、蘇州大学教授、博士生導師、新教育実験の発起人。上智大学、香港中文大学の客員研究員。

30 年以上にわたる研究活動の中で、中国国内外の学術誌に 400 篇以上の論文を発表し、著作も、『朱永新教育文集（全 10 巻)』、『中華教育思想研究』、『心霊的軌跡―中国本土心理学論稿』、『新教育之夢』、『我的教育理想』、『新教育』など多数。また、『現代日本教育叢書』、『新世紀教育文庫』など、30 種類以上の編集にも携わる。

翻訳者
張京花（ちょう　きょうか）

1976 年中国吉林省生まれ。2000 年に来日。宇都宮大学大学院国際学研究科博士前期課程修了。各種翻訳学校を経て、現在翻訳に従事。訳書に、『中国絵画の精髄―国宝に秘められた二十五の物語』（共訳、科学出版社東京）、『郎世寧全集』（共訳、科学出版社東京）、『王羲之王献之書法全集』（共訳、科学出版社東京）、『剪紙―切り絵の寓意を読み解く』（科学出版社東京）などがある。

中国教育史　近現代篇
激動期における教育思想の変遷

2018 年 2 月 20 日　初版第 1 刷発行

著　者　　朱永新
翻訳者　　張京花
発行者　　向安全
発行所　　科学出版社東京株式会社
　　　　　　〒 113-0034　東京都文京区湯島 2 丁目 9-10　石川ビル 1 階
　　　　　　TEL 03-6803-2978　FAX 03-6803-2928
　　　　　　http://www.sptokyo.co.jp

編　集　　眞島建吉（葫蘆舎）
装　丁　　鈴木優子
組版・印刷・製本　　モリモト印刷株式会社

ISBN 978-4-907051-26-6 C3037

『中国教育思想史』© Zhu Yongxin 2011.
Japanese copyright © 2018 by Science Press Tokyo Co., Ltd.
All rights reserved original Chinese edition published by SHANGHAI JIAO TONG UNIVERSITY PRESS.
Japanese translation rights arranged with SHANGHAI JIAO TONG UNIVERSITY PRESS.

定価はカバーに表示しております。
乱丁・落丁本は小社までお送りください。送料小社負担にてお取り替えいたします。
本書の無断転載・模写は、著作権法上での例外を除き禁じられています。

《姉妹書》

中国教育史　古代篇
―東洋に根付いた倫理観―

朱永新　著
岩谷季久子　訳
A5判　372ページ
定価　本体価格 4800 円＋税
ISBN 4-978-907051-27-3 C0022

人間教育の根幹を古代中国の教育思想に見る高い品格・豊かな人間性・優れた知性。現代においても決して色褪せることのない教育の柱。アジア諸国、中でも日本に大きく影響を及ぼした古代中国の教育・倫理観を、論語・礼記に留まらず数々の文献から読み解き、徳育論、教授（ティーチング）論、教師論、読書法、科挙制度、書院制度、幼児教育と、様々な観点からアプローチする。

[主要目次]
第1章　中国古代教育思想の起源と発展
第2章　古代中国の教育思想の特質
第3章　中国古代教育思想の理論的基礎
第4章　古代中国の徳育観
第5章　古代中国の教授論
第6章　古代中国の教師論
第7章　古代中国の読書法
第8章　科挙と古代中国の教育
第9章　書院と古代中国の教育
第10章　蒙学と古代中国の教育